ALEISTER CROWLEY

A BIOGRAFIA DE UM MAGO

"Magia é a Ciência e a Arte de fazer com que mudanças ocorram em conformidade com a vontade."[1]

Aleister Crowley

1 . Crowley, Aleister. *Magick in Theory and Practice*. New Jersey: Castle Book, 1991. Introdução.

Johann Heyss

ALEISTER CROWLEY
A BIOGRAFIA DE UM MAGO

ALFABETO

Publicado em 2023 pela Editora Alfabeto.

Supervisão geral: Edmilson Duran
Revisão: Bruna Gomes
Capa: Paulo Rodrigues
Diagramação: Décio Lopes

DADOS INTERNACIONAIS DE CATALOGAÇÃO DA PUBLICAÇÃO

Heyss, Johann

Aleister Crowley: biografia de um mago/ Johann Heyss – 1ª edição – São Paulo: Editora Alfabeto, 2023.

ISBN 978-65-87905-59-4

1. Esoterismo 2. Bruxaria I. Título.

Todos os direitos reservados. Proibida a reprodução total ou parcial por qualquer meio, inclusive internet, sem a expressa autorização por escrito da Editora Alfabeto.

EDITORA ALFABETO
Rua Protocolo, 394 | CEP 04254-030 | São Paulo/SP
Tel: (11)2351.4168 | E-mail: editorial@editoraalfabeto.com.br
Loja Virtual: www.editoraalfabeto.com.br

Índice

Prefácio de Flavio Watson.................................. 9

Introdução... 11

PARTE I: OS PRIMEIROS ANOS

Capítulo 1 – As origens.................................. 19
Nasce Edward Alexander Crowley – Edward Crowley, o pai – Emily Bertha Bishop, a mãe – Os Irmãos de Plymouth – O jovem Alick – Classe social e fortuna

Capítulo 2 – A infância no inferno....................... 29
A perda do pai – Relações espinhosas com a mãe e o tio – O martírio nos internatos

Capítulo 3 – Libertação x Repressão...................... 37
Aversão à religião – Prazer sem culpa – Prazer com culpa

Capítulo 4 – Cambridge................................... 43
Liberdade, liberdade – Surge Aleister Crowley – O relacionamento com Pollit

Capítulo 5 – Nasce um poeta.............................. 49
O despertar para o ocultismo – A influência dos amigos – Adeus, Cambridge

PARTE II: GOLDEN DAWN

Capítulo 1 – A ordem **61**
A Ordem Hermética da Aurora Dourada – Crowley, codinome
Perdurabo – Allan Bennett e MacGregor Mathers

Capítulo 2 – A desordem. **75**
O episódio das cem libras – Boleskine House e a Operação de Abramelin
– Iniciação em Paris – O cisma na Golden Dawn

Capítulo 3 – O itinerante. **85**
Nova York e México: choque cultural e fascínio espiritual – Alice,
um adultério – Ceilão: Bennett, budismo e ioga – A expedição ao K2

Capítulo 4 – Casado e romântico. **99**
A volta à Europa: Paris – Retiro em Boleskine – Casamento com
Rose Kelly

PARTE III: A LEI DE THELEMA

Capítulo 1 – O Profeta do Novo Éon. **109**
O Livro da Lei: como foi escrito, sua importância e implicações

Capítulo 2 – O profeta relutante **125**
De volta a Boleskine – A expedição ao Kangchenjunga – Ásia afora
com mulher e filha – Morte, nascimento e criação

Capítulo 3 – A Estrela de Prata **145**
Os Livros Sagrados de Thelema – A criação da A∴ A∴ – A relação com
Victor Neuburg – A operação John St. John

Capítulo 4 – O Equinócio dos Deuses. **157**
The Equinox – O reencontro com *Liber AL* – Divorcia-se de Rose Kelly –
A Visão e a Voz na Argélia

Capítulo 5 – Celebridade controversa. **169**
Leila Waddell e Os Ritos de Elêusis – O caso The Looking Glass –
Instruções de Magick

PARTE IV: A BESTA

Capítulo 1 – Líder acidental **179**
Theodor Reuss e a O.T.O. – Empresário de cabaré em Moscou –
Os Trabalhos de Paris – Rumo aos Estados Unidos da América

Capítulo 2 – Operário das letras **191**
Escrevendo para sobreviver – Triângulos amorosos e o filho mágico –
A Besta deprimida

Capítulo 3 – A Mulher Escarlate definitiva **205**
O reencontro com Leah Hirsig – De volta à Inglaterra – A Abadia de
Thelema

Capítulo 4 – Tempos difíceis **215**
Sexo, drogas e magia na Abadia – A morte de Raoul Loveday – Ordálios
na Tunísia e em Paris

PARTE V: O PIOR HOMEM DO MUNDO

Capítulo 1 – Líder mundial da O.T.O. **233**
Instrutor Mundial ou avô de George W. Bush?– Israel Regardie e Maria
de Miramar – Suicídio em Portugal

Capítulo 2 – A Besta falida **251**
O pintor na Alemanha – De volta a Londres – De volta aos tribunais

Capítulo 3 – A Besta aposentada **263**
Os últimos trabalhos – Magia sem Lágrimas – A morte da Besta

Apêndice **275**
1. Bibliografia de Aleister Crowley – 2. Palavras sobre a Besta –
3. Palavras da Besta

Bibliografia **287**

Prefácio

De onde quer que se olhe, Crowley é incontornável. Sua influência atravessou décadas e tocou tradições tão distintas como a Wicca e a Magia do Caos. Suas reflexões se tornaram entranhadas de tal modo no esoterismo contemporâneo, que frequentemente são repetidas sem que muitas vezes se saiba que vieram da própria Besta. Até mesmo o hoje em dia lugar-comum da prática mágica enquanto fenômeno psicológico vai encontrar nele suas primeiras propostas, seja num curto ensaio de 1903 publicado em sua edição da Goetia, ou em um artigo mais extenso, publicado em 1916 na *Vanity Fair*. Ideia essa que acabou por lançar longe o véu de medo e mistério que pairava sobre as práticas mágicas e veio povoar o discurso esotérico durante todo século XX.

Crowley foi o grande tradutor das tradições do passado para a linguagem do mundo contemporâneo. E mesmo com sua prosa rebuscada, seu sarcasmo vitoriano e seu projeto (talvez excessivo) de tornar a magia uma ciência tão clara quanto a química, ele conseguiu reencantar um mundo industrial em aparente desencantamento. Foi a Besta do Apocalipse que, ao contrário das profecias, recriou o mundo e fez possível andarmos novamente entre deuses, tornando a vida não apenas Mágica, mas verdadeiramente Santa.

Flavio Watson,
irmão na Fraternidade da Estrela de Prata

Introdução

Aleister Crowley é um nome que provoca uma gama de reações: admiração, ódio, amor, medo, incompreensão, fascínio, repulsa, adoração, ultraje, desprezo... Um homem que foi vários em um só. Uma das vidas mais interessantes, controversas, intrigantes e influentes do século XX, para o bem e para o mal. Viveu muitas vidas em apenas uma existência, todas elas em profundidade, o que explica – em parte – o alcance de seu mito.

Escritor prolífico e habilidoso. Ocultista de profunda visão teórica e vasta experiência prática. Montanhista ousado e dentre os melhores de seu tempo – apesar da falta de técnica e de treino. Celebridade polêmica, tinha prazer quase infantil em chocar; inventava ou aumentava episódios controversos e confirmava boatos infames.

É inegável a qualidade de seu trabalho literário, que abrange poesia, ensaio, romance e, principalmente, textos ocultistas, religiosos e esotéricos. Suas pesquisas e experimentações no campo da magia, muitas vezes arriscadas, não têm precedentes e representam uma parte essencial da instrução completa de qualquer pessoa que tenha real interesse em magia e ocultismo – o que independe de concordar ou não com a metodologia e os objetivos desses experimentos.

Crowley estudou e praticou cabala, geomancia, ioga, meditação, rituais diversos, I-Ching e astrologia; criou um baralho de tarô cada vez mais usado no mundo todo; aventurou-se por diferentes linhas de magia buscando desvendar a correlação entre magia, sexo e drogas; apreciou e produziu arte; estudou mitologia, teosofia e as principais religiões, entre outros temas.

E fez tudo isso de maneira sempre profunda e original, ainda que nem sempre esclarecedora. Mas a própria ciência também conduz a novas perguntas cada vez que vem com uma resposta.

Crowley mergulhou de cabeça em cada um desses assuntos, perscrutando-os com frieza científica, sensibilidade artística e grande dose daquilo que muitos chamam de irresponsabilidade – mas sem a qual os desbravadores jamais teriam conhecido novos mundos. E mais do que conhecer novos mundos, Crowley desbravou mundos espirituais ou imaginários aos quais ninguém ou muito poucos tiveram acesso.

Dedicou-se com paixão idealista e persistiu em seu intento com extrema disciplina e força de vontade, apesar de sua aparente falta de método. Não seria exagero chamar o famoso e influente tarô de Thoth, que desenvolveu e produziu em parceria com a pintora Frieda Harris, de obra-prima. Essa obra por si só – incluindo o livro e o baralho de cartas – já lhe garante um local de destaque entre os ocultistas de todos os tempos. Apesar disso, o tarô de Thoth é só a ponta do iceberg. Não é possível estudar magia de verdade sem passar por *Magick in Theory and Practice* e *777 and Other Qabalistic Writings*. Esses são livros que condensam não apenas as experiências polêmicas de Crowley, mas muito da sabedoria que foi compilada da Golden Dawn e de várias outras correntes de magia e ocultismo. Ambos os livros influenciaram e continuam influenciando autores importantes.

Os recordes alcançados como alpinista não foram reconhecidos em sua época, mas, hoje em dia, seus feitos históricos são mencionados em livros e pesquisas sobre o tema. Já como pintor, Crowley veria seu trabalho valorizado postumamente, não só pela celebridade do autor, mas também pela qualidade técnica e imaginativa de suas telas, que tinham o estilo peculiar e pessoal que já era de se esperar em se tratando dele.

Tanto seus escritos quanto suas pinturas e seu alpinismo eram considerados pelos mais críticos como notáveis, mas carentes de técnica – o que, para alguns, reforça suas qualidades, enquanto, para outros, foi o que acabou minando seu potencial. Simpatizando ou não com ele, é impossível negar que o homem cometeu um bom número de proezas em campos os mais diversos, sempre mantendo certo estilo que confere unidade aos seus feitos aparentemente caóticos.

Essas proezas já seriam suficientes para garantir o lugar de Aleister Crowley na galeria de personagens fundamentais do século XX. Os Beatles – mais especificamente John Lennon – sabiam de seu status mitológico ao inclui-lo em sua galeria de "personagens" do século na capa do histórico disco *Sgt. Pepper´s Lonely Hearts Club Band*, de 1967.

Muita gente, porém, ainda gosta ou desgosta de Crowley por motivos menores dentro do contexto de quem ele era e do que fazia. Seu pendor por provocação, iconoclasmo e choque, sua personalidade complexa e muitas vezes irascível, bem como seu autoritarismo e infantilidade certamente o tornavam quase incompreensível para a maioria. Por outro lado, a quase totalidade das pessoas que odeia Crowley jamais leu nenhum de seus livros – ainda que a leitura de um só deles não baste para apreender o significado e alcance de seu trabalho, que aborda vários (e muitas vezes disparatados) temas, mas todos interligados de alguma forma.

Muitos não o aceitam por ele ter reivindicado o título de "A Besta 666" sem entender o contexto desse uso. A Sociedade Teosófica de Madame Helena Blavatsky tinha um jornal interno chamado *Lúcifer*, e poucos acusariam Blavatsky de satanismo. Seu uso de drogas também não lhe angariou popularidade, mas as pessoas desconhecem o como e o porquê desse uso. Freud, que também fez experimentos com drogas, não é lembrado como um viciado. Oscar Wilde é muito mais lembrado como o escritor que foi do que pelas razões que o levaram à prisão, mas ainda há quem insista em se escandalizar com as posturas sexuais liberais de Crowley. Há que se falar de sua misoginia, mas mesmo esta era parte de sua contradição, que se refletia na forma muitas vezes cretina com que ele tratava as mulheres no campo afetivo ou social, enquanto, no campo espiritual, enfatizava a condição de *estrela* de toda mulher e todo homem, cada um com direito à sua própria órbita independente. E não dá para passar ao largo de seu lamentável antissemitismo, o qual, ainda que injustificável, pode ser visto à luz da história como uma doença social que acometeu grande parte da população europeia. Não era nada incomum a manifestação do antissemitismo entre variadas camadas da sociedade e muitas personalidades até hoje conceituadas o faziam. Se isso for razão para boicotar o trabalho de alguém, a lista será longa e surpreendente para muitos. O que hoje chamam de "cancelamento" é um mecanismo moralista.

À parte isso, é fácil ver que há muito que aproveitar nos escritos de Crowley, mesmo que não se concorde com seu conteúdo. Suas experiências estão além de aceitação ou rejeição por serem sobretudo fontes de *informação*. Essa abordagem mais "científica" da questão da espiritualidade, da magia e do ocultismo em geral é sua grande contribuição, a essência de sua originalidade.

Mas há quem o adore por falsos motivos. São aqueles que, também sem nunca terem lido as obras de Crowley, tentam imitá-lo e seguir seus passos. Esses pseudo-ocultistas consideram muita esperteza ser um satanista, um mago negro, e elegeram como ídolo a Besta 666, ou Mestre Therion – o que só revela total incompreensão e desconhecimento do que é Thelema e de qual foi o trabalho de Aleister Crowley.

Há ainda aqueles que *conhecem* o trabalho desse grande mago e apresentam críticas fundamentadas a ele. Estão inclusos neste grupo literatos que defendem que Crowley tinha, sim, alguns momentos de brilhantismo em seu texto; outros que o acham excessivamente pomposo e outros, ainda, que o consideram um talento excepcional. A crítica se dividia quanto ao valor de seus poemas, novelas e contos, o que sugere que, como escritor, ele era ao menos relevante.

Seus textos, contextualizados e analisados à luz dos tempos modernos, são geralmente reconhecidos como exemplos de um talento criativo intenso, indomesticado e prolixo.

Nenhum ocultista sério classificaria Crowley como satanista – não que haja problema algum com o satanismo, é um culto tão legítimo quanto qualquer outro. Há quem considere o sistema de magia por ele instituído, o sistema de Thelema ou thelêmico, um canal para o desequilíbrio, quando não da perdição da alma. A despeito de uma equivocada conotação catastrófica, essas pessoas não deixam de ter razão, pois esse sistema conduz a um processo de "desintegração" da alma: primeiro, por meio do contato com o anjo da guarda, depois por meio da travessia do abismo – que implica renunciar à personalidade mundana – até que a pessoa venha, finalmente, a *ser* Deus. Nesse processo a alma se perde. É possível que o processo iniciático corra bem em todos os níveis, mas também é possível que a alma não consiga se livrar completamente do ego terreno, gerando assim um monstro, uma caricatura da personalidade.

Aliás, alguns dizem que o problema de Crowley teria sido exatamente este: criar um sistema eficaz, mas perigoso, e ele mesmo teria sido um dos que se perderam no abismo por não conseguir se desprender totalmente da própria personalidade. É uma alegação difícil de confirmar ou de negar. Por um lado, havia muitos indícios de que certos traços "negativos" de sua personalidade não só não diminuíram como pareceram se acentuar com a passagem do tempo – mesmo com sua dedicação séria à prática da ioga e da meditação. Por outro lado, isso pode ter sido a mera máscara humana que ele usaria para não ser tomado como exemplo do que era *bom*, antes abarcando a todas as coisas – à moda dos deuses pagãos, os quais, longe de serem morais ou imorais, eram, na verdade, *amorais*.

É possível ainda que a perfeição absoluta seja de fato impraticável para todo e qualquer ser humano. Além do que, há casos de indivíduos que "melhoraram" por meio das técnicas thelêmicas, enquanto outros "pioraram". Isso é não só subjetivo, mas também a tendência natural de qualquer linha ou sistema espiritual ou religioso. Alegar que Thelema produz desequilibrados é o mesmo que ignorar a verdadeira praga que é o fanatismo, algo que sempre esteve presente em todos os cultos religiosos. Na pior das hipóteses, o sistema thelêmico seria *mais um* desvirtuador. Mas aí há que se admitir que as mesmas religiões que produziram fanáticos também geraram os chamados santos e pessoas consideradas equilibradas, saudáveis, "boas". Ou seja: admitir que Thelema é capaz de produzir fanáticos é o mesmo que admitir, indiretamente, que Thelema pode produzir santos ou, ao menos, "bons homens e mulheres".

É claro que esse raciocínio não funciona para os fanáticos em questão, para quem tudo aquilo que contradiz sua religião é o "mal". Essas pessoas consideram Crowley uma espécie de anticristo, se não *o* próprio. Também não erram quanto a isso, pois ele anunciou o fim do cristianismo para quem quisesse ouvir e, principalmente, para os que não queriam, e incluiu no fim do cristianismo o fim de todas as outras grandes religiões estabelecidas. Nisso, contudo, Crowley certamente não estava sozinho: pode-se dizer que qualquer movimento, seita ou grupo pagão ou neopagão, bem como qualquer sistema ou pessoa que se diga *new age* ou "nova era", compartilha do mesmo *status*, já que não há grandes diferenças entre o Novo Éon apregoado por Crowley e a *nova era* dos místicos e esotéricos – ainda que os próprios não saibam (ou finjam não saber) disso.

De qualquer forma, a despeito de você ter resolvido ler este livro por amor ou por ódio a Crowley – e ao que ele representa –, por interesse no aspecto histórico de sua personalidade ou mesmo por mera curiosidade, preste atenção: o objetivo deste livro não é defender nem atacar Aleister Crowley, mas sim expor, na medida do possível, os fatos como fatos, e os rumores como rumores. Mago, louco ou ambos? Caberá aos leitores e leitoras formar sua opinião.

Parte I

Os primeiros anos

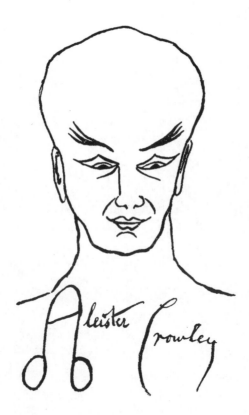

Autorretrato de Crowley

Capítulo 1

As origens

Nasce Edward Alexander Crowley

Doze de outubro de 1875, cidade de Leamington, condado de Warwickshire, Inglaterra. No número 30 da Clarendon Square, entre as onze horas e a meia-noite, nascia, sob o signo de Libra com ascendente em Leão, Edward Alexander Crowley. Era o terceiro Edward numa linhagem iniciada pelo avô e continuada pelo pai, Edward Crowley.

Edward Alexander Crowley aos 14 anos

Nada indicava um nascimento excepcional. Tudo pareceu transcorrer dentro da mais perfeita normalidade para um casal de ingleses ricos, fanáticos religiosos, que estava tendo a felicidade de trazer ao mundo seu primogênito.

No futuro, já devidamente transformado em Aleister Crowley, Edward Alexander viria a relatar seu próprio nascimento de forma muito peculiar e improvável. Em sua autobiografia, *The Confessions of Aleister Crowley* (As confissões de Aleister Crowley), ele descreve o evento na terceira pessoa:

> "Ele trazia no corpo as três marcas do Buda. Tinha a língua presa e, no segundo dia de sua encarnação, um cirurgião cortou-lhe o freio da língua. (...) Tinha também a membrana típica dos que precisam fazer operação de fimose (...). Finalmente, tinha quatro fios de cabelo bem sobre o coração que se enroscavam da esquerda para a direita, exatamente como uma suástica."[1]

Se ele estava falando em sentido figurado ou literal, é impossível definir. Para muitos, este tem sido um dos grandes obstáculos à obra de Crowley: ele simplesmente não sabia – se é que deveria – conter seu peculiar senso de humor sombrio, cáustico e incisivo. Muitas vezes dizia coisas sérias como se fossem ridículas e coisas sem importância como se fossem fundamentais. Dizia coisas sagradas com linguagem vulgar e coisas profanas de maneira reverente. Era do tipo que perdia o amigo, mas não perdia a piada. Sem dúvida, perdeu vários amigos por causa disso. Mas parece que, pelo menos, também se divertiu bastante.

Crowley afirmava lembrar-se da ocasião de seu batismo com riqueza de detalhes. No ritual de batismo praticado pela seita dos Irmãos de Plymouth, o bebê é mergulhado na água batismal, e em

---

1 . Crowley, Aleister. *The Confessions of Aleister Crowley*. Londres: Penguin Books, 1978. Capítulo 1.

sua autobiografia Crowley relatou lembrar-se do manto branco com que lhe vestiram, das pessoas à sua volta e de seu espanto ao ser mergulhado na água.

Edward Crowley, o pai

Edward Crowley

Edward Crowley era de uma família de *quakers* donos de considerável fortuna proveniente de uma cervejaria, a Crowley Ale, e uma cadeia de lanchonetes. Devido à fortuna deixada pelo pai, jamais precisou trabalhar para ganhar a vida. E nunca o fez. Optou por rejeitar o mundo material e o álcool. Formado em engenharia, a carreira tampouco lhe entusiasmava. Além de não trabalhar no negócio da família, também rejeitou a fé pietista dos Crowley para juntar-se aos Irmãos de Plymouth.

Edward logo descobriria sua vocação de pregador da Palavra de Deus, a qual exercia por meio de discursos e conversas capciosas que usava com o intuito de fazer a pessoa despertar para o que ele entendia como consciência divina. Também gostava de distribuir panfletos que publicava por conta própria. Não demonstrava qualquer sentimento de culpa quando questionado sobre a aparente contradição de ser um cristão do culto de Plymouth, abstêmio, e viver do dinheiro da cervejaria. Em uma de suas pregações, teria dito preferir pregar "para mil bêbados a pregar para mil carolas", por considerar que os abstêmios usavam seus bons atos como "garantia" para entrar no céu, esquecendo, em sua arrogância, que também precisavam ser salvos.[2]

Uma de suas pregações favoritas, com a qual ocupava boa parte de seus dias, transcorria da seguinte maneira: ele puxava assunto com um estranho, perguntando à pessoa o que ela estava fazendo e o que iria fazer depois. Após receber a resposta, sempre devolvia a mesma pergunta – "E depois?" –, de modo a levar o interlocutor a avançar no tempo de tal modo que venha a dizer algo como "bem, aí chega o fim da minha vida, imagino". Essa era a deixa para Edward Crowley lançar um olhar apocalíptico sobre o sujeito e, novamente, de modo ainda mais dramático, repetir a pergunta: "*E depois*?". Então, após um silêncio climático, ele entoava seu bordão "acerte as contas com Deus!", enfatizando que isso deveria ser feito o quanto antes, pois os irmãos do culto de Plymouth acreditavam que Jesus voltaria muito em breve.

Qualquer semelhança com Edward Alexander, o filho, que faria fama com o codinome Aleister, não é mera coincidência. Aleister jamais escondeu sua admiração pelo pai. Para ele, Edward Crowley representava um herói e um amigo, ainda que não tivesse havido uma real intimidade entre os dois. Crowley seguiu os passos do pai – ao seu modo, é verdade. Mas a essência é a mesma. Ambos, de certa forma, desprezaram o cristianismo e lutaram contra ele: Aleister considerava a filosofia cristã parte de uma fase superada na espiral da evolução humana, enquanto Edward se rebelava contra o cristianismo estatal, já que os Irmãos de Plymouth buscavam uma espécie de democracia cristã espiritual, sem autoridades ou superiores, o que será abordado mais adiante.

Pai e filho dedicaram suas vidas a uma causa espiritual. Ambos se consideravam "professores espirituais". Os paralelos entre eles são muitos, ainda que inexatos, mas a identificação é evidente. Já a mãe lhe despertava outro tipo de sentimento.

---

2 . *Ibid*. Capítulo 3.

Emily Bertha Bishop, a mãe

Pouco se sabe das origens e da juventude de Emily Bishop. É certo que se converteu ao culto dos Irmãos de Plymouth em 1874, ao se casar com o fervoroso devoto Edward Crowley, transformando-se em fiel seguidora de seus princípios religiosos. O filho, que chamava de Alick, não costumava se referir à mãe com simpatia ou carinho. Pelo contrário, Aleister Crowley nunca fez questão de esconder o misto de desprezo, raiva e estupor que nutria por ela.

Apesar de tudo, culpava a religião por aquilo que detestava na mãe. Chegava a enxergar nela um instinto natural vivaz; sabia que, antes de casar-se, Emily se interessava por pintura e tinha o apelido de "Chinesinha", devido ao que seria uma aparência levemente oriental – indícios que, para Crowley, sugeriam uma mulher de potencial interessante, mas que acabara embarcando em um processo degenerativo causado pelo fanatismo religioso. Em suas memórias, ele relata de maneira ácida o episódio no final da adolescência em que acabou salvando a mãe da morte. Emily estaria escorregando precipício abaixo quando Crowley ouviu uma voz à distância – o que ele chamou de "fenômeno mediúnico" – e chegou a tempo de puxá-la de volta, o que classificou de "lamentável incidente causado por um impulso humanitário".

Contudo, há indicações de que todo esse palavrório era mais bravata insurrecta do que ódio matricida. A relação entre Crowley e Emily era, sim, complicada e problemática, mas também havia traços de uma afeição que ele fez questão de não demonstrar em seus escritos. Uma carta de Emily datada de 12 de dezembro de 1912 sugere haver uma tensão e um distanciamento que, se por um lado não

Emily Bertha Bishop

retratavam a melhor das relações, ao menos não indicavam qualquer sentimento perverso ou incomum. Em um trecho, Emily escreve: "Gostaria muito que Alick tratasse melhor sua mãe e lhe fizesse um pouco mais de companhia".[3]

Emily tornou-se cada vez mais beata após a conversão ao culto dos Irmãos de Plymouth, o que veio a fazer contraponto à religiosidade exuberante e orgulhosa do marido. Ela enxergava pecado nas coisas mais inusitadas, e Crowley atribuía isso a uma enorme energia sexual reprimida. O componente edipiano da relação entre Crowley e Emily – que ficou claro quando, ainda púbere, escolheu a cama da mãe para fazer sexo com uma empregada – colaborou bastante na transformação do pequeno Alick em Aleister Crowley. Contudo, a maior contribuição da mãe para a formação do caráter do filho – contribuição seguramente involuntária – foi o título "Besta 666", que era como ela o chamava sempre que ele cometia alguma traquinagem. E traquinagem era com ele mesmo.

As coisas ficaram ainda piores quando Emily passou a proibir praticamente qualquer leitura que não fosse a Bíblia, sobretudo livros que tivessem algum personagem com seu nome (!). *David Copperfield* foi um dos livros banidos, já que uma das personagens era uma menina muito levada chamada Emily.

Muitos psicólogos explicariam a estrutura da personalidade de Aleister Crowley a partir de seus pais, pois muito do que ele fez e representou parecia ser alusão direta de afirmação ou negação de tudo o que as personalidades de Edward e Emily Crowley representavam.

Como, por sua vez, o casal Crowley era diretamente influenciado pela seita à qual pertencia, pode-se dizer que o triângulo de influências primordiais que adubou o fértil terreno da personalidade em formação de Aleister Crowley se fecha com o culto de Plymouth.

---

3 . Sutin, Lawrence. *Do What Thou Wilt: A Life of Aleister Crowley*. New York: St. Martin's Press, 2000. Capítulo 1.

Os Irmãos
de Plymouth

O movimento evangélico dos Irmãos de Plymouth é, em sua essência, uma rebelião contra o poder estabelecido das autoridades da Igreja. Tudo começou em Dublin, Irlanda, 1828. Quatro homens – John Nelson Darby, Edward Cronin, John Bellett e Francis Hutchinson – começaram a se reunir para orar e estudar as Escrituras, comparando aquilo que foi dito por Deus no texto sagrado com a situação em curso da sociedade e da religião. Foram chegando à conclusão de que a Igreja não representava Deus e seus divinos princípios conforme registrados na Bíblia. Assim, questionando a autoridade espiritual da religião oficial vigente, decidiram formar esse culto, no qual todos os membros têm igual direito à palavra, e nenhum é mais *santo* do que o outro.

Suas reuniões foram atraindo cada vez mais gente, e um dos encontros mais famosos se deu em Plymouth, Inglaterra, razão pela qual acabaram ficando conhecidos como "Irmãos de Plymouth". Mas, apesar de usar o nome em seu site na Internet,[4] o grupo não gosta dessa denominação. Para eles, ela funciona como uma espécie de título ou distinção, o que não aceitam por entenderem que os homens são todos de igual importância, e que os títulos e distinções os dividiriam. Além do mais, a referência à cidade de Plymouth também acabava excluindo os irmãos de todas as outras partes do mundo, razão pela qual preferem denominar-se "Irmãos Cristãos", ou simplesmente "Cristãos".

Os Irmãos de Plymouth continuam em atividade, mantendo grupos na maioria dos países, inclusive no Brasil.

---

4. www.plymouthbrethren.com

O jovem Alick

O pequeno Alick passou os primeiros seis anos da vida em Leamington e cercanias, e guardaria por toda a vida as lembranças de pessoas e eventos do período. Seu cotidiano incluía prazeres como passeios por campos verdejantes, conduzido em um carrinho de bebê. Havia também martírios como a bronquite, que já se manifestava desde que era muito pequeno e continuaria a lhe atormentar até o fim da vida.

Sua autobiografia registra memórias remotas[5] de tipos como uma certa senhorita Carey, que costumava lhe dar laranjas, e da senhorita Arkell, sua primeira governanta. Memórias de um ambiente de fartura, típico de uma família de posses. Alick já sabia ler aos quatro anos, graças aos constantes estudos bíblicos que eram o centro das atividades da família e da comunidade.

Certa vez, Alick perguntou o porquê de as mulheres usarem saias, e a mãe respondeu que as mulheres "não tinham pernas". Pouco depois disso, Susan e Emma, duas irmãs de Plymouth que causavam verdadeira repulsa no pequeno Alick, estavam jantando com os Crowley quando o garoto subitamente desapareceu da cadeira onde estava sentado. Logo ouviu-se sua vozinha vindo debaixo da mesa: "Mamãe! Mamãe! A irmã Susan e a irmã Emma não são mulheres!"[6]

Quando ele tinha cinco anos, nasceu sua única irmã, Grace Mary Elizabeth, que viveu por apenas cinco horas. A reação do menino à morte foi, de acordo com ele mesmo, prática e objetiva. Não conseguiu manifestar muito pesar, ciente que não havia o que fazer.

Há outros episódios que revelam o caráter racional e sardônico do pequeno Alick, como quando disseram a ele para não fazer caretas, pois poderia ficar daquele jeito para sempre. O garoto

---

5. Crowley, Aleister. *The Confessions of Aleister Crowley*. Londres: Penguin Books, 1978. Capítulo 1.

6. Idem.

parou, olhou para a expressão severa de alguns irmãos e irmãs de Plymouth, pensou seriamente e concluiu: "Então isto explica tudo!". Em outra ocasião, quando tinha oito ou nove anos de idade, voltou para casa, cansado de tanto brincar no jardim, e a encontrou vazia, algo que jamais acontecera antes. Com o tipo de educação que recebia, a primeira coisa que Alick pensou foi que o Senhor Jesus havia voltado e que ele fora deixado para trás. Ou seja: não haveria salvação para ele.

O fascínio peculiar que Alick demonstrava pelos longos nomes hebraicos que permeiam as narrativas bíblicas era maior do que o que tinha pelas histórias em si. Ficou impressionado ao visitar um local chamado Monmouth[7] só por causa do nome, que lhe parecia uma mistura de "*monster*" e "*mammoth*".[8] Lá ficou com a família em uma fazenda isolada, teve contato com porcos e patos, e aprendeu a cavalgar, sendo frequentemente conduzido por duas pessoas montado em um pônei. Um dia, Alick caiu do animal e deu-se a choradeira típica de criança ao se machucar. Depois que os pais se certificaram que não era nada sério, forçaram o menino a montar o pônei novamente, até que aprendesse a superar seus medos.

Apesar de seu gosto por temas impressionantes, não era uma criança dada a visões. Seu comportamento é descrito pelo próprio como normal, se bem que um tanto precoce.

Ele também sentia uma intensa atração pela Besta 666, por Lúcifer e todos os "oponentes" do deus cristão, e é possível que o fato de Emily o chamar de "Besta do Apocalipse" quando se irritava com a desobediência do filho só tenha vindo a enfatizar e incubar no garoto essa identificação com a Besta, algo que floresceria por completo em sua vida adulta.

---

7. Distrito do condado de Gwent, Wales, Reino Unido.

8. "Monstro" e "mamute".

Classe social e fortuna

Não se pode esquecer que Aleister Crowley era fruto de uma classe social privilegiada; havia um abismo entre as classes alta e baixa. Pode-se dizer que, na Inglaterra vitoriana, havia os nobres, a classe alta e a classe baixa. A realidade de Crowley, morando com a família em casas espaçosas, cercado de babás e tutores, sendo levado às montanhas, a passeios no campo e outras fidalguias, passava longe do dia-a-dia do proletariado. Um fator decisivo na história de vida de Crowley é que, assim como seu pai jamais trabalhou graças à fortuna herdada, o jovem Edward Alexander tampouco foi educado para reconhecer o valor do dinheiro e aprender a administrá-lo. Como batalhar o sustento jamais foi uma preocupação na família, e como o pai Edward só se importava com a salvação espiritual própria e dos demais, não é de espantar que, a partir de determinada fase de sua vida, Crowley tenha passado por severos problemas financeiros. Mais do que incompetente na lida com as finanças, ele simplesmente não se interessava minimamente por tais coisas, ocupado que estava – como o pai – com suas descobertas espirituais e com a devida propagação dessas descobertas mundo afora.

Alick Crowley estudou na escola St. Leonard até os dez anos, quando foi transferido pelo pai para a rígida Ebor School em Cambridge. O menino se esforçava ao máximo – e com sinceridade – para ser o mais fervoroso adorador de Jesus de toda a escola e, por isso, motivo de orgulho do pai. Até certa fase da pré-puberdade, Alick tinha o pai-herói como modelo, em tudo e por tudo. No entanto, algo estava para acontecer. Algo que transformaria o garoto para sempre, levando-o a passar para "o outro lado" e desenvolver sentimentos de aversão patológica pela mãe.

O acontecimento foi a morte de Edward Crowley. Foi a partir da perda do pai – e do que passaria a acontecer – que tomou forma a revolta contra *aquele* Deus; um Deus que era capaz de submetê-lo às mais mórbidas experiências em ambientes religiosos, cristãos.

Era o fim da "infância dourada" e o início da "infância no inferno".

Capítulo 2

A infância no inferno

A perda do pai

Edward Crowley morreu em decorrência de um câncer na língua em 5 de março de 1887. Alick tinha onze anos.

Essa morte representou o ápice de um processo de perda que começou quando surgiram os primeiros sintomas da doença do pai. O garoto estava assimilando a realidade da morte, algo que lhe era totalmente novo. A perda da irmã não fora emocionalmente relevante, mas com o pai era diferente. Ele era seu modelo, e essa perda operou uma curiosa transformação psicológica e física no jovem Crowley. Ele viria a escrever em suas memórias que, após o funeral, sua vida entrou em uma nova fase, totalmente diferente. Ele não se lembrava de ter um sentimento de individualidade antes dessa perda, mas, a partir de então, esse sentimento aflorou vigorosamente.

Não foi só o fato de seu rendimento escolar ter caído, o que era bastante natural e previsível naquelas circunstâncias. Três semanas após a morte do pai, Alick cometeu seu primeiro ato de rebeldia ao responder mal a um professor. Não demoraria muito para ele começar a questionar passagens bíblicas, como quando perguntou ao professor como era possível Jesus ficar sepultado por três dias e três noites se havia sido crucificado numa sexta-feira e ressuscitara no domingo.

Em breve, Alick estaria começando a sentir uma estranha e intensa atração por aquele que conhecia, até então, como o Adversário.

O que teria causado esta transformação tão repentina quanto radical? Por que o garoto mais devoto de sua classe, que recitava trechos da Bíblia de cor e se fascinava com o Apocalipse, acabou se identificando com Satanás? Segundo o próprio Crowley, ele simplesmente "passou para o outro lado". Ao contrário do que possa parecer, isso não corrobora a tese de que Crowley seria um satanista – título que ele nunca tomou para si, a não ser jocosamente, como quando escreveu que podia ser, sim, um mago negro, mas *dos bons*.

Uma das possibilidades talvez fosse a de que a morte do pai-herói tenha causado tamanha decepção no jovem Alick que sua maneira de lidar com o luto seria negar tudo aquilo que era considerado certo e justo, já que a morte do pai provavelmente seria a coisa mais errada e injusta que ele seria capaz de conceber. Ao mesmo tempo, e paradoxalmente, Alick não negava Cristo ou Deus: começava a crescer no garoto a ideia de que o Cristo e o Deus *daquelas pessoas* que o cercavam – e que diziam ser a morte do pai fruto da vontade divina – eram impostores e que, naturalmente, o Adversário *era* o verdadeiro Deus. Para o jovem, o Adversário apontava a direção certa a tomar, já que o Deus "oficial" não havia recompensado sua dedicação cristã. Mais tarde, ele viria a escrever que "estava tentando afirmar o ponto de vista segundo o qual o cristianismo da hipocrisia e da crueldade não seria o verdadeiro. Eu não odiava a Deus ou a Cristo, mas sim ao Deus e ao Cristo daqueles a quem eu odiava".[9]

Contudo, existe ainda outra teoria ou possibilidade levantada por Israel Regardie,[10] psicólogo e autor de importantes livros sobre ocultismo, além de ex-secretário particular de Crowley. Ele observa que Crowley reconhece em suas memórias sua admiração pelo pai, mas sentia que a relação entre os dois carecia de demonstrações de

---

9. *Ibid*. Capítulo 6.

10. Regardie, Israel. *The Eye in the Triangle*. St. Paul, Minnesota: Llewellyn, 1070.

afeto. Ao se analisar esta distância entre pai e filho sob determinada perspectiva, fica a questão: talvez Alick não ousasse se comportar mal na presença do temido e admirado pai, mas, com sua morte, tenha se visto, por fim, livre para seguir seu caminho e chutar tudo aquilo que, de maneira inconsciente, sempre detestara. Talvez a morte do pai o tenha liberado para ser ele mesmo, por mais que lhe causasse sofrimento. Anos antes, Alick havia desejado a morte de um evangélico que dirigia uma escola na qual havia sido matriculado – e o homem acabou morrendo, o que alimentou a imaginação já fértil do garoto.

É fácil ver como essa raiva contida por uma figura de autoridade se confunde com a imagem do próprio pai e da autoridade representada pela religião.

Assim, a morte de Edward Crowley finalmente o libertava da única pessoa a quem sentia que devia respeito e a quem temia, mas cujo afeto e admiração desejava atrair. Com a morte do pai, não havia mais afeto a ser perdido, nem ninguém para obedecer. Ele estava livre para desafiar e confrontar a tudo e a todos que lhe desagradassem. Mesmo assim, ainda levaria algum tempo para que sua iconoclastia despertasse e Alick se transformasse em Aleister Crowley.

Relações espinhosas com a mãe e o tio

Emily se viu sozinha após a morte de Edward – uma *mulher* sozinha, coisa inaceitável para os padrões sociais vigentes. Portanto, logo decidiu partir com o jovem Edward Alexander para Thistle Grove,[11] onde morava seu irmão Tom Bond Bishop. Para Alick, o tio seria um tutor, uma espécie de substituto do pai – e, sobretudo, a pessoa que lhe despertou os mais profundos sentimentos de ódio e desprezo.

O infante estava virando um rapazinho e de repente se viu mergulhado em um ambiente totalmente diferente daquele em que havia crescido. Sim, ele tinha sido educado em um ambiente evangélico.

---

11. Hoje chamada Drayton Gardens, localizada em Londres.

Mas Edward, o pai, apesar de demonstrar retidão e severidade, não era violento nem mesquinho. O que ele fazia era viver sua sincera devoção cristã com o máximo de orgulho e entusiasmo de que era capaz. Já a mãe não influenciava em nada: para Alick, era como se ela fosse um apêndice, um defeito irrelevante de seu imaginário.

Agora, porém, a mãe passara de defeito irrelevante a fator determinante. Como se não bastasse, entra em cena o tio, pronto a desempenhar um papel novo na vida do jovem: o de figura paternal cruel, verdadeiro contraponto à admirada figura do falecido pai. Antes a escola era difícil para o retraído e até frágil Alick, mas ao menos em casa, havia um refúgio. O fanatismo e as manias da mãe já lhe incomodavam, sim, mas aquilo não era nada em comparação com a crueldade de Tom Bishop, que, segundo Crowley, sufocava todo e qualquer impulso primitivo em si, fazendo-os aflorar na forma de uma crueldade semiconsciente. Alick sentia-se mais pressionado, reprimido e cercado que nunca.

Crowley não mede palavras em suas memórias para demonstrar seu desprezo pelo tio. Tido na sociedade como um bom evangélico e um cidadão caridoso, Bishop é descrito pelo sobrinho como um homem arrogante e que não mantinha dúvidas acerca do que era certo ou errado. Certa vez, o sobrinho o questionou: o que seria a coisa certa a fazer caso estivesse escalando uma montanha e o companheiro de escalada, ligado a ele por uma corda, viesse a escorregar logo abaixo? Sendo impossível salvar o companheiro, seria justo cortar sua corda e salvar a própria vida? Sem titubear, Bishop respondeu que Deus jamais colocaria um homem em tal situação, de modo que a pergunta simplesmente não fazia o menor sentido.

Para o sobrinho, Bishop parecia um macaco barbeado. Por meio dessa imagem, Crowley traduzia toda a rudeza que enxergava em um cidadão supostamente virtuoso. Boa parte do futuro ódio de Crowley pela virtude e por indivíduos "virtuosos" e "certinhos" de certo se origina em suas experiências escolares e com o tio. Ele escreveu: "Jamais houve na Terra fanático mais cruel nem vilão mais miserável. Meu pai, por mais equivocado que fosse, era humano e tinha certo bom-senso; tinha raciocínio lógico e nunca confundia questões espirituais e materiais. Ele jamais pensaria, como meu tio, que o corte e a cor dos 'trajes de domingo' pudessem ter a mínima importância para o Divino."[12]

A despeito de sua demonstração explícita de desapreço a Bishop, Crowley reconhecia a aptidão do tio para o ensino de história e, quando adulto, deixou de guardar rancores, apesar de continuar se referindo a ele como "obsceno", "fanático" e "mesquinho". Além da mãe e do tio, convivia também com a avó, uma jogadora inveterada casada duas vezes e por quem ele nutria muita simpatia; com a tia Anne, a quem detestava; e, mais tarde, com o tio John, que fizera fortuna na Austrália, mas de lá retornou para viver com a família devido a problemas de saúde que acarretaram uma queda de posição social. Com esse tio, Alick simpatizava bastante, provavelmente por se identificar com sua condição de "excluído".

O garoto também gostava muito da tia Ada, que teve morte prematura devido a complicações no coração decorrentes de febre reumática. Crowley atribuiu a morte da tia a Tom Bishop. Segundo Crowley, ele a forçava a trabalhar demais em obras de caridade da igreja evangélica que frequentavam.

O martírio nos internatos

A mesma Ebor School na qual o pai o matriculara, onde ele antes desejava se destacar pela dedicação à religião; a mesma escola onde costumava se dar bem com os outros garotos e onde estudava em harmonia, agora simbolizava tudo o que havia de mais aterrorizante. A direção da escola concentrava suas preocupações na abominável possibilidade de os meninos se entregarem a práticas homossexuais e à masturbação – a emissão de sêmen era considerada um grande risco para a saúde. Na Ebor School, criança saudável era

---

12. Crowley, Aleister. *The Confessions of Aleister Crowley*. Londres: Penguin Books, 1978. Capítulo 4.

criança assexuada. Qualquer demonstração de sexualidade gerava preocupação e uma possível recorrência seria considerada sinal de insubordinação ou mesmo demência.

Os métodos de punição e a injustiça do sistema escolar eram traumatizantes. Certa vez, Crowley recebeu a visita de um colega da escola durante as férias. Por alguma razão, o colega disse ao diretor da escola que, por ocasião da visita, encontrou Alick bêbado, caído ao pé da escada. O diretor simplesmente castigou o jovem Crowley, isolando-o de todos os colegas e alunos, que foram proibidos até de lhe dirigir a palavra. Além disso, passou a ser alimentado a pão e água. O objetivo era fazer Alick confessar seu "crime". O detalhe mais terrível é que Emily não foi consultada ou avisada sobre a acusação feita pelo colega do filho, e o próprio acusado também não fazia a menor ideia do que se tratava. Só sabia que estava sendo severa e desumanamente punido.

O episódio deixou o jovem Edward tão arrasado que sua saúde foi afetada, levando-o a abandonar a escola em decorrência de complicações nos rins e asma. Um médico chegou a prever que ele não teria muitos anos de vida pela frente.

Os problemas de saúde do garoto chamaram a atenção de Bishop, que percebeu serem falsas as acusações contra o sobrinho e, para alívio deste, tirou-o da escola. Por dois anos, o jovem Edward teria professores particulares em casa. Nessa época, ele já tinha consciência de suas tendências sadomasoquistas. Costumava se imaginar sentindo dores e agonia ao se visualizar como a Besta do Apocalipse. Aos quatorze anos, durante o período de afastamento da escola, Edward decidiu testar cientificamente a veracidade do dito popular segundo o qual os gatos teriam nove vidas.[13] Tentou matar o infeliz animal de nove maneiras diferentes: por intoxicação com clorofórmio e com gás, por esfaqueamento, degola, esmagamento de crânio, queimando e arremessando o animal para longe, entre

---

13. No Brasil, o dito popular atribui *sete* vidas aos gatos, mas na Inglaterra as vidas seriam *nove*.

outros métodos que ele considerava *científicos*. Em suas memórias, Crowley alega que sentiu muita pena do animal, mas seguiu adiante em nome da ciência.[14]

Tinha horror à rainha Vitória. Certa vez, ainda bem menino, pouco após a morte do pai, disse à tia Ada que ele próprio comandaria as forças da Patagônia contra a monarca. A tia, pregando uma peça em Alick, fez com que um homem em trajes oficiais lhe entregasse uma mensagem, supostamente da própria rainha, na qual Sua Majestade ameaçava bombardear sua cidade e cuidar do jovem Alick pessoalmente. O garoto acreditou e ficou aterrorizado.

Como parte da recuperação do sobrinho, Tom decidiu que Alick precisava de atividades saudáveis como pesca e montanhismo. Nascia assim a paixão de Crowley por atividades ao ar livre, às quais se dedicaria enquanto suas condições físicas permitiram. Nessa época, Tom começou a fazer com que ele alternasse aulas particulares com dias inteiros em uma escola próxima.

Na escola, Crowley finalmente descobriu a masturbação – segundo ele, um pecado que valia a pena e ao qual se dedicava com afinco. Lá também quase perdeu a vida ao bancar o cientista novamente, desta vez com o objetivo de criar um míssil. Misturou quase um quilo de pólvora com outros ingredientes e conseguiu uma explosão tão violenta que destruiu janelas de prédios próximos e literalmente derrubou o adolescente Edward, que teve de passar por cirurgias delicadas para remover fragmentos de vidro do rosto, além de passar vários dias de olhos vendados.

---

14. Por mais lamentável que seja este episódio, em essência não difere muito dos testes laboratoriais ainda amplamente empregados para os mais variados fins, desde a medicina à indústria de cosméticos. Se Crowley fosse, tecnicamente, um *cientista* profissional, o episódio passaria desapercebido. Mas em seu caso, ajudou a alimentar a mítica de homem perverso.

Capítulo 3

Libertação x Repressão

Aversão à religião

O extremismo religioso de Emily se acentuou após a morte do marido. Ao juntar-se novamente à sua família de origem, após perder Edward, começou a enxergar neles toda sorte de pecado – com exceção, é claro, em seu valoroso irmão Tom. Para ela, o "Pai Nosso" era uma espécie de mantra pagão, devido a seu ritmo hipnótico. O ambiente em casa era fúnebre, e ela e Crowley alternavam temporadas com Tom e períodos em hotéis, até que finalmente resolveu comprar uma casa em Polwarth Road. Edward Alexander detestou a casa, achava que havia outras maiores e melhores por perto. Já dava sinais de sua preferência pelo melhor e pela mais alta qualidade em tudo.

Aos dezesseis anos, pouco após a avó e o tio John chegarem para morar com ele e o resto da família, o jovem Edward e o recém-chegado tio tiveram uma conversa bastante significativa, na qual o sobrinho mostrou indícios de seus caminhos futuros. John, cheio de complexo de culpa e revelando nervos frágeis, confessou a Edward que tinha medo de não estar sendo "correto" aos olhos de Jesus. Edward respondeu de maneira quase ríspida, dizendo que aquilo tudo era uma grande bobagem e enfatizando que Jesus Cristo era uma fábula, que não existia esse negócio de pecado e que ele devia se dar por contente de ter tido oportunidade de viver um período longe daquela família de fanáticos. Foi um rompante e tanto, pois o comportamento de Edward era, até então, contido e mesmo tímido.

Preocupado em garantir ao sobrinho uma educação apropriada, tio Tom achou que um tutor escolhido a dedo seria um bom modelo. Claro que tinha de ser um evangélico capacitado para inspirar em Edward os princípios morais da religião.

O primeiro desses tutores, um certo reverendo Forsinard, tentou impor esses princípios a Crowley, que acabou jogando o homem no lago no meio de uma pescaria. O segundo tutor tentou seduzir Edward, mas foi repelido, até porque o jovem pensou que se tratava de uma armadilha da família. De um jeito ou de outro, foram esses tutores que o fizeram progredir no aprendizado de matemática, literatura, grego e latim.

Essas experiências com tutores foram complicadas, mas Edward não perdia por esperar pelo terceiro deles. Ao invés de restrição, Archibald Douglas seria o primeiro tutor – a primeira pessoa – a lhe ensinar como aproveitar a vida.

Prazer sem culpa

Archibald Douglas era um jovem formado em Oxford cuja abordagem simples e descomplicada das coisas da vida seria de grande influência para Crowley.

Douglas e Edward viajaram, apenas os dois, para a cidade inglesa de Torquay, onde pretendiam fazer uma excursão de bicicleta. Quando se viram a sós, Douglas deixou Edward bem à vontade, sem resquícios da tensão religiosa da família e do moralismo rigoroso dos demais tutores. Sua pouca idade e origem modesta talvez tenham sido determinantes em provocar um choque cultural no adolescente, libertando-o da redoma invisível que o detinha.

Beber e fumar já não eram mais encarados como atalhos para a perdição, e sim como prazeres a serem apreciados – mas sem exageros, para não prejudicar o físico. Os esportes eram parte importante da educação, e Douglas apresentou Crowley às corridas de cavalo, ao bilhar e aos jogos de azar. Nessa época, aos dezesseis anos de idade, teve sua primeira experiência sexual com uma atriz.

Douglas lhe ensinou que poderia servir-se de tudo isso, mas nunca se deixar subjugar por esses prazeres, sempre mantendo o controle. *Amor é a lei, amor sob vontade*, diria o pupilo anos à frente.

Pela primeira vez, Edward Alexander Crowley se sentia feliz. Encontrara a si mesmo e descobrira seu papel no mundo. Ou, ao menos, achara ter descoberto: a busca do quem se é, ou, em outras palavras, a busca da Verdadeira Vontade, era uma viagem da vida inteira. É claro, porém, que ele não sabia disso ainda.

Archibald Douglas foi o veículo de acesso a um dos vários umbrais de iniciação na vida de Crowley. Após desligar-se (ao menos em tese) da necessidade de ser aprovado e aceito pelo pai, Crowley pôde se desligar internamente dos ditames religiosos de sua família. Não obstante, externamente continuava tendo de lidar com aquilo, em casa ou na escola, com tutores que seguiam os mesmos princípios. Douglas foi o ponto de ruptura através do qual Crowley pôde experimentar o outro lado da vida, fora do domínio dos princípios dos Plymouth.

Prazer com culpa

Algo tão bom não podia mesmo durar, e não tardou para Bishop demitir Archibald Douglas: resolvera mandar o sobrinho de volta à escola. Era 1891 quando Edward começou a estudar no Malvern College, onde ficou até 1892, quando Emily o tirou da instituição após ouvir de Edward uma série de reclamações inventadas e exageradas. O objetivo do garoto era voltar a ser ensinado por tutores, o que lhe dava mais liberdade que o regime de internato, mas em vez disso foi enviado para outra escola, a Tonbridge School, onde ficou até o fim de 1892.

O ponto positivo de seu período em Tonbridge foi ter recuperado plenamente a saúde e a forma física, graças ao montanhismo e às pescarias, esportes aos quais se dedicou com afinco.

Em nenhuma dessas escolas Crowley conseguiu se destacar como aluno. Tudo lhe parecia ainda muito aborrecido e desinteressante. Faltava algo e não era sexo. Por mais que gostasse do prazer físico, era-lhe necessário um prazer ou satisfação moral coroando o prazer sexual. Esse era o diferencial que lhe acendia a imaginação.

A saída de Tonbridge se deu por uma razão das mais prosaicas: Crowley contraiu gonorreia de uma profissional do sexo. O problema em si não era ter procurado uma prostituta, fato corriqueiro entre rapazes ingleses de classe alta. O problema era ter contraído a doença, que nem sabia que existia, menos ainda como se prevenir.

Não que Edward ainda fosse totalmente inexperiente em termos de sexo. Após sua iniciação com a atriz de Torquay, levou uma empregada da família para a cama da própria mãe – episódio bem alardeado de sua biografia e já mencionado aqui.

O fato é que contrair a doença deixou Edward Alexander muito envergonhado e humilhado, sentindo-se um bobo que nada sabia da vida e que desconhecia as armadilhas da natureza. Talvez aí se encontre outro ponto nevrálgico que explique a imensa sede de experiências *in loco* de todo tipo que caracterizaria sua vida no futuro.

Sair de Tonbridge não implicou qualquer libertação do sistema escolar britânico. Emily decidiu que Edward teria, sim, um tutor, desta vez um dos irmãos de Plymouth, e, ainda por cima, continuaria frequentando a escola. Ao menos desta vez não era um internato. Durante o dia, Edward Alexander assistia aulas no Eastbourne College, onde aprimorou seu interesse por xadrez e conseguiu boas notas em francês, literatura e química. Já a relação com o tutor era das piores; chegaram até a trocar socos.

O jovem Crowley dedicava cada vez mais tempo às atividades ao ar livre, o que fortaleceu seu corpo e aumentou sua autoconfiança. Afiliou-se ao Scottish Mountaineering Club em 1894, quando partiu para a primeira de suas expedições aos Alpes. Fez várias amizades e inimizades com outros adeptos do esporte e destacou-se entre seus colegas por seu estilo firme e inusitado, quase uma técnica própria.

Edward também foi depurando seu gosto por chocar a família, que tinha cada vez menos poder sobre ele. Em outubro de 1895, completou vinte anos e foi mandado para Trinity College, em Cambridge, onde ficou por três anos.

Capítulo 4

Cambridge

Liberdade, liberdade

Agora a vida estava ficando interessante para o jovem Edward. Em Cambridge ele pôde se abrir para um mundo inteiramente novo, sem irmãos de seita, sem a mãe e o tio perturbando com censuras e requisições espúrias. E, no fim do curso, teria direito a usufruir da herança que o pai lhe deixara.

Continuava sendo um aluno mediano. Não tinha interesse em nada daquilo, tanto que sequer requisitou o diploma ao se formar. Dedicou-se intensamente à leitura da literatura inglesa, mergulhando em obras completas de inúmeros autores de ficção, poesia e filosofia. Queria compensar o tempo perdido, quando a mãe controlava o que podia ler. As prateleiras abarrotadas de edições luxuosas chegavam a ocupar quatro paredes, do chão ao teto.

Seus favoritos na época eram os poetas Shelley e Sir Richard Burton, e a influência de ambos no estilo de Crowley é visível. Shelley estimulou a busca por liberdade individual que já despontava na

Edward Alexander Crowley
na época de Cambridge

personalidade de Edward Alexander. Burton, erudito que viajou por boa parte do mundo e escreveu extensos relatos de suas explorações, era seu modelo de homem culto, cosmopolita e amante das artes.

Tantas leituras não o impediram, contudo, de escalar montes e montanhas, pedalar, remar e jogar xadrez – e tudo isso muito bem. Tinha horror de ser considerado um fracote certinho. Costumava ler à noite e, por isso, dormia pouco.

O jovem Edward Alexander Crowley estava ficando cada vez mais autoconfiante e sociável. Mal lembrava aquele garoto assustado e tímido dos tempos de escola. Era um dândi; vestia-se com roupas finas e cultivava hábitos elegantes. Apesar de dar a entender que não ligava muito para os colegas, chegou a fazer parte de um clube de debates, ou sociedade secreta dos alunos,[15] chamado Magpie and Stump, além do clube de xadrez da faculdade.

Surge Aleister Crowley

Foi durante o período em Cambridge que Crowley começou a sentir que viera ao mundo para ser famoso, para deixar uma marca indelével na sociedade. Ao chegar a essa conclusão, a primeira coisa que lhe ocorreu foi a necessidade de um nome apropriado. Odiava ser chamado de Alec, ou Alick, pois era como a mãe o chamava. Já *Edward Crowley* era um nome com o qual simplesmente não se identificava.

Havia lido, não se lembrava onde, que nomes famosos geralmente formavam um dáctilo[16] seguido de duas sílabas. Assim chegou a *Aleister*, forma gaélica de *Alexander*. Nascia Aleister Crowley – e Edward Alexander Crowley jamais seria o mesmo.

Mas quem era Aleister Crowley afinal? Até então, esse era o "nome de guerra" de um dândi bem-nascido, aspirante a diplomata, prestes a pôr as mãos em uma pequena fortuna de 40 mil libras – algo

---

15. Algo como o clube de poesia do filme *Sociedade dos Poetas Mortos*.

16. Pé de verso grego ou latino, formado de um sílaba longa seguida de duas breves.

como 7 milhões de dólares. Ele já escrevia versos, mas ainda não se considerava um poeta.

Seu interesse pela carreira diplomática durou pouco. Interessava-lhe o glamour e o feitio estratégico da carreira, bem como a oportunidade de conhecer diferentes lugares e culturas. Nutria sonhos de trabalhar como diplomata na corte russa, que considerava a sociedade mais fascinante da época. Chegou a viajar a São Petersburgo para estudar russo, mas não levou o curso adiante.

Em outubro de 1897, caiu doente. Nada sério, mas o tempo em que esteve de cama foi de intensa meditação sobre questões essenciais da vida. A coisa acabou se transformando em uma espécie de transe místico que ele viria a identificar mais tarde como aquilo que os budistas chamam de Visão do Sofrimento Universal.

Concluiu que não faria diferença alguma ser ou não ser embaixador ou diplomata em qualquer lugar que fosse; tudo era fútil e inútil, e ele precisava de algo maior, mais vasto e abrangente. Ganhar a vida não era uma de suas preocupações, já que tinha sua herança. Por isso, podia se dar ao luxo de buscar algo *além*. Essa foi, na verdade, sua segunda experiência mística. A primeira, da qual pouco falou, teria sido um *insight* ou conscientização súbita de seu potencial mágico, de que havia uma parte de si mesmo que estava escondida e reprimida, mas que deveria ser estimulada e trazida à tona, gradativamente e cada vez mais. Isso se deu em Estocolmo, na virada do ano de 1896 para 1897.

Gastava sem pensar. Sempre teve crédito ilimitado, com o qual comprava livros à vontade, mas pouco dinheiro vivo na mão – uma tentativa inócua de Emily e Tom Bishop no sentido de evitar que Crowley gastasse com mulheres ou bebidas. É daí que vem seu famoso muxoxo misógino de que as mulheres deveriam ser produtos entregues diariamente na porta dos fundos junto com o leite e o jornal, pois odiava perder tempo procurando por elas e fazendo-lhes a corte quando tudo o que queria era satisfazer sua necessidade física de sexo.

No futuro, teria muitos motivos para lamentar amargamente sua falta de bom senso em questões financeiras. Crowley consumiu sua herança em passo acelerado. Para começar, em hipótese alguma regateava nada. Só aceitava produtos de primeira qualidade. Inclusive ele determina em seus escritos que não se deve praticar magia com objetivo de conseguir dinheiro,[17] nem cobrar para praticar magia e nem pechinchar ao comprar material ritualístico.

O relacionamento com Pollit

Em outubro de 1897, Crowley conheceu Herbert Charles Pollitt. Dez anos mais velho que Crowley, já formado, Pollitt trabalhava como dançarino e transformista na companhia Footlights Dramatic Club.

Na época, Crowley tinha uma atitude bastante curiosa em relação à homossexualidade, que evidenciava um padrão de contradições que seria mantido em suas posturas e atitudes por toda a vida. No mesmo ano em que Crowley entrou na Trinity School, Oscar Wilde foi considerado culpado de sodomia no famoso julgamento do qual saiu para o cárcere. O escândalo sem precedentes gerou intensa discussão sobre o caso em toda parte. Por mais surpreendente que pareça, Crowley chegava a debochar dos poucos que demonstravam alguma simpatia por Wilde.

Como será observado ao longo desta biografia, Crowley nunca teve – nem mesmo após o advento de Thelema – uma atitude plenamente confortável para com sua bissexualidade. Logo ele, que tanto gostava de chocar e escandalizar, sempre foi pouco eloquente ao abordar o tema. Isso se dava, em parte, pela aparente dicotomia entre a imagem máscula e grandiosa que pretendia construir de si mesmo e a decadência e fragilidade que ele associava à homossexualidade. Era o mesmo tipo de preconceito que tinha em relação

---

17. Princípio que ele mesmo viria a quebrar.

às mulheres, apesar de que, no futuro, ele viria a reconhecer aquelas que considerava exceções à regra.

Por outro lado, Crowley jamais deixou de reconhecer a importância de Pollitt em sua vida. Juntos viveram uma relação que Crowley descreveu como sendo "o ideal de intimidade que os gregos consideravam a maior glória da condição masculina e o presente mais precioso da vida",[18] e "a relação mais pura que eu já tive com alguém".[19]

Pollitt era bastante convincente ao se vestir de mulher nas peças de teatro que estrelava. Travesti ou transformista, o fato é que incorporava o personagem "Diane de Rougy". Apesar de sua facilidade em parecer mulher sugerir o contrário, tudo indica que, fora dos palcos, Pollitt não tinha modos afeminados. Isso despertava ainda mais o interesse do público, curioso em conferir a transformação.

Foi em janeiro de 1898 que Crowley mudou para o número 14 da rua Trinity. E foi nesse endereço que ele e Pollitt passaram vários momentos juntos. Pollitt lhe apresentou o renascimento inglês e francês e o influenciou intensamente em suas preferências estéticas. Crowley registrou em manuscritos não publicados que ele e Pollitt viveram "como marido e mulher" e que Pollitt fez dele um poeta.[20]

Mas Pollitt era, em essência, um simplório. Não era ambicioso, não era um gênio, não tinha sonhos nem visões. Sofria com a melancolia de quem anseia por algo que nem sabe o que é e, por isso mesmo, não consegue mais ter qualquer esperança. Isso irritava Crowley, que tinha sonhos dos mais megalômanos e ambiciosos: ele sentia que a atmosfera derrotista que Pollitt criava a seu redor não lhe fazia bem. Pior de tudo, Pollitt não compartilhava minimamente do entusiasmo por ocultismo de Crowley, e isso foi lhes afastando as almas uma da outra. Sentindo que precisava decidir entre suas

---

18. *Ibid.* Capítulo 17.

19. *Ibid.*

20. Suster, Gerald. *The Legacy of the Beast*. Maine: Samuel Weiser, 1989. Página 25.

ambições pessoais e o relacionamento com Pollitt, Crowley acabou dizendo ao namorado que resolvera dedicar a vida à busca espiritual e que não havia lugar para ele naquela busca.

Crowley viria a confessar em suas memórias que esse era um de seus maiores arrependimentos e que jamais sentira por ninguém o que sentiu por Pollitt.

Capítulo 5

Nasce um poeta

Desperta para o ocultismo

1898, ano em que Crowley estreitou seu relacionamento com Pollitt, foi também o ano de publicação de *The Book of Black Magic and Pacts*,[21] de Arthur Edward Waite, por sugestão de um livreiro que já conhecia seus gostos e interesses.

Waite é um nome conhecido entre leitores de esoterismo e ocultismo. É um dos criadores do famoso Tarô Rider-Waite e autor de vários livros sobre rosacrucianismo, rituais, magia e alquimia. Era membro da Golden Dawn, ordem iniciática de grande influência nos meios ocultistas sobre a qual entraremos em maiores detalhes mais à frente.

Apesar de ter sido uma de suas primeiras leituras na área e, assim, ter lhe influenciado, Waite viria a se tornar objeto de incansáveis ataques por parte de Crowley. Esse padrão irascível de comportamento se tornaria uma atitude constante não só

O jovem mago Aleister Crowley

---

21. *O Livro da Magia Negra e dos Pactos*.

contra Waite, mas contra vários outros indivíduos que passaram por sua vida como amigos e colaboradores.

Uma das coisas que mais lhe chamou a atenção no livro de Waite foi a tese do governo secreto do mundo, que seria conduzido por mestres guardiões dos antigos ritos de iniciação. Crowley escreveu a Waite uma carta de tom elogioso, na qual pedia detalhes e informações sobre esse governo secreto. Em resposta, Waite sugeriu a leitura de *A Nuvem Sobre o Santuário*, de Karl Von Eckartshausen, que Crowley leu durante a Páscoa.

O livro foi um verdadeiro divisor de águas para aquele jovem estudante de ocultismo, pois desenvolve a tese do governo oculto do mundo, mencionando a existência de uma "Igreja invisível" ou "sociedade de Eleitos". A leitura atraiu Crowley pela retórica cristã e pelo conceito de uma elite de sábios, e o despertou para uma busca cada vez mais intensa por respostas para questões espirituais. Ele queria se dedicar a essa busca com toda a devoção. Queria chegar à Congregação Secreta de Santos, participar do governo oculto. Ser diplomata e estar a par das intrigas políticas dos homens não lhe bastava. Chegar ao âmago de tudo, ao cerne, onde poucos ou ninguém jamais havia chegado.

A poesia e as artes em geral não representavam um desvio do caminho espiritual, antes o contrário; a poesia era um dos instrumentos do êxtase religioso e do enlevo espiritual que Crowley buscava. Esse lado espiritual, somado ao seu romantismo e à sua libido exacerbada, gerava combustível de sobra para construir seus versos. Apesar de Crowley achar que o relacionamento com Pollitt o restringia em termos espirituais, este, por outro lado, o estimulava a escrever e estava sempre lhe apresentando trabalhos de poetas contemporâneos.

Mais seguro de seus talentos literários, Crowley começou a publicar sua produção poética. Como a maioria dos poetas, ele mesmo bancou a publicação. Esse foi outro hábito que cooperou para o veloz consumo da fortuna herdada: publicar edições luxuosas de seus escritos. Agora, eram livros de poesia; no futuro, haveria também volumes de magia, contos e outros, todos garbosamente apresentados.

Em 1898 saiu seu primeiro livro, *Aceldama,*[22] assinado por "Um Cavalheiro da Universidade de Cambridge" – não havia qualquer identificação de que Crowley era o autor. Trata-se de um poema de vinte e uma páginas, com uma introdução na qual Crowley faz referência à luta de Deus e Satã por sua alma:

> Deus venceu – agora eu só tenho uma dúvida – qual dos dois era Deus?[23]

A dedicatória é para Pollitt, embora também não cite nomes:

> Filósofo divino! Amigo querido!
> Amante e Amo! Aceita o verso
> Que marcha como sombrio ataúde
> A levar até o fim o caixão da Verdade.
>
> Que os cultos distorcidos do homem nele
> Se misturem, o mais digno e o pior
> E penetrem a maldição primordial.
>
> Ah! Eles não compreenderão.
> Aceita este evangelho de doença
> Proclamado com palavras devassas, recebe
> O rosário forjado a sangue que teço.
>
> Toma-me, e contamina minha vergonha
> Com vossas infâmias e, sobre meu peito,
> Deixa teu desejo conseguir o resto.[24]

---

22. "Aceldama" significa "campo de sangue" e é o nome aramaico dado pelos judeus à terra comprada por Judas Iscariotes com o dinheiro que ganhou ao trair Jesus. O nome se refere ao sangue que jorrou das entranhas de Judas quando lá ele se enforcou em uma árvore.

23. Crowley, Aleister. *Aceldama: A Place to Bury Strangers In – A Philosophical Poem.* London: Privately Printed, 1898. Página 03.

24. *Ibid.* Página 05.

O poema trata de sanidade e loucura e de busca espiritual, e já traz temas que se tornariam recorrentes, como no seguinte trecho:

O Velho Buda deu a ordem; Jeová falou;
Estranhos deuses distantes que hoje não estão mortos
Acrescentaram suas vozes; o caminho deserto do Céu
O homem só vence pela dor – que ele quebre
A imagem dourada de pés de barro!
Que ele despreze
Este vaso de terra que o ceramista desfigurou – e ascenda!

A ligeira iconoclastia de suas ideias nesse livro não é nada perto do escandaloso *White Stains,*[25] segundo livro de poemas dentre os seis que lançou no ano de 1898. Mais famoso por seu teor escandaloso do que por suas qualidades literárias, muitos consideram este um dos livros eróticos mais repugnantes da língua inglesa. Para Crowley, a obra apresenta um estudo poético da mente de um neurótico. Ele reconhecia que, "tecnicamente" falando, o texto era obsceno, mas sua intenção era produzir um contraponto à teoria do livro *Psychopathia Sexualis,*[26] do professor Kraft-Ebing. Segundo o autor, aberrações sexuais seriam originadas por doenças e psicoses, e não o contrário. Crowley discordava dessa teoria e buscava provar, com *White Stains*, que havia um processo psicológico e mágico nas chamadas "anormalidades" que as tornavam perfeitamente compreensíveis de um ponto de vista racional.

As reações de ultraje e rejeição ao livro divertiam o poeta. O livro de Kraft-Ebing descrevia em detalhes as mesmas anormalidades que *White Stains*, mas, por ser um trabalho *científico*, era bem aceito. Já a obra de Crowley era considerada grosseira e repugnante por apresentar em forma poética o ponto de vista dos chamados "psicóticos sexuais".

---

25. *Manchas Brancas.*
26. Kraft-Ebing, Richard von. *Psychopathia Sexualis*. São Paulo: Martins Fontes, 2000.

White Stains é bem mais elaborado e extenso do que o anterior. Logo na primeira página lê-se: "O Editor espera que os patologistas especializados em doenças mentais, para quem este livro se destina, não poupem esforços para evitar que ele caia em mãos erradas".[27] Após esse pequeno "aviso", vem um prefácio no qual Crowley conta a história de George Archibald Bishop – referência óbvia ao tio, Tom Bishop, e ao tutor libertário Archibald Douglas – e seu trajeto rumo à perversão mais abjeta, com direito a referências à Besta e à Mulher Escarlate do Apocalipse,[28] culminando em assassinato. Após o extenso prefácio, há uma dedicatória em forma de poema, e então o primeiro poema em si, chamado *Soneto à Virgem Maria*:

Mãe de Deus! Que conheceis o horrível sofrimento
Do parto, que sofrestes e sabeis
Quão doce é o fruto maduro de vosso infortúnio
E como o calcanhar Dele esmagou as presas da serpente,
Estejais comigo no nascimento deste meu livro,
Destas minhas canções, pobres crianças, que podem morrer;
Ainda que, caso não pereçam de todo,
Procurar-vos-ei em busca de ajuda.
Mãe de Deus! Estejais comigo em sucesso,
Fiqueis comigo se porventura fracassarem
Estas fracas canções, murmúrios de uma tempestade de verão
Que meu coração abriga dentro de uma vestimenta mortal;
E com vossa compaixão, glória ou fardo
Serão leves demais para abalar minha felicidade.[29]

Após uma incrível, detalhada e aparentemente infatigável jornada por todas as modalidades e práticas consideradas mais polêmicas e desprezíveis, o autor atinge o clímax nos versos finais:

---

27. Crowley, Aleister. *White Stains – The Literary Remains of George Archibald Bishop, A Neuropath of the Second Empire*. London: Privately Printed, 1898. Página 02.
28. A qual Crowley futuramente identificaria como Babalon.
29. *Ibid*. Página 12.

(...) Deus! Meu cérebro e meu corpo rodam! Eu desmaio!
O chão sobe! Os vermes devoram meu peito!
Bestas e peixes grosseiros e coisas aladas infestam
Cada parte vital! Guinchem, ratos! Mais licor! Vamos!
Faça barulho, sua meretriz podre-pele de tambor!
Não me importo! Gritem, seus ratos! Cobras, mordam e sibilem!
Cria do inferno, eu lhe enfio na boca este beijo pútrido!
Satã! Maldição! Isto é o abismo![30]

Os outros títulos lançados ainda naquele ano de 1899 incluíam *The Tale of Archais,*[31] *Songs of the Spirit,*[32] *The Poem,*[33] *Jezebel* e *Mysteries,*[34] 1899. Poemas extraídos desses títulos – bem como de outras obras do autor até o ano de 1905, como *Jephtah and Other Mysteries,*[35] *The Fatal Force,*[36] 1899[37] e *Rodin in Rime*[38] (trabalho de 1905 em colaboração com o notório pintor) – foram selecionados para compor *Ambergris*, uma antologia poética, em cujo prefácio Crowley destila seu peculiar senso de humor:

Em resposta à generalizada falta de interesse em meus escritos, resolvi publicar uma seleção pequena e pouco representativa deles. (...) A seleção foi feita por um comitê de sete indivíduos competentes, separadamente. Apenas os poemas mais votados foram incluídos. Então, apresento este livro quase faustosamente democrático ao público britânico, já contando com a recepção de costume.

---

30. *Ibid.* Páginas 114 e 115.

31. *A História de Archais.*

32. *Canções do Espírito.*

33. *O Poema.*

34. *Mistérios.*

35. *Jephtah e Outros Mistérios.*

36. *A Força Fatal.*

37. Peça teatral na qual uma sacerdotisa, incomodada com a necessidade do homem na procriação, casa-se com o próprio filho, e depois com o filho desta união, produzindo assim um indivíduo que teria sete oitavos de si mesma.

38. *Rodin em versos.*

A influência dos amigos

O ano de 1898 também marcou a entrada em cena de três amizades fundamentais na juventude de Crowley: Gerald Kelly, Oscar Eckenstein e George Cecil Jones.

Aceldama foi o mote para o encontro de Crowley e Gerald Festus Kelly, que adquiriu o pequeno volume de poemas e se interessou pelo que leu. Kelly, quatro anos mais novo que Crowley, também era filho de um homem muito religioso, o reverendo Frederick Kelly, vigário da Igreja Anglicana de St. Gilles. Ambos tinham em comum a ânsia por se libertarem das restrições da vida em família e o gosto por arte e poesia. Estreitaram a amizade e Kelly tornou-se o primeiro leitor e crítico dos escritos de Crowley, que respeitava a opinião do amigo.

Oscar Eckenstein e Gerald Festus Kelly

Gerald Kelly viria a se transformar em um pintor famoso, popular e respeitado na Inglaterra, além de presidente da Academia Britânica de Artes. Mas o que nenhum dos dois podia imaginar é que Rose Kelly, irmã de Gerald, viria a ser a primeira esposa de Crowley – e, mais importante, sua primeira Mulher Escarlate; elemento fundamental para a existência d'*O Livro da Lei* (*Liber al vel Legis*).

O Kelly do futuro, do alto de sua respeitável posição na sociedade, acabaria mudando de opinião sobre Crowley, descrevendo-o como divertido, porém *poseur* e pretensioso. Por sua vez, Crowley viria a se referir ao ex-cunhado como um "vendido" aliado ao *establishment* contra o qual Crowley tanto se rebelava.

Entretanto, durante os anos de amizade, os dois foram muito próximos. Crowley conseguiu até que Kelly fizesse alguns experimentos com magia ritual – com a qual Crowley estava se envolvendo cada vez mais, após o despertar inicial com os livros de A. E. Waite e Eckartshausen.

A leitura deste último veio a despertar em Crowley a necessidade de ter um mestre ou instrutor. Assim, ele estava sempre atento a qualquer possibilidade de facilitar esse encontro. Leitor compulsivo, devorava todos os livros que pudesse encontrar sobre qualquer assunto relacionado a magia ou ocultismo. Para ele, essa era a sua busca religiosa – tanto que, na época em que eram amigos, Kelly considerava Crowley o homem mais religioso que jamais conhecera.

Outro encontro fundamental no prolífico ano de 1898 foi com Oscar Eckenstein. Alpinista, dezesseis anos mais velho que Crowley, Eckenstein exerceu uma influência quase paternal sobre ele durante um bom tempo. Crowley, que viria a desenvolver um padrão destrutivo para com suas amizades e amores, nutria um raro respeito por Eckenstein, o qual se manteria com o passar dos anos.

Homem profundamente disciplinado e sério, Eckenstein vinha de uma família de iconoclastas – o pai era um socialista alemão, o que já era uma extravagância em si. Manifestava a tendência familiar à iconoclastia a seu modo: trajava-se com desleixo, cultivava uma barba monumental e costumava calçar sandálias de palha, indiferente ao frio e à chuva típicos de Londres.

Apesar da aparência exótica, Eckenstein, químico formado em Londres e Bonn, era um homem prático. Trabalhava como engenheiro de ferrovias, ocupação que lhe dava estabilidade financeira e a oportunidade de se ausentar por longos períodos, requisitos fundamentais para se dedicar ao alpinismo, sua verdadeira e grande paixão.

Com Eckenstein, Crowley aprendeu muito sobre alpinismo. No verão de 1898, fizeram a primeira escalada juntos nas montanhas suíças, ocasião em que Eckenstein pôde testemunhar não só o invulgar talento de Crowley para o esporte, como também os aspectos mais tolos de sua personalidade. Os dois também compartilhavam uma grande admiração pelos livros de Sir Richard Burton[39] e o interesse por telepatia.

Adeus, Cambridge

Crowley continuou com seus estudos esotéricos durante a expedição do verão de 1898. Sempre saía para escalar levando consigo livros pesados, a despeito dos protestos de seus companheiros, que achavam mais razoável levar equipamentos e comida do que livros. Mas Crowley fazia pé firme quando o que estava em jogo era aquilo que considerava seu mais indispensável alimento.

Uma de suas leituras na época foi *The Kabbalah Revealed*,[40] de Samuel MacGregor Mathers. Crowley nem imaginava a importância que esse nome viria a ter em sua biografia.

A saúde de Crowley começou a fraquejar durante a longa expedição, e ele resolveu descer até a cidade de Zermatt para relaxar um pouco. Lá, conheceu o químico Julian L. Baker e logo iniciaram uma conversa sobre alquimia. Para sua surpresa, Baker entendia muito mais do assunto do que ele. Pensou até que tinha finalmente encontrado o tal mestre que procurava.

No dia seguinte, Crowley já estava no encalço de Baker, que garantiu que o apresentaria a George Cecil Jones em Londres. Jones, formado em química, era cinco anos mais velho que Crowley, que se identificou com a maneira científica com que Jones abordava o estudo da magia.

---

39. Notório cônsul, explorador, escritor e orientalista britânico, autor de vários relatos de viagem que se transformaram em livros bem-sucedidos.
40. Mathers, Samuel Liddel MacGregor. *A Cabala Revelada*. London: George Redway, 1887.

A amizade viria a se revelar longa e produtiva. Crowley se hospedou várias vezes no endereço de Jones ao sul de Londres, e Jones lhe apresentou mais um livro fundamental: *O Livro da Magia Sagrada de Abramelin, o Mago,*[41] cuja versão em língua inglesa foi traduzida pelo mesmo Samuel Mathers de quem Crowley já tinha lido *The Kabbalah Revealed*. Mathers também era líder de uma ordem esotérica chamada Golden Dawn (Áureo Alvorecer, em tradução livre).

Agora Crowley podia abandonar Cambridge sem nem se dar ao trabalho de pegar seu diploma. A herança deixada pelo pai estava finalmente à sua disposição. Cercado de amigos que o estimulavam em suas aspirações espirituais, artísticas e esportivas, e com dinheiro suficiente para fazer potencialmente o que lhe desse na cabeça, Aleister Crowley estava pronto para ser ele mesmo, com todas as suas forças. Eis o embrião do Espírito Itinerante que ele viria a encarnar mais à frente. Aqui nascia a lenda.

---

41. Abraão. *O Livro da Magia Sagrada de Abramelin, o Mago*. São Paulo: Anúbis, 2020.

Parte II
Golden Dawn

Capítulo 1

A Ordem

A Ordem Hermética da Golden Dawn

William Wynn Westcott era um conceituado médico legista de Londres. Sua principal meta na vida, contudo, era o estudo da magia e da espiritualidade. Membro da Societas Rosicruciana in Anglia (S.R.I.A.) – uma ramificação da Maçonaria – e da Sociedade Teosófica, em agosto de 1887 Westcott veio a receber do reverendo A. F. A. Woodford, figura atuante em círculos maçônicos, um volume de cerca de sessenta páginas adquirido em um sebo de livros.

A obra, chamada *Cypher MS*, era composta por textos cifrados em um alfabeto obscuro, derivados de um texto de ocultismo da época da Renascença chamado *Polygraphia*, de Abbot Johann Trithemius – texto esse que Westcott já conhecia.

Westcott dedicou-se ao trabalho de traduzir, ou melhor, de *decifrar* o conteúdo do manuscrito e logo concluiu que tinha em mãos a estrutura básica de uma série de rituais de iniciação de traços maçônicos. O documento trazia

A Rosa-Cruz hermética, símbolo da Golden Dawn

referências à cabala, à astrologia e textos de Eliphas Levi,[42] além de uma intricada correlação entre os caminhos da Árvore da Vida cabalística e os vinte e dois arcanos maiores do tarô.

Ao ver que aquilo era trabalho para mais de uma cabeça pensante, Westcott chamou Samuel Liddell "MacGregor" Mathers e William Robert Woodman, ambos membros da S.R.I.A., para ajudá-lo a organizar o sistema e transformá-lo em algo prático.

Da esquerda para a direita: Mathers, Westcott e Woodman

---

42. Eliphas Levi (1810-1875), nascido Alphonse Louis Constant, ocultista francês.

Woodman havia sido coeditor de *The Rosicrucian*,[43] o jornal da S.R.I.A., e foi subindo na hierarquia da ordem, tendo contribuído significativamente para sua expansão pela Inglaterra, bem como Austrália e Estados Unidos. O menos citado entre os três fundadores da ordem então em formação, Woodman era um sujeito de temperamento discreto e eficiente.

Não se pode dizer o mesmo de Samuel Mathers, ao menos no quesito discrição. Dado a hábitos excêntricos, Mathers adicionou "MacGregor" ao nome alegando descender de escoceses, o que jamais foi comprovado. Era vegetariano, ativista contra a vivissecção e não fumante convicto. Chegou a receber o oitavo grau da S.R.I.A. Emana carisma e defendia suas teses e ideias com firme convicção.

Ganhava a vida como balconista. Era capaz de ler e traduzir uma série de línguas, entre elas inglês, francês, latim, grego, hebraico, galês e copta. Mathers vivia em Londres graças ao apoio financeiro de Westcott, que patrocinava seus estudos.

Além de rituais e textos sobre ocultismo, o documento *Cypher MS* trazia também nome e endereço de uma certa Anna Sprengel, em Stuttgart, Alemanha. Anna seria a líder de uma sociedade secreta chamada *Die Goldene Dämmerung*, que Westcott traduziu como *The Golden Dawn* (o Áureo Alvorecer). A partir de 1887, Westcott e os outros dois se corresponderam regularmente com Sprengel, que afirmava manter contato direto com os Chefes Secretos do mundo espiritual e assinava seus documentos com um nome iniciático, *Sapiens Dominabitur Astris*.[44] Os três, Westcott, Woodman e Mathers, receberam títulos de *Adeptus Exemptus* no ano de 1887, após decifrarem o manuscrito.

Em 1888, foi fundado em Londres o templo Ísis-Urania, onde os primeiros membros da ordem – cinquenta e um no total – começaram a praticar os rituais e a estudar os ensinamentos do texto *Cypher MS*. Homens e mulheres eram tratados com igualdade, ao

---

43. *O Rosacruz.*
44. Sóror S.D.A. "A pessoa sábia será conduzida pelas estrelas".

contrário do costume maçônico. Contudo, a estrutura dos rituais e do ensinamento era bem semelhante à da Maçonaria.

Entre os membros desta que viria a ser denominada a Ordem Externa da Golden Dawn estavam o poeta William Butler Yeats, os ocultistas Dion Fortune e Arthur Edgard Waite. Havia também socialites – como a esposa de Oscar Wilde – e artistas, além de Allan Bennett, que viria a se transformar em grande amigo e figura-chave na vida de Crowley.

Durante os primeiros quatro anos, só havia a Ordem Externa. A Ordem Interna só passou a existir a partir de 1892, após os primeiros adeptos terem completado os estudos da Ordem Externa. Não demorou para que outros templos da ordem fossem abertos em Bradford, Edimburgo e Paris.

Em 1891, um assistente de Sprengel teria escrito a Westcott comunicando a morte repentina da Sóror S.D.A. e o encerramento de qualquer correspondência dali por diante. Foi nesse ano também que Woodman faleceu abruptamente, pouco antes de alcançar os estudos da Ordem Externa, chamada de *Ordo Rosae Rubeae et Aureae Crucis* (Rosa Rubra e Cruz Dourada, mais comum na forma abreviada R.R. et A.C.).

A notícia da suposta morte de Anna Sprengel, de quem sequer tinham certeza da existência, foi motivo de grande polêmica – para muitos historiadores, esse episódio marcou o começo da decadência da Golden Dawn, já que foi a partir daí que vários membros começaram a questionar seriamente a autenticidade da Sóror S.D.A.

A partir dessa crise, Mathers foi se destacando cada vez mais no comando da ordem, agora compartilhado apenas entre ele e Westcott. Foi Mathers quem adaptou, praticamente sozinho, os rituais mágicos usados na Ordem Interna R.R. et A.C., fato que veio a ser considerado por ele mesmo e por todos que o seguiam como o marco inicial de seu contato direto com os Chefes Secretos. Muitos adeptos consideravam que os Chefes Secretos eram antes uma "energia" ou um conceito do que seres viventes.

Casado desde 1890 com Mina Bergson, Mathers mudou-se com a esposa para Paris em 1892 graças à ajuda financeira de Annie Horniman, uma das sórores da ordem. Na cidade francesa, fundou o Templo Ahathoor. Westcott encarregou-se de tomar conta do Templo Ísis-Urânia.

Mathers começou a revelar um temperamento cada vez mais autocrático e extravagante. A admissão à Ordem Interna R.R. et A.C., que no começo era bem rigorosa e selecionada, foi se tornando cada vez mais flexível. Em 1897, Westcott se desligou por completo da Golden Dawn, deixando o comando para Mathers. Há quem diga que seu desligamento foi "estimulado" quando seus chefes descobriram seu envolvimento com a ordem iniciática e ameaçaram demiti-lo de seu excelente emprego caso esse envolvimento não fosse interrompido. Isso explicaria as assinaturas de Westcott encontradas em documentos posteriores a seu afastamento. Mas a relação entre ele e Mathers já estava deteriorada e, para muitos, foi o próprio Mathers quem fez a informação chegar aos superiores de Westcott para afastá-lo de vez e assumir o controle total da Golden Dawn.

Mathers, que já não contava com a ajuda financeira de Horniman, ainda não estava satisfeito com o aumento de poder. No final de 1897, chegou a escrever de Paris aos membros da Ordem Interna, exigindo votos de submissão absoluta – afinal, ele era o único vínculo entre os adeptos e os Chefes Secretos. Por incrível que pareça, a esmagadora maioria dos adeptos aceitou, e Horniman foi a única pessoa a ser expulsa.

Crowley, codinome Perdurabo

Esse era o cenário quando, em dezembro de 1898, Aleister Crowley submeteu-se ao teste básico por escrito e foi aceito para a iniciação ao grau de Zelator $1°=10°$, relacionado ao simbolismo esotérico do elemento Terra. Crowley levava a iniciação tão a sério que chegou a perguntar a Jones se alguém já havia morrido durante a cerimônia.

Para sua primeira iniciação, Crowley assumiu o nome mágico Perdurabo, que significa "Eu Durarei Até o Fim". Este seria um de seus nomes iniciáticos mais usados e conhecidos. Mas logo foi por terra sua excitação e ansiedade por descobrir um mundo paralelo de indivíduos "diferentes", "especiais". Os adeptos não eram os magos, os santos que Crowley esperava, e sim pessoas bem perto do que se considerava normal, muitas delas buscando na ordem iniciática justamente uma válvula de escape para a insuportável normalidade de suas vidas.

Crowley confessou sua decepção a Jones e Baker, que lhe responderam que ele faria melhor em se concentrar nos estudos e não questionar, por ora, coisas que ainda não era capaz de compreender. O novato aceitou o conselho dos amigos mais experientes e se jogou de cabeça nos estudos esotéricos. Seus colegas adeptos podiam não lhe impressionar, mas o mesmo não poderia ser dito do material para estudo oferecido pela ordem, que Crowley sorveu com grande avidez e interesse.

Em janeiro e fevereiro de 1899, respectivamente, Crowley foi iniciado nos graus de Theoricus $2°=9^\Box$ (Ar) e Practicus $3°=7^\Box$ (Água), e seguiu em sua rápida trajetória pelos graus da Ordem Externa da Golden Dawn, alcançando o grau de *Philosophus* em maio de 1899.

Nosso biografado se jactava de seu progresso fulgurante para quem quisesse ouvir, o que fomentava a inveja e a competição despertadas por seu desempenho. E o jovem Aleister, que já gostava de um desafio, queria agora entrar na Ordem Interna da R.R. et A.C. a todo custo. Só que havia um intervalo obrigatório de pelo menos sete meses entre o último grau da Ordem Externa e o primeiro da Ordem Interna. Ademais, a admissão na última ordem não era algo que se conquistava automaticamente. Era preciso um convite pessoal de Mathers – em nome dos "Chefes Secretos".

Para Crowley, a polêmica quanto à existência ou não de Anna Sprengel era totalmente inócua, o que importava eram os ensinamentos e rituais. Por outro lado, ele comenta em sua autobiografia que uma das sórores, Florence Farr, teria dito que até uma criança seria capaz de decifrar os tais códigos contidos na obra que deu origem ao contato com a sóror alemã de existência não comprovada, e à própria Golden Dawn. Além disso, o estudo que lhe fascinava não lhe era propriamente desconhecido, tampouco original. Aparentemente, Crowley era tão carente de fazer parte de um grupo de pessoas semelhantes – ainda que vagamente – a ele em termos espirituais que, ao menos no início, ele fez vista grossa aos pontos falhos da Golden Dawn.

O período de sete meses de espera para continuar sua ascensão rumo à Ordem Interna foi dedicado a aprender técnicas de viagem astral e visualização sob a supervisão de Jones e Baker. O diário mágico de Crowley registra dezoito sessões de visualização entre o final de 1898 e o Ano-Novo de 1899, mas, curiosamente, também há registros de sua presença em círculos de oração promovidos por sua família.

Mas a vida para Crowley não era feita só de busca espiritual, embora seja possível dizer que todas as suas atividades e atitudes, mesmo as mais incompreendidas ou reprováveis, são resultado de uma busca profunda por conhecimento espiritual e, por que não dizer, religioso. Sua fortuna lhe permitia caprichos de como viver num apartamento em Chancery Lane sob a identidade Conde Vladimir Svareff. A razão para adotar essa *persona* seria sua decisão de estudar profundamente o *Livro da Magia Sagrada de Abramelin, o Mago* e, então, realizar a obra espiritual ensinada no livro.

De acordo com o livro, era de se esperar que a família de todo aquele que se dispusesse a realizar o processo iniciático de Abramelin se pusesse contra e tentasse impedir a pessoa de levar a cabo o trabalho espiritual. Assim, Crowley teria se "disfarçado" na pele de um conde russo, o que era no mínimo incongruente, em primeiro lugar devido a seu parco conhecimento de russo e, em segundo, pela atenção que um personagem tão exótico obviamente despertaria. A mãe de Crowley, ao saber do "disfarce" do filho, solicitou-lhe um encontro por meio de um cartão, no qual assinou "A Condessa do Universo".

Nesse apartamento, Crowley construiu um templo para suas práticas espirituais e mágicas dividido em duas partes, uma para a prática da magia "branca" e outra para a prática da magia "negra", conceitos que viria a abandonar no futuro.

O templo de magia negra incluía um esqueleto, o qual Crowley ocasionalmente "alimentava" com pássaros mortos, sangue e coisas do tipo, na tentativa de fazer o esqueleto despertar para a vida. O objetivo desse templo, ao lado do templo "branco", seria meramente estabelecer o equilíbrio entre as polaridades.

Nesse local, recebeu muitas mulheres e homens, num comportamento escandaloso para a Inglaterra vitoriana. Mas, na verdade, por mais que estivesse vivendo ao máximo sua vida de boêmio e colecionando amantes, não conseguia esquecer Pollit. Em função disso, escolheu o período entre as dez e as onze da noite do Ano-Novo de 1899 para realizar uma "operação" mágica com objetivo de destruir seus sentimentos por Pollit. Não há qualquer referência posterior nos diários de Crowley sobre esse procedimento, de modo que não se sabe se ele conseguiu realmente extirpar de dentro de si o amor que ainda sentia pelo ex-companheiro. Anos depois, viria a assumir em sua autobiografia seu remorso por ter terminado o relacionamento.

Se por um lado Crowley não se relacionava tão bem com a parte homossexual de sua bissexualidade quanto era de se esperar de um homem supostamente tão libertário, por outro lado, ele tinha e manteria quase até o fim da vida grande rotatividade de amantes mulheres. Uma delas, com quem manteve um caso bastante quente na época, foi Elaine Simpson, que era membro da Ordem Interna.

Não é segredo a postura extremamente arrogante de Crowley para com o sexo feminino em termos práticos e humanos, o que vai de encontro à devoção que demonstrava pelos aspectos feminino e andrógino de Deus, ou da Deusa. Mas estamos abordando um personagem extremamente complexo, e nada do que Crowley aparenta ser numa primeira observação se confirma de todo numa segunda análise. Aliás, em se tratando de Aleister Crowley, uma terceira visão muitas vezes contradiz as duas primeiras.

É interessante notar que, nesse período, aflora sua tendência a assumir várias personalidades diferentes – todas interconectadas de alguma forma. Já havia o poeta, o adepto, o conde, o filho de pais cristãos, o alpinista... e muitas outras facetas, ou personalidades, ainda estavam a caminho.

Seu comportamento libertário, associado à personalidade tão fascinante quanto imodesta, acabou originando uma grande resistência por parte dos membros da Ordem Interna, que não queriam aceitar um "depravado" como Crowley em seu círculo. Muitos temiam um escândalo sexual.

Porém, havia ao menos um dentre os adeptos da Ordem Interna com quem Crowley viria a desenvolver uma longa e profunda relação de amizade.

Allan Bennett e MacGregor Mathers

Charles Henry Allan Bennett foi iniciado à Ordem Externa em 1894, sob o nome mágico *Iehi Aour* ("faça-se a luz"). Trabalhava como analista químico e era especialista em eletricidade. Tinha olhos penetrantes, sombreados por grossas sobrancelhas, e cabelos negros.

A vida de Allan Bennett não era das mais fáceis. Ele sofria de uma asma persistente e potencializada pelo clima úmido e chuvoso da Inglaterra. Por causa da asma, começou a usar várias drogas, como ópio e cocaína, na tentativa de aliviar seu sofrimento. Esse tipo de tratamento não era incomum na época, e Bennett, com seu temperamento naturalmente místico, começou a encontrar nos efeitos das drogas pontes para a introspecção mística e

Allan Bennett

a meditação. Esse ponto de vista teve um impacto profundo na vida e na obra de Crowley. Ao contrário de Bennett, que logo abandonou o uso de drogas para estes fins, Crowley viria a fazer uso crescente de substâncias variadas.

Bennett morava em uma casa de cômodos mal localizada e estava sempre em dificuldades financeiras. Ainda assim, se recusava a pedir dinheiro emprestado a MacGregor Mathers. Para ele, era questão de honra não misturar questões espirituais com financeiras. Mathers já era seu instrutor espiritual, portanto não podia haver esse tipo de questão entre os dois.

Um dos pontos em comum nas biografias de Crowley e Bennett é a perda precoce do pai e a subsequente criação por uma mãe obsessivamente cristã – no caso de Bennett, católica. Talvez devido à criação rigidamente religiosa, Bennett tinha temperamento propenso à busca espiritual. Isso contribuiu para fazer dele um jovem *tão* ingênuo que só foi descobrir como são concebidos os bebês aos dezesseis anos de idade, durante uma aula no laboratório da escola. Pasmo, custou a acreditar. Quando os colegas, caindo na risada, mostraram livros de obstetrícia para provar como se dá a reprodução humana, a reação do jovem Bennett foi de revolta contra um Deus tão "indecente". Chegou, então, à conclusão de que aquele Deus só poderia ser um *demônio* por permitir que a humanidade se reproduzisse de forma tão vergonhosa.

Foi durante um ritual no templo londrino da Golden Dawn que Crowley e Allan Bennett se conheceram. Aquele nome não era estranho a Crowley e não poderia ser diferente, pois Bennett era muito estimado e até temido pelos demais membros da ordem, quase tanto quanto Mathers. Tinha fama de grande mago, e Crowley relatou que, ao vê-lo sentado ao leste do templo, sentiu uma potência mágica emanando daquele homem ainda desconhecido.

Depois, ao fim da cerimônia, Bennett se dirigiu a Crowley, que estava ansioso para conhecê-lo e, surpreso, ouviu-o dizer, em tom quase ameaçador: "Irmãozinho, você andou mexendo com a

Goetia!"[45] Quando Crowley respondeu, timidamente, que não havia feito nada daquilo, Bennett replicou: "Neste caso, foi a Goetia que andou mexendo com você."[46]

A conversa não passou disso.

No dia seguinte, Crowley telefonou para Bennett.

Foi uma influência bastante positiva sobre Crowley, que sempre se mostrou refratário a críticas, mas ainda assim as ouvia de Bennett, que lhe ensinou muita coisa sobre cabala, magia cerimonial, invocação e evocação de deuses e consagração de talismãs.

Ao ficar sabendo que Bennett morava muito mal, Crowley ofereceu-lhe sua hospitalidade, mas sem jamais lhe dar ou emprestar dinheiro, já que pensava como Bennett quanto a não cobrar ou pagar por ensinamento espiritual. Aliás, ambos tinham pensamentos parecidos em muitos aspectos; tinham a mesma honestidade na busca espiritual, viveram infâncias de repressão religiosa, sofriam de asma, perderam cedo a figura paterna.

Mas também havia diferenças fundamentais entre os dois homens. Bennett, provavelmente devido à saúde debilitada e a seu baixo poder aquisitivo, não era dado aos prazeres da vida – inclua-se aí os prazeres sexuais, vide o episódio no laboratório da escola. Ele considerava os instintos sexuais desvios de um caminho "maior". Por sua vez, Crowley era um notório *bon vivant*: gostava de comer e beber bem, só comprava o que havia de mais caro e de melhor qualidade. Não conhecia – ainda – o que era não ter dinheiro. Quanto à sua vida sexual, era intensa a ponto de lhe gerar má fama.

Ao hospedar Bennett, Crowley intensificou o ritmo e a intensidade de seus estudos e práticas místicas. Procurava sugar o que podia do conhecimento do amigo. Juntos, deram continuidade a um elaborado trabalho que Bennett havia iniciado com MacGregor

---

45. *Goetia* é uma denominação geral para práticas de invocação e evocação de demônios e espíritos e forças malignas.

46. Crowley, Aleister. *The Confessions of Aleister Crowley*. Londres: Penguin Books, 1978. Capítulo 20.

Mathers sobre cabala, incluindo um dicionário cabalístico, um tratado sobre gematria e as correspondências entre as letras do alfabeto hebraico e os símbolos de várias tradições e religiões diferentes. Anos mais tarde, Crowley viria a finalizar e publicar o trabalho com o nome de *777 and Other Qabalistic Writings.*[47]

Corria o ano de 1899. Crescia o respeito mútuo entre os dois amigos, e Bennett chegou a lhe confidenciar rituais secretos da Ordem Interna para os quais Crowley ainda não havia sido admitido. Considerando-se a conduta impoluta de Bennett, esse gesto mostra o grau de confiança que depositava em Crowley como adepto. Também fizeram experiências com drogas, sem resultados relevantes.

A proximidade com Bennett facilitou naturalmente o acesso ao líder da Golden Dawn, Samuel Mathers. Crowley esteve com ele em pessoa pela primeira vez em Paris, em maio de 1899, quando foi visitar o templo Ahathoor. Não demoraram a perceber que tinham algo a lucrar um com o outro: se por um lado, para Crowley, agora era uma questão de honra chegar à Ordem Interna, por outro, para Mathers, era sempre bom ter um jovem e talentoso discípulo disposto a obedecê-lo.

Mas Crowley era detestado pelos demais adeptos e sua amizade com Bennett só fez aumentar a indignação do grupo que compunha a Ordem Interna.

A influência de Mathers sobre Crowley se deu mais por meio dos ensinamentos da Golden Dawn do que em nível pessoal. Quando Crowley recebeu o convite oficial de Mathers para ser iniciado à Ordem Interna, os adeptos de Londres se revoltaram. Não queriam aceitar Crowley entre eles de forma alguma. A distância de Mathers, isolado em Paris, e seu autoritarismo de sempre foram minando o respeito e a obediência dos adeptos, que começaram a se sentir à deriva.

---

47. Crowley, Aleister. *777 e Outros Textos Cabalísticos.* York Beach, Maine: Samuel Weiser, 1977.

Além disso, estavam até duvidando da sanidade mental de Mathers, e sua aprovação de um elemento tão controvertido quanto Crowley funcionou como prova definitiva de que o velho mestre já não estava mais em seu juízo perfeito. William Yeats, por exemplo, dizia abertamente que Crowley tinha uma reputação "indizível" e que uma ordem iniciática não era uma "clínica para lunáticos".

Crowley e Yeats já se conheciam de outras ocasiões. A antipatia era mútua. Certa vez, Crowley deu seus livros de poemas para Yeats, que os recebeu laconicamente. Crowley nunca o perdoou por seu desprezo e passou a zombar e criticar os trabalhos de Yeats. Talvez invejasse a acolhida receptiva que os livros de Yeats encontravam na mesma crítica especializada que ignorava ou desqualificava seus poemas.

Capítulo 2

A desordem

O episódio das cem libras

Dentre as várias mulheres com quem Crowley se relacionou nessa época estão a cantora de ópera estadunidense Susan Strong – que teria sido sua esposa se não fosse o pequeno empecilho de já ser casada nos Estados Unidos – e Elaine Simpson, que era membro da Ordem Interna.

Mas foram duas outras ex-amantes, de nome Evelyn Hall e Laura, que se envolveram em um episódio usado para justificar a não admissão de Crowley na Ordem Interna.

Crowley e George Cecil Jones estavam muito preocupados com a saúde de Allan Bennett, que piorava a cada dia. Os médicos já haviam deixado claro que ele só teria chance de recuperar o bem-estar físico vivendo em um lugar quente, de clima tropical. Não era segredo que Bennett gostaria de ir para a Ásia, mais especificamente para o Ceilão – hoje Sri Lanka –, para estudar meditação e assimilar a sabedoria asiática direto da fonte. Mas não tinha dinheiro para uma viagem daquele porte. Crowley queria financiar a viagem do amigo, pois sabia que talvez Bennett não

Crowley fazendo o Ritual do Pentagrama vestido de Osíris, 1899

durasse muito se não mudasse de ambiente. Por outro lado, Crowley não pretendia renunciar a seu código de honra, e dar dinheiro ao amigo e instrutor espiritual seria, no seu entender, macular o laço de amizade entre os dois.

Foi quando teve uma ideia. Ele não podia dar o dinheiro, mas nada impedia que intermediasse a aquisição do dinheiro, vindo de outra fonte, para favorecer o amigo. Na época, Crowley estaria sendo assediado pela tal Laura, casada com um coronel inglês que estava na Índia a serviço. Tivera um de seus tórridos casos com ela até determinado momento, quando resolveu manter a castidade necessária para se preparar para o ritual de conhecimento do Sagrado Anjo Guardião, a Operação de Abramelin.

Mas Laura não aceitou o fim do caso e insistiu em procurá-lo. Em uma dessas ocasiões, disse a Crowley que faria qualquer coisa para tê-lo de volta. Então, ele respondeu: "Esse seu egoísmo está lhe matando. Vou lhe dar uma chance de ter uma atitude de desapego. Dê-me cem libras, só não posso dizer para quem é, apenas que não é para mim mesmo, e que tenho razões pessoais muito fortes para não usar meu próprio dinheiro nesse caso. Mas, se resolver me dar o dinheiro, não pense que isso lhe dará direito de nutrir qualquer esperança de retorno".[48]

Laura deu o dinheiro a Crowley, que concordou em manter o caso com ela durante um prazo limitado, já que estava realmente determinado a cumprir as condições de retiro, castidade e concentração para realizar a Operação de Abramelin. Tudo parecia estar bem, mas Laura não cumpriu sua parte no trato e se recusou a deixar de procurar o amante. O marido dela acabou sabendo da história e deu queixa na polícia pelas cem libras, apesar de Laura não ter registrado queixa alguma.

Em janeiro de 1900, outra amante de Crowley, Evelyn Hall, escreveu para lhe avisar que a polícia estava de olho no entra-e-sai

---

48. Crowley, Aleister. *The Confessions of Aleister Crowley*. Londres: Penguin Books, 1978. Capítulo 21.

em seu apartamento em Chancery Lane. Não havia como Crowley deixar de chocar as pessoas com seu comportamento atrevido em plena Inglaterra vitoriana. Além disso, é preciso contar com o fator imaginação por parte das pessoas, que aumentavam e mitificavam tudo. Soma-se a isso a natural iconoclastia de Crowley e temos um escândalo ambulante.

Elaine Simpson, a amante que fazia parte da Ordem Interna, revelou que os adeptos não o aceitavam na R.R. et A.C. por lhe atribuírem o que chamavam de "intemperança erótica com ambos os sexos". No final de 1899, veio a comunicação oficial dos adeptos da Ordem Interna. Estava recusado seu pedido de iniciação.

Surpreendentemente, o próprio Crowley admitiria em seus diários que havia mesmo se comportado "como um canalha" e atribuiria seu comportamento às pressões da iniciação, que estariam mexendo em complexos arraigados de sua personalidade, fazendo-os aflorar.

Essa linha de raciocínio pode fornecer mais munição para aqueles que não são receptivos a processos iniciáticos, mas esses processos guardam muitas semelhanças com diversas linhas de terapia psicológica; há casos em que a deflagração da crise latente é requisito essencial para que se dê a "cura".

O período entre o final de 1899 e o começo de 1900 foi bastante agitado. Allan Bennett conseguira viajar, enfim, para o Ceilão, graças às cem libras que deram origem a tantos aborrecimentos. Para Crowley, porém, valera a pena. Estava salvando da morte uma alma sábia e, com isso, se sentia contribuindo para o progresso da humanidade.

Mal sabia ele que suas ambições em termos de progresso de humanidade ainda viriam a alcançar o ápice da pretensão espiritual, política, social e artística.

Em novembro, Crowley entrega o apartamento de Chancery Lane e compra uma casa com o objetivo de se isolar para se dedicar à Operação de Abramelin. Mas a contenda entre os adeptos da Ordem Interna e Crowley ainda viria a render amargos frutos, marcando o início da decomposição da Golden Dawn.

Boleskine House e a Operação de Abramelin

A propriedade que Crowley adquiriu na Escócia seria conhecida no futuro como a *Kiblah* do sistema thelêmico, uma espécie de Meca para os thelemitas. Situada na margem sudeste do Lago Ness, a casa tinha uma sala principal, cinco quartos, três banheiros, uma sala de visitas, uma sala de jantar, uma sala de recreação, cozinha, lavanderia e porão. Totalizava cerca de dezenove hectares, incluindo uma casa para o caseiro, com sala, cozinha, quarto de dormir, além de um laguinho, um pequeno jardim e um pomar.

Boleskine House

As condições de espaço e isolamento eram perfeitas para a Operação de Abramelin. Crowley já vinha estudando o livro desde maio de 1899, logo após adquirir o grau de *Philosophus* na Ordem Externa. Esta foi sua principal leitura durante o período mínimo de espera de seis meses para receber o convite para a Ordem Interna.

O Livro da Magia Sagrada de Abramelin, o Mago[49] é um texto em forma de novela no qual Abramelin, também conhecido como

---

49. Mathers, S. L. MacGregor (tradução e adaptação). *The Book of the Sacred Magic of Abramelin the Mage*. Nova York: Dover Publications, Inc., 1975.

Abraham, o judeu, revela ao filho seus conhecimentos mais secretos sobre cabala e magia. Os originais em hebraico do texto nunca foram encontrados. Apenas a tradução para o francês, supostamente de 1458, foi encontrada na Bibliothèque de l'Arsenal, em Paris. Há, contudo, estudiosos que afirmam se tratar de um trabalho elaborado no século 18, sob pseudônimo.

A versão em inglês de 1897, que continua em catálogo, talvez tenha sido a maior contribuição de Samuel Mathers ao ocultismo de seu tempo, por trazer à luz um *grimoire*[50] de ampla influência. Boa parte do material da Golden Dawn desenvolvido por Mathers derivava diretamente do conteúdo do *Livro de Abramelin*, como foi rebatizado em edições mais recentes.

Dividido em três partes, o *Livro de Abramelin* traz, na primeira parte, a autobiografia de Abramelin e uma série de conselhos ao filho, Lamech. A segunda parte é dedicada à descrição completa de como obter poderes mágicos e a terceira parte apresenta a aplicação desses poderes mágicos para obter resultados específicos.

Na introdução do livro, Mathers conta que ouviu falar da existência do manuscrito primeiramente por meio de um renomado ocultista – cujo nome ele não diz. Segundo o tal ocultista, Eliphas Levi conhecia o *Livro de Abramelin* e dele teria extraído certos conceitos para seus trabalhos. Depois foi a vez de outro amigo de Mathers, o escritor e poeta francês Jules Bois, fazer menção ao livro.

Na longa introdução da obra, Mathers lança luz sobre várias obscuridades do texto original. Não se absteve de acrescentar, nas últimas linhas, que não se importava a mínima com a opinião do leitor comum que não acreditava em magia.[51]

---

50. Livro com fórmulas de invocação e evocação de espíritos, confecção de talismãs, rituais, correspondências simbólicas etc.

51. *Ibid*. Introdução.

Ao longo do livro, é apresentado um ritual bastante elaborado com objetivo de fazer o mago alcançar o "conhecimento e conversação com o Sagrado Anjo Guardião". A primeira parte do ritual leva seis meses, antes do que não é de se esperar nenhum tipo de contato com o anjo. Curiosamente, as versões em alemão do texto se referem a dezoito meses, ao invés de seis. Durante esse período, o mago deve acordar sempre antes do alvorecer, dirigir-se a um local reservado e rezar, procedimento que deve ser repetido antes do anoitecer. Além disso, exige-se que o adepto mantenha a castidade, abstinência de álcool e drogas, além de perfeito equilíbrio em suas relações e atos.

Se tudo correr como esperado, chega o momento em que o anjo se revela ao mago, que passa então a ter poder sobre seu demônio pessoal – o inverso do anjo, sua contrapartida. Daí por diante, o mago conduz sua vida sob as graças do anjo e contando com a subserviência dos demônios.

Crowley viria a escrever em *Magick in Theory and Practice*[52] que a única forma de magia branca é a que se faz com objetivo expresso de alcançar o conhecimento e a conversação com o Sagrado Anjo Guardião. Qualquer outro tipo de magia seria magia nefasta: magia com objetivo de conseguir amor, saúde, dinheiro, o que fosse. Segundo Crowley, quem está sob a guarda de seu anjo pessoal não precisa de magia para conseguir nada disso, pois as coisas fluem naturalmente. Portanto, o ato de realizar um trabalho mágico com objetivo de conseguir coisas mundanas só reforça a distância entre o mago e seu anjo guardião.[53]

Apesar de estar se preparando para esse ritual, Crowley mantinha seus encontros eventuais com Laura, que financiara, sem saber, a viagem de Allan Bennett ao Ceilão. Mas, em 15 de janeiro de 1900, ele decidiu interromper suas preparações para a Operação de Abramelin e viajar para Paris.

---

52. Publicado no Brasil pela editora Penumbra como parte de *Liber ABA*.
53 . Idem.

Iniciação em Paris

Como os membros da loja Ísis-Urânia se recusaram a conceder iniciação a Crowley – à época com vinte e cinco anos de idade –, Mathers resolveu iniciá-lo pessoalmente no Templo Ahathoor para mostrar àqueles insurgentes de Londres quem era o líder daquela ordem iniciática.

Além de ser admitido à R.R. et A.C. naquela iniciação em 16 de janeiro de 1900, o ritual lhe conferiu de uma só vez os títulos de "Senhor dos Caminhos no Arco dos Adeptos" e "5° 6° da Ordem da Golden Dawn", o que era uma honra incomum.

Voltou para Boleskine em 7 de fevereiro. Estava muito seguro de si após a deferência por parte de Mathers e determinado a começar a Operação de Abramelin em março. Além disso, não tardou em escrever uma carta ao templo Ísis-Urânia, requerendo os documentos e instruções a que tinha direito como membro da Ordem Interna. Não houve resposta. Escreveu mais uma carta, até que recebeu um redondo e inequívoco *não* como resposta.

Instaurava-se o cisma.

A Ordem se transformava em desordem.

O cisma na Golden Dawn

Ao se aconselhar em Londres com George Cecil Jones, Julian Baker e Florence Farr, Crowley ouviu de Jones que, se não havia comunicação entre Mathers e os Chefes Secretos, então a Golden Dawn não valia de nada. Baker também não concordava com Mathers, enquanto Farr, que era representante oficial de Mathers, tentava encontrar uma solução diplomática.

Mas a própria Florence Farr já escrevera antes – em 16 de fevereiro de 1900 – uma carta a Crowley, na qual reconhecia estar ciente que não havia contato entre Mathers e a tal Anna Sprengel, mas justificava seu segredo por estar sob juramento a Mathers.

A carta deixou Crowley muito abalado. Mas, por surpreendente que seja, ele deixou prevalecer em seu julgamento as qualidades que enxergava em Mathers como mago, cavalheiro, erudito e líder nato que jamais duvidava de seu próprio poder, e concluiu que a moral comum servia apenas para gente comum – um pensamento que sempre permeou a conduta de Crowley –, logo, Mathers devia ter suas razões.

Assim, escreveu para Mathers e pôs a si mesmo e a sua fortuna à disposição, ainda que isso significasse desistir da Operação de Abramelin. Em seguida, partiu ao encontro do então líder da Golden Dawn em Paris. Em 2 de abril de 1900, Mathers comunicou sua decisão: Crowley iria a Londres para assumir seu lugar na Ordem Interna, em seu nome.

Para complicar um pouco mais, em fevereiro de 1900 Mathers enviou aos membros da Ordem Interna uma bombástica carta na qual assumia que a correspondência que Westcott teria mantido com a sóror Sprengel, sobre a qual a Ordem da Golden Dawn estava estruturada, havia sido forjada. Mathers dizia também que todo material iniciático e todas as instruções da Ordem vinham única e tão-somente dele mesmo. Para completar, escreveu ainda que Sprengel na verdade não estava morta, e sim encarnada em Paris na forma de uma certa madame Laura Horos, uma mulher de cerca de sessenta anos, casada com um homem trinta anos mais jovem chamado Theo, obesa, mas que Mathers dizia ter a capacidade de adquirir aparência mais jovem ou mais velha de acordo com sua vontade.

De acordo com Mathers, Laura Horos lhe abordou com informações de Sprengel que apenas ele conhecia – como seu nome iniciático – e relatou uma conversa que ele teria tido com Helena Blavatsky anos atrás. Horos ganhou a confiança de Mathers, mas, em poucas semanas, ele acabaria percebendo que o casal era uma fraude.

Tarde demais.

Mathers havia lhes confidenciado cópias dos rituais secretos da Golden Dawn, as quais viriam a público pouco depois, em 1901, quando o casal foi acusado e preso em Londres pelo estupro de moças a quem atraíam usando como isca os rituais secretos da ordem. O caso gerou grande repercussão na imprensa e o nome da Golden Dawn se tornou sinônimo de fraude e patifaria para o grande público.

Quando Crowley viajou a Londres em 6 de abril de 1900 para cumprir sua missão como enviado de Mathers, este já havia comunicado aos membros rebeldes da cidade inglesa que uma "Corrente de Vontade hostil e punitiva" seria desencadeada pelos Chefes Secretos em direção a qualquer membro que descumprisse seus juramentos.

Crowley já estava começando a desconfiar de Mathers. Sentia-se meio tolo por manter sua fidelidade a ele, mas, como gostava de uma boa briga, concordou em batalhar pela reconquista do Arco – uma operação simbólica da retomada do controle da Golden Dawn.

A batalha se deu entre os dias 17 e 19 de abril. Acompanhado de Elaine Simpson, Crowley arrombou a sede da Ordem em Blythe Road na quinta-feira, dia 17, trocou as fechaduras e inscreveu seu nome no rol dos iniciados da Ordem Interna. Três dos membros rebeldes chegaram ao local para protestar contra a ocupação forçada, alegando que a Ordem não estava mais sob o comando de MacGregor Mathers. Como o proprietário do imóvel não foi localizado, foi impossível determinar em nome de quem estava o aluguel.

No dia 18, Crowley – ou melhor, Frater Perdurabo – enviou cartas aos membros da Ordem Interna exigindo sua presença na sede no dia 20 próximo. Ninguém respondeu. Então, no dia 19, Crowley dirigiu-se à sede usando – de acordo com as instruções de Mathers, que, por sua vez, ainda seguia as instruções de Laura Horos – uma máscara de Osíris, um punhal e um tartã (tipo de tecido axadrezado).

Ao chegar, o paramentado Crowley se deparou com Yeats e mais alguns membros rebeldes da Ordem Interna, acompanhados do proprietário do imóvel – que era membro do Serviço de Proteção ao Crédito e tinha o nome de Crowley numa lista de maus pagadores. Para completar o circo, também chamaram a polícia.

Crowley recuou, dizendo que ia consultar seu advogado. Naquele mesmo dia, o templo Ísis-Urânia oficializou o desligamento de Mathers da Golden Dawn, enfatizando ainda que somente os membros londrinos seriam considerados membros legítimos dali por diante.

Sucederam-se ameaças mútuas, processos de ambos os lados, mas Crowley acabou reconhecendo que não tinha chance. Foi embora com o rabo entre as pernas.

No fim das contas, restou-lhe um enorme vazio. Não havia conseguido acesso real à Ordem Interna. Ajudara a acelerar o esfacelamento da Ordem. Tampouco dera início à Operação de Abramelin na Páscoa, como planejado.

Apesar de tudo, Frater Perdurabo continuava fiel a Mathers. Foi na casa do ex-líder da Golden Dawn que ouviu convidados falarem maravilhas do México.

A "febre do além", como Fernando Pessoa chamava esta inquietação e este ímpeto por descobrir novos horizontes, tomou conta de Crowley novamente. Resolveu deixar Boleskine aos cuidados de empregados e partiu para Nova York. Destino: México.

Capítulo 3

O itinerante

Nova York e México: choque cultural e fascínio espiritual

A primeira visão de Nova York foi impactante, apesar de Crowley não nutrir grandes expectativas em relação à metrópole estadunidense. Considerava os famosos arranha-céus apenas uma "série de acidentes desconectados" e dizia que a Estátua da Liberdade fora tomada como símbolo da ilha de Manhattan após ter sido descartada para seu destino original, o Canal de Suez, e que os nova-iorquinos tinham sido proféticos ao posicioná-la de costas para a terra.[54]

Apesar da má-vontade inicial, não pôde deixar de se impressionar com o clima de liberdade generalizada que presenciou nas ruas. Não havia o servilismo de determinadas classes, como Crowley conhecia na Europa, e as pessoas simplesmente

Aos 30 anos de idade

---

54. Crowley, Aleister. *The Confessions of Aleister Crowley*. Londres: Penguin Books, 1978. Capítulo 23.

não interferiam na vida dos outros. Cada um vivia de acordo com suas opções e as pessoas pareciam felizes e entusiasmadas.

Mas o que mais o impressionou, e muito mal, foi o intenso calor da cidade. Crowley chegou a Nova York em 6 de julho de 1900, em pleno verão. Jamais havia visitado um país realmente quente antes e padeceu. Passou os dois ou três dias em que esteve na cidade dentro de seu quarto de hotel, tomando banhos frios. Pensou até que não aguentaria visitar o México, que seria supostamente mais quente que Nova York. Contudo, depois ficou sabendo que a cidade estava sendo acometida por uma onda de calor de proporções históricas, que deixou um rastro de cerca de cem pessoas mortas por dia enquanto durou.

Como escreveu em sua autobiografia, Crowley custou a ficar sabendo que se tratava de condições climáticas incomuns pelo simples fato de jamais ler jornais, que considerava lixo intelectual, agentes poluidores da mente que ocupam o lugar de leituras realmente relevantes. É de se imaginar o que Crowley pensaria da internet.

Após a experiência pouco aprazível em Nova York, a primeira sensação de Crowley ao chegar ao México foi de irritação com a desorganização generalizada. Achou a comida sem gosto e nem se deu ao trabalho de experimentar as bebidas. Detestou o que chamou de "excessiva informalidade". Não obstante, sentiu-se "espiritualmente em casa" com os mexicanos devido à pouca importância que o povo dava às indústrias e ao comércio, e à paixão nacional por touradas, rinhas de galo, jogos de azar e luxúria. Crowley considerava os mexicanos um povo corajoso e alegre que ainda não havia sido contaminado pela hipocrisia da maioria dos povos, nem endurecido pelas batalhas da vida.[55]

Alugou parte de uma casa e arrumou uma jovem nativa para lhe servir como empregada. A casa dava vista para o vasto parque Alameda, onde havia muita prostituição e pouco policiamento –

---

55. *Ibid.*

Crowley ainda estava escaldado pelas investigações da polícia quando morava em Chancery Lane.

Agora, Perdurabo estava pronto para voltar a se dedicar ao desenvolvimento de seus conhecimentos mágicos.

A primeira tarefa nesse sentido seria um encontro com Don Jesus de Medina. Segundo Crowley, Medina era um dos mais importantes e graduados líderes do rito escocês da Maçonaria. Não há provas da existência desse homem, possivelmente um personagem inventado por Crowley. Verdade ou mentira, Medina o teria iniciado de modo excepcionalmente rápido, mais rápido ainda do que sua ascensão pelos graus da Golden Dawn. No espaço de alguns dias, ele teria chegado ao trigésimo terceiro grau, atribuindo o feito notável a seu conhecimento de cabala.

Crowley achou que esse conhecimento lhe conferiria a capacidade de criar, ele mesmo, e sozinho, uma ordem iniciática, à qual deu o nome de L.I.L., Lâmpada da Luz Invisível. Os únicos membros e iniciados desta fugaz ordem iniciática seriam ele e Don Jesus de Medina. Depois, Crowley acabaria se esquecendo do assunto, alegando ter perdido contato com Medina.

Apesar de ter esquecido a L.I.L., Crowley continuou desenvolvendo rituais de autoiniciação. Um deles, que viria a publicar em sua luxuosa e fundamental coleção *The Equinox*,[56] toma por base a construção de entusiasmo espiritual por meio de uma dança mágica, na qual incluiu sinais dos graus iniciáticos que havia adquirido e suas palavras correspondentes. Alegava ter alcançado um estado de comunhão divina por meio desse ritual, experiência que considerou não mais que satisfatória.

Estava empenhado em desenvolver suas capacidades mágicas e, especialmente, em conseguir se fazer invisível. Anotou em seu diário que chegou a ver a própria imagem no espelho ficando cada

---

56. *O Equinócio.* Vol. I, número III, p. 269.

vez mais fraca e falha, como se fosse um filme antigo com imagens interrompidas. Também lhe interessava muito a questão do domínio da própria mente, o que o levou a praticar muita meditação.

Tanto pensou que elaborou uma interessante teoria que viria a definir a ética de sua conduta pessoal e de seus ensinamentos iniciáticos. Segundo a tese que desenvolveu durante sua estadia no México, o postulante à magia não precisa interpretar de forma literal a exigência de perfeição moral; não há necessidade de seguir rígidos códigos externos de conduta, e sim de agir de modo distinto em planos distintos e não intercambiáveis, voltando absolutamente todas as suas ações, palavras e gestos para seu intento mágico ou iniciático, mas sem abdicar de seus traços humanos – com todos os defeitos inevitáveis.

Seus experimentos no campo da magia e da espiritualidade foram bastante aceitáveis, tanto que o levaram a uma espécie de platô. Crowley queria mais, almejava ultrapassar aqueles resultados. No ápice da frustração, emitiu uma espécie de S.O.S. mental para os Chefes Secretos pedindo orientação e força. Pouco depois, recebeu uma carta do amigo George Cecil Jones, o que já foi reconfortante. Pôs-se então a estudar os cadernos de magia que Allan Bennett lhe deixara antes de embarcar para o Ceilão. Dentre eles, estava o dicionário de cabala que Bennett havia originalmente iniciado com Mathers e continuado a desenvolver com Crowley, que resolveu finalizar o trabalho e publicá-lo no primeiro volume de *The Equinox* e no livro *777*.

No verão, Crowley se aventurou pelo interior do México, deliciando-se com a atmosfera romântica e sensual, repleta de homens e mulheres "charmosos, espontâneos e prontos a fazer amor em qualquer de suas formas".[57]

---

57. *Ibid.*

Escalar os picos mexicanos também estava em seus planos. Na verdade, não tirava a ideia da cabeça. Mas resolveu esperar pela chegada do amigo Oscar Eckenstein, que ficou de encontrá-lo na Cidade do México em janeiro de 1901.

Eckenstein viria a se mostrar mais do que um mestre em alpinismo para Crowley. Tornou-se também um mestre espiritual ao ridicularizar as práticas mágicas do amigo, que não só acatou a zombaria como evitou voltar a falar sobre magia e ocultismo. Partiram, então, para o centro do país, atrás de picos e montanhas.

Contudo, crescia a tensão dentro de Frater Perdurabo. Não havia ritual que calasse as vozes em sua mente, que acalmasse os demônios internos que ameaçavam explodir. Por mais que as escaladas lhe consumissem energia e concentração, não bastavam para aplacar seu estresse. Até que resolveu se abrir e pedir conselhos a Eckenstein, que foi curto e grosso em seu diagnóstico: Crowley deveria esquecer aquela bobagem de magia, ao menos por um tempo, e aprender a controlar os próprios pensamentos.

Eckenstein transmitia tanta segurança e certeza do que dizia que Crowley acatou sem pestanejar. Dedicou-se intensamente a exercícios mentais de visualização e de memorização de sabores, cheiros, cores, posições, formas e assim por diante. Eckenstein teve até de conter um pouco seu pupilo, temendo que ele forçasse demais a mente.

Enquanto treinava a mente e deixava a magia de lado, Crowley conquistou, ao lado de Eckenstein, vários picos e montanhas do México. No entanto, a verdadeira ambição da dupla era realizar uma proeza inédita: conquistar o segundo pico mais alto do mundo, o Chogo Ri (também conhecido como K2), no Himalaia.

Mas ainda não era hora. Em meados de abril, Eckenstein voltou para a Inglaterra e Crowley seguiu para São Francisco, Estados Unidos. De lá, tomaria um navio rumo ao Oriente.

Alice, um adultério

Crowley achava São Francisco uma bela cidade, perdida entre a busca frenética por negócios e a busca frenética por prazer. Lembrava-lhe Edimburgo.

Ficou alguns dias em Chinatown e se impressionou com o que chamou de "superioridade espiritual" dos chineses em relação aos anglo-saxões. Segundo Crowley, os chineses têm consciência da futilidade da existência terrena e usam os prazeres da vida sem dar muita importância a eles, sem procurar por eles, o que os faz imunes à decepção e à ansiedade.[58]

Em 3 de maio, embarca para o Havaí na intenção de passar uns dias antes de seguir viagem. Também estava em sua agenda o envolvimento especificamente com mulheres locais. Não queria se envolver com mulheres brancas em um paraíso tropical, pois para ele as brancas "incutem um sentido de impureza ao amor, de um jeito ou de outro. Existe algo de mau ou de intelectual nelas".[59]

Pois foi exatamente por uma mulher branca que ele se apaixonou no Havaí.

Resolvera passar um mês em Waikiki Beach. Queria arrumar uma cabana e uma moça morena, e se dedicar à poesia e à magia. Porém, tudo mudou quando, ainda no hotel, deu de cara com aquela mulher deslumbrante, nascida nos Estados Unidos, filha de escoceses, dez anos mais velha e com um filho pré-adolescente.

Crowley se entregou a um amor tão fugaz quanto romântico, que lhe amoleceu por dentro e lhe deixou mais sensível a tudo. Durante o caso dos dois, que alternava luxúria e amor casto, Crowley escreveu *Alice, um adultério*, um longo e romântico poema.

---

58. Crowley, Aleister. *The Confessions of Aleister Crowley*. Londres: Penguin Books, 1978. Capítulo 26.

59. *Ibid*. p. 226.

Contrariando a ordem deste Deus destronado,
Deposto pela justiça dos Homens, e substituído
Pela Lei mais abundante e virginal
E maternal: passando pelo limite barato
Da lei do homem fraco, nós saltamos, enfim, e encontramos a
Paixão; e passando, execrados, pelos corredores escuros,
Encontramos um amor mais elevado e maior e mais casto,
Uma calma esfinge à espera em campo isolado.
Ouve a rima triste de como o amor se transformou em luxúria,
E a luxúria fortificou o amor, e o amor
Brilhou mais forte pela cor que lhe nasceu no alto,
Juntando rosas a partir da poeira reanimada;
E de como a verdade pilhada e despojada de fé
Usava plumas peroladas de uma pomba divinal.[60]

Apesar de, em suas memórias, referir-se a Alice como uma fulminante paixão, na época ele falou do caso a amigos como se fosse algo sem qualquer importância especial a não ser saciar sua libido e lhe inspirar versos.

Alice não demorou a voltar para o marido e Crowley partiu para o Japão, depois de mais alguns dias no Havaí.

Ceilão: Bennett, budismo e ioga

Crowley detestou o Japão. Identificou no país os mesmos defeitos e qualidades insulares que via no Reino Unido e sentiu-se pouco à vontade com o que chamou de arrogância racial por parte do povo japonês.

Logo, partiu para o Ceilão. Seu estado mental de então era confuso e instável, tomado por ceticismo e apatia.

---

60. Crowley, Aleister. *Alice, an Adutery, in The Works of Aleister Crowley*, Vol. II, part 1, ASCII version (www.invisiblehouse.org).

Antes de chegar ao Ceilão, fez uma parada em Hong Kong para se encontrar com Elaine Simpson, sua companheira de iniciação na Golden Dawn. Para sua decepção, Simpson havia trocado a magia pela ascensão social; casara-se com um colono inglês e mantinha seus casos amorosos por fora. Assim, Crowley deixou Simpson de lado e seguiu viagem.

Em 6 de agosto de 1901, desembarcou no porto de Colombo no Ceilão. No dia seguinte, encontrou-se com Allan Bennett e ficou impressionado com a melhora que o clima provocou na saúde do amigo.

Bennett andava trabalhando como tutor dos filhos jovens de um tâmil[61] de alta casta e fazia aulas de ioga, mas aceitou prontamente o convite de Crowley para morarem juntos em Kandy, centro do Ceilão, e voltarem a estudar como antes. Bennett queria mesmo sair do emprego para se tornar monge budista. Na verdade, acabou adiando seu projeto de se mudar para uma comunidade monástica em Burma para estar com Crowley durante sua estadia no país.

Após se instalarem e providenciarem empregados nativos – apesar de Crowley descrever seu estilo de vida como simples –, a dupla se entregou a seis semanas de intensa prática de meditação. Primeiro, Bennett lhe ensinou ioga. Crowley entendeu que a grande questão desse sistema era parar de pensar, pois os pensamentos seriam falsas projeções que afastam a mente da percepção da realidade. Concluiu que o ioga era um método científico para se chegar a determinados estados de consciência.

Esse período deixaria marcas profundas em seu desenvolvimento pessoal e espiritual. Bennett foi um dos poucos amigos com quem Crowley jamais rompeu efetivamente, apesar de terem tomado rumos distintos em determinado momento. Bennett representava, no rol de influências de Crowley, seu lado conservador e severo: jamais aceitou a filosofia de Thelema e nem o comportamento escandaloso de Perdurabo, menos ainda o de sua futura persona, a

---

61. Tâmeis, seita da Índia e do Sri Lanka (ex-Ceilão).

Besta 666. Como bom budista que era, Bennett jamais concordaria com a deliberada exploração dos sentidos e dos prazeres que Crowley viria a defender com progressivo ardor.

Mesmo assim, Crowley nunca deixou de acatar a opinião de Bennett. A influência do agora monge era tamanha que Crowley considerou a ideia de abdicar do título Perdurabo e se tornar budista também, mas não podia abraçar uma religião com tantas restrições aos processos fisiológicos. "Eu sabia que a cobiça, a luxúria e o ódio são inimigos da paz, mas também sabia que forçar a pessoa a se abster de comida, de amor e de socialização só pode resultar no desvio dos apetites naturais, que acabam sendo canalizados de modo anormal".[62]

A estadia em Kandy foi tranquila, exceto por um incidente. Os empregados se ausentaram e alguém roubou uma caixa de Crowley. O larápio foi detido e um inglês foi dizer a Crowley, para sua perplexidade, que o homem seria açoitado em praça pública. Parece que Crowley ficou até mais chocado com o prazer sádico que percebeu no conterrâneo do que com a punição em si mesma.

Após muito treino de ioga, voltou a vontade de escalar o K2 no Himalaia. Estimulado por Bennett, escreveu para Eckenstein em agosto de 1901 para confirmar que a expedição estava marcada para a primavera do ano seguinte. Enviou a Eckenstein mil libras para despesas e qualquer imprevisto nos preparativos para a expedição.

A expedição ao K2

Crowley chegou à Índia no começo de 1902, acompanhado por Bennett, para tomar as primeiras providências. Bennett seguiu para Burma, onde tomou um barco para outra cidade costeira e de lá seguida para seu destino, um monastério em Akyab. Crowley tomou a direção oeste, parando na cidade de Madura, onde vestiu roupas típicas locais e – de acordo com seu próprio relato – impressionou

---

62. Crowley, Aleister. *The Confessions of Aleister Crowley*. Londres: Penguin Books, 1978. Capítulo 45.

a todos com seus conhecimentos de ioga: as pessoas sabiam que ele era inglês, mas jamais haviam encontrado um inglês que entendesse tanto do assunto. Crowley conseguiu ganhar tamanho respeito dos locais que foi convidado a assistir um ritual muito exclusivo no qual sacrificaram um bode em honra à deusa Bhavani.[63]

O grupo da expedição ao K2. Crowley é o segundo na segunda fila, da esquerda para a direita

Pretendia visitar Bennett em Burma e arrumou companhia para a viagem ao fazer amizade com um inglês chamado Edward Thorton, que o acompanhou até Akyab, mas, depois, tomou outro rumo, enquanto Crowley foi encontrar Allan Bennett no monastério.

Reencontraram-se em 14 de fevereiro de 1902. Bennett, agora, era o monge Bikkhu Ananda Sasanajotika Metteyya e, em pouco tempo, angariara o respeito dos locais. Crowley se interessava cada vez mais pelo budismo, chegando a passar duas semanas no monastério, onde aproveitou o tempo disponível e o silêncio do local para escrever. O período na Índia como um todo foi prolífico;

---

63. Uma das faces, a mais terrível, da deusa Parvati, consorte de Shiva.

Crowley escreveu *Ahab, Berashith*, além de inúmeros textos e ensaios sobre ioga e budismo.

Oscar Eckenstein finalmente chegou à Índia em 23 de março de 1902, mais ou menos um ano depois de seu último encontro, ocasião em que Eckenstein derrubou os castelos de areia que Crowley habitava com sua magia. A advertência deu resultado, pois Aleister passou a direcionar seus esforços para algo mais "sério" e concreto do que as fanfarronices e farsas da Golden Dawn.

Crowley bem que podia se sentir orgulhoso de suas conquistas. Além de estar bem treinado nos exercícios de controle mental que Eckenstein lhe ensinara, também estava avançando bastante na prática de ioga sob a orientação de Bennett. Estava de fato expandindo seus esforços de concentração e crescimento espiritual.

Conquistar a K2 nunca foi brincadeira. Segunda montanha mais alta do mundo, a K2 fica na fronteira entre China e Paquistão. Os chineses a chamam de Qogir, os nativos balti de Chogo Ri, mas também é conhecida como Monte Godwin-Austen, Lambha Pahar, Dapsang, entre outros nomes. Na época em que Crowley e Eckenstein resolveram escalar a montanha, não só jamais tinha havido uma expedição organizada ao local como a própria existência do pico só havia chegado ao conhecimento dos europeus seis anos antes.

Eckenstein reuniu um grupo de homens para a expedição. Crowley antipatizou com a maioria deles. Fato é que Eckenstein teve dificuldade em contratar alpinistas ingleses experientes devido ao boicote que ainda sofria desde uma briga mal explicada entre ele e seu instrutor de alpinismo, com quem havia escalado a geleira Baltoro dez anos antes. Apenas um inglês aceitou juntar-se ao grupo, o jovem Guy Knowles, de vinte e dois anos, recém-saído da Universidade Trinity, de Cambridge. Os outros três elementos do grupo principal de alpinistas eram dois austríacos de trinta e um anos de idade, H. Pfannl e V. Wesseley, e o médico suíço J. Jacot Guillarmod, de trinta e três anos. Todos já haviam escalado os Alpes, mas apenas Eckenstein havia escalado as montanhas do Himalaia antes.

Entretanto, problemas com a justiça da Índia ameaçavam deter Eckenstein por alguns dias, o que o impossibilitaria de escalar a K2, já que a conquista da montanha precisava ser exatamente na primavera, antes que iniciasse a monção – a escalada era impraticável em qualquer outra ocasião. Eckenstein, então, transferiu a liderança do grupo a Crowley, instruindo-o a levar o grupo a Kashmir, onde Eckenstein os encontraria assim que possível.

Partiram para Srinigar, capital de Kashmir. Os cocheiros estariam fazendo corpo-mole, e a estratégia de Crowley foi tolerar o dia inteiro, mas, quando chegaram ao acampamento, de repente puxou o líder dos cocheiros pela barba – ofensa enorme no islamismo, religião dos cocheiros – e bateu nele com um cinto. Em suas memórias, relata que, após o episódio, não teve mais qualquer dificuldade e pôde até exercitar sua tolerância para com faltas justificáveis e menores. "Eu os forcei a nos respeitar, o que é o primeiro passo para conseguir o amor de um indiano".[64]

Crowley tecia teorias no mínimo curiosas sobre a relação dominador-dominado que havia entre o Reino Unido e a Índia. Seu ponto de vista era que os indianos tinham uma cultura rica e cheia de sutilezas, muito superior à cultura inglesa, mas que os ingleses haviam se imposto sobre o povo da Índia na base da estupidez, violência e instintos primitivos. Seguindo esse raciocínio, o povo europeu só tinha duas opções de relacionamento com um país como a Índia: ou reconheciam sua inferioridade e se portavam como crianças, como discípulos; ou então teriam de se comportar com brutalidade e arrogância.

Em 22 de abril, Eckenstein juntou-se novamente ao grupo e, no final de maio, chegaram a Askole, a última vila antes do K2. Foi em Askole que Crowley e Eckenstein tiveram sua primeira briga séria, tudo porque foi determinado um limite de peso para a bagagem de cada homem e Crowley insistiu em extrapolar esse limite para

---

64. *Ibid*, Capítulo 34.

carregar vários livros de seus poetas preferidos, cuidadosamente embalados para resistir ao tempo e à expedição. Alegava que, sem eles, seria impossível manter seu equilíbrio mental e fez pé firme: sem os livros, simplesmente abandonaria a expedição. Acabou vencendo e levando os livros.

Surgiu um conflito entre os empregados contratados para a expedição. Um dos supervisores da etnia pathan[65] estava perseguindo e intimidando um dos carregadores de Kashmir, e alegava haver "ganhado" o velho casaco do carregador de outra etnia. Crowley foi solicitado pelos empregados para julgar a questão. Para surpresa de todos e alegria dos empregados em geral, reconheceu que o valentão havia ganhado o casaco honestamente – ou seja, Crowley não queria ferir costumes tribais. Contudo, alegou que o casaco que o pathan opressor estava usando pertencia a *ele*, Crowley, que podia fazer o que bem quisesse. Assim, fez com que o pathan renunciasse ao casaco novinho em folha, que havia sido comprado para uso dos empregados nativos, e o entregasse ao carregador, que acabou ficando com um casaco muito melhor do que os trapos que usava antes. Os trapos, agora, eram vestidos pelo *pathan*, que usava um número bem maior que o outro e, certamente, passaria frio com o casaco velho, rasgado e pequeno.

A escalada, enfim, começou, mas a expedição, tão bem planejada, parecia estar assombrada por uma nuvem negra. Crowley foi subindo mais rápido do que o planejado e, em 29 de junho, foi acometido por cegueira temporária devido à demorada exposição às geleiras brancas. Além de não enxergar, sentiu dores terríveis nos olhos.

Entre 2 e 6 de julho, houve uma forte tempestade. Quando ela passou, Pfannl e Wesseley subiram mais um pouco e estabeleceram um acampamento a pouco mais de seis mil metros de altitude. As antipatias iniciais se intensificavam, e vieram as divergências quanto

---

65. Minoria étnica que vive entre o Afeganistão e o Paquistão.

à rota mais segura e eficiente. Crowley propôs uma direção, houve votação e sua proposta foi derrotada. Ele porém não se deixou convencer de que sua rota não era a melhor e resolveu que a expedição estava acabada. Disse que seria correr risco de vida seguir a rota aprovada pelos demais membros.

Os ânimos se exaltavam cada vez mais. Os homens estavam sofrendo de deficiências alimentares devido à dieta restrita e as demais dificuldades já previsíveis após quase dois meses de neve, tempestades e privações. Crowley teve febre alta por várias vezes e, durante uma delas, delirando, apontou seu revólver Colt contra a cabeça de Guy Knowles, que conseguiu dominá-lo e confiscar a arma.

Depois, foi a vez de Pfannl cair doente. Era consenso na literatura médica de então que o diagnóstico de uma pessoa que tivesse os pulmões invadidos por fluidos – como estava acontecendo com Pfannl – era pneumonia. Mas Crowley, ao observá-lo, foi preciso em sua análise: edema pulmonar. Na época, muitos alpinistas morriam quando seus edemas pulmonares eram erroneamente diagnosticados como pneumonia. Graças a ele – que, a propósito, não gostava nada do sujeito –, Pfnnal foi levado de volta à vila, medicado e sobreviveu.

Em 6 de setembro, a expedição estava de volta a Srinigar. Uma expedição fracassada, mas, mesmo assim, a primeira tentativa séria de alcançar o K2, com seu lugar garantido na história do alpinismo.

Capítulo 4

Casado e romântico

A volta à Europa: Paris

Após uma semana em Srinigar, Crowley reencontrou um amigo inglês, Ernest Radcliff, que o convidou para caçar ursos em Baramula. O convite não despertou muito entusiasmo, pois Crowley ainda estava um pouco "fora de sintonia" desde a experiência recente da expedição frustrada à montanha K2.

Em 21 de setembro, partiu de Baramula para Pindi, passou por Delhi, Ajmer e Bombaim, de onde seguiu de barco para Aden.[66] Passou um dia em Moses' Wells – que conquistou o posto de lugar mais detestável que já conheceu, com a possível exceção de Gibraltar – e chegou, enfim, ao Cairo, onde se refestelou no hotel com os confortos mundanos de uma cidade *de verdade*. Sua mente estava

Rose Kelly, a primeira esposa e Mulher Escarlate

---

66. Cidade portuária do Iêmen.

agora voltando ao padrão costumeiro; até voltou a escrever, após o longo hiato desde o começo da expedição ao K2. Também voltou a praticar magia e ioga com moderação.

Partiu, enfim, rumo à Europa. Durante sua longa viagem ao Oriente, manteve contato esparso por carta com o amigo Gerald Kelly, que agora estudava pintura e estava morando em Paris. Kelly convidou-o para ficar com ele um tempo. Convite feito, convite aceito e Crowley chegou a Paris em novembro de 1902.

Antes, Crowley iria a Paris especificamente para visitar seu então mestre Samuel MacGregor Mathers. Mas os tempos eram outros. O ex-discípulo agora dizia que Mathers havia roubado pertences que lhe haviam sido confiados dois anos atrás, pouco antes de partir para o México. Crowley também não tinha digerido a ligação de Mathers com golpistas de baixa estirpe como Laura Horos e seu marido; considerava inexplicável que Mathers ainda se encontrasse sob o domínio do casal. Mathers podia até já ter tido ligações diretas com os Chefes Secretos antes – e Crowley acreditava que as tivera mesmo, apesar das fraudes que permeavam a história de Mathers e da Golden Dawn. Mas, com toda certeza já não as tinha mais.

Mathers não demorou a ficar sabendo do que Crowley estava achando, talvez por meio de informantes, talvez por sua própria percepção. Em suas memórias, Crowley relata uma história fantástica de como teria sofrido um ataque mágico de Mathers por meio de uma velha feiticeira, a senhora Longworth, que teria o dom de se transformar em uma jovem atraente com objetivo expresso de seduzir Crowley e sugar-lhe a alma, tornando-o cativo de um feitiço que lhe deixaria quase como um zumbi. Consta que Crowley teria resistido bravamente aos encantos da feiticeira e escapado do ataque mágico.

À parte esse tipo de incidente, Perdurabo voltou com todo gás à vida sexual intensa que havia sido interrompida com sua viagem ao Oriente e começou um caso com Nina Olivier, modelo que posava para pintores. Crowley descreveu sua estadia com Kelly durante o inverno de 1903 em seu estúdio na Rue Campagne Premier como um sucesso em termos sociais. Segundo ele, Nina ficou famosa na vizinhança simplesmente por ser sua favorita, já que, de acordo com o próprio Crowley, todos o conheciam e admiravam. Entretanto, Gerald Kelly viria a declarar que isso não passava da mais deslavada mentira; que Crowley era desconhecido entre os locais e que, os poucos que o conheciam, em nada simpatizavam com ele não.

Mesmo assim, Crowley confraternizou com personagens importantes do meio artístico da época, principalmente os de origem anglo-saxã. Entre eles, estava o escritor W. Somerset Maugham, que viria a escrever um livro pouco lisonjeiro – *The Magician*[67] – cujo personagem principal foi baseado no convívio com Crowley, e o mestre da escultura, Auguste Rodin, de quem era admirador. Crowley e Rodin não foram amigos próximos, mas trabalharam juntos numa colaboração entre palavras e formas chamada *Rodin in Rime*[68], com poemas de Crowley baseados e inspirados nas esculturas do artista. O trabalho viria a ser publicado em 1907, num volume com litografias de Rodin, que declarou que o texto de Crowley trazia uma "inesperada flor de violência, bom senso e ironia".[69]

Retiro em Boleskine

Em abril de 1903, Crowley volta a Boleskine. Magia era algo que lhe inspirava carinho e reverência, mas não mais entusiasmava nem instigava. Cada vez via com mais clareza que era necessário investigar a magia com as armas e a disposição de espírito da ciência; sem superstições, sem crendice, sem religião institucionalizada. Também chegara à conclusão de que magia existe e funciona, mas serve apenas para espíritos egóicos, sem qualquer proveito em termos

---

67. Maugham, Somerset. *The Magician*. Penguin Classics, 2007.

68. Rodin em Versos.

69. Sutin, Lawrence. *Do What Thou Wilt: A Life of Aleister Crowley*. New York: St. Martin Press, 2000, p. 106.

de desenvolvimento da alma e expansão da mente. Em outras palavras, toda magia seria magia negra, já que necessariamente voltada a objetivos mundanos.

Não obstante – ou quem sabe devido a isso mesmo –, o interesse de Crowley pela magia não arrefecia. Em julho de 1903, terminou um ensaio sobre magia cerimonial. O texto, chamado *The Initiated Interpretation of Cerimonial Magic,*[70] incluía traduções do hebraico, latim e francês atribuídas a Samuel Mathers, e tudo indica que Crowley as tenha usado sem permissão após tê-las surrupiado dos arquivos da Golden Dawn no dia em que tomara posse do templo londrino em nome de Mathers, dois anos antes.

A atividade sexual que florescera novamente em Paris estava ameaçada no isolamento de Boleskine. Crowley não teve dúvidas: fez uma reclamação às autoridades contra a "extravagante bazófia" das prostitutas locais. Um investigador de Londres foi enviado ao local e, obviamente, nada achou. Crowley recebeu o relato da polícia e respondeu-o com um cartão no qual dizia que se referia à bazófia da *ausência* de prostitutas, que o incomodava profundamente.

Casa-se com Rose Kelly

Em agosto, Crowley foi convidado por Kelly a juntar-se à sua irmã Rose, à mãe e alguns poucos convidados para passar alguns dias na localidade escocesa de Strathpeffer. Entediado, aceitou. Não parecia muito estimulante, mas estava bom para quem não tinha nada melhor para fazer.

Aceitar esse convite conduziria Crowley a caminhos insuspeitados. Já havia sido apresentado antes a Rose Kelly e não se impressionara. Apesar de considerar a moça bonita com sua pele delicada, sua expressão viva e seus cabelos castanhos ondulados, para Crowley ela dificilmente seria uma companhia das mais

---

70. A Interpretação do Iniciado para a Magia Cerimonial.

intelectuais. Só começou a ver a moça com outros olhos depois que ela lhe confessou o dilema que vivia: mantinha um caso com um homem casado e a família, ao descobrir, começara a pressioná-la para que se casasse com um homem que não amava.

Crowley tomou as dores da moça, ultrajado pela moralidade pequeno-burguesa da instituição familiar que tanto desprezava, e se ofereceu para casar-se com ela – um casamento de aparências, no qual ela teria liberdade para continuar se encontrando com o amante à vontade.

Rose mal pôde acreditar. Quando Crowley comunicou a novidade a Gerald Kelly, o futuro cunhado não levou a sério. Então, Crowley escreveu uma carta ao amigo expondo seus motivos para o casamento,[71] motivos que estavam bem além da mera ajuda a uma moça encrencada e do prazer pelo confronto com os valores moralistas da sociedade. Na verdade, ele queria encontrar um pouso certo, por mais que se identificasse como um espírito solitário. E, mais importante, havia a questão da sua bissexualidade. Como já mencionado, Crowley tinha uma relação contraditória com seu lado homossexual e, na carta a Kelly, menciona veladamente sua constante luta contra a própria natureza.

No dia seguinte à proposta de Crowley a Rose Kelly, em 12 de agosto de 1903, a dupla tomou um trem para a cidade de Dingwall, onde se casaram em um cartório. Gerald Kelly ficou furioso ao saber da "traquinagem" do amigo e da irmã, mas não havia mais nada a fazer.

Crowley se orgulhava de estar casado com aquela que considerava uma das mulheres mais belas e fascinantes do mundo. Não foi difícil amá-la. Rose, por sua vez, ficou encantada com o aparente desprendimento daquele homem e se apaixonou também, e assim acabou esquecendo o antigo amante casado. Enquanto isso, a verve poética de Crowley servia de expressão aos sentimentos nascentes.

---

71. *Ibid.* p. 112.

Rosa, no seio do mundo primaveril,
aperto meu peito contra vossa florescência;
minha vida sutil a vós se desdobra, a vós
se prendem seus humores e sentidos.
Eu passei de mudanças e pensamento à paz,
tecida no incrível tear do amor,
Rosa, no seio do mundo primaveril!
Como haverá o coração dissolvido em alegria
de tomar forma e harmonia, e cantar?
Como haverá o êxtase da luz de ceder à
melancólica magia da música?
Oh, Rosa Chinesa sem espinhos,
oh, mel de abelhas sem ferrão!
O olor de vossa beleza toda arde sobre o vento.
O profundo perfume de nosso próprio amor
se esconde em nossos corações,
a aliança invulnerável.
Homem nenhum saberá. Eu vos forço
para dentro da tumba, além da tumba,
Rosa, no seio do mundo primaveril.[72]

Já vivendo plenamente sua inusitada paixão – Crowley menciona um intenso furor erótico –, partiram para Boleskine e de lá saíram em viagem de lua-de-mel. A ideia era visitar Allan Bennett – ou melhor, o monge budista Ananda Metteyya – em Rangoon, Burma, mas a primeira parada foi Paris. Depois, passaram por Marselha, na França, e Nápoles, na Itália, até chegarem, enfim, à cidade do Cairo, no Egito, em novembro de 1903.

Desta vez, Crowley resolveu visitar as pirâmides, o que deixara de fazer em sua primeira visita à cidade. Chegou até mesmo a passar uma noite na Câmara do Rei na Grande Pirâmide, onde realizou –

---

72. Crowley, Aleister. *The Confessions of Aleister Crowley*. Londres: Penguin Books, 1978. Capítulo 46.

para impressionar a esposa – o Ritual do Não-Nascido.[73] Segundo ele, tamanha foi a energia produzida pelo ritual que as velas deixaram de ser necessárias, já que o recinto se iluminou apenas com a luz astral. Observe que Crowley sempre fez questão de enfatizar que não estava sendo figurativo, que falava de *luz* mesmo, e luz de origem puramente astral.

Do Cairo, partiram para o Ceilão, aonde chegaram em dezembro. Pouco após chegarem, Rose comunicou a Crowley que estava grávida, razão pela qual ele mudou os planos de levá-la para acompanhar uma caçada na China e, assim, acabaram indo para Hambantota, sudeste do Ceilão, com a intenção de voltar para Boleskine a tempo para Rose dar à luz.

Em uma ocasião, mais especificamente em 7 de janeiro de 1904, enquanto Rose ardia em febre – o casal havia passado a maior parte dos meses de dezembro e janeiro acampando –, Crowley foi tomado por forte inspiração e escreveu *Rosa Mundi*, poema em que o autor tece metáforas entre o nome da mulher e a rosa-cruz, símbolo místico e iniciático.

Antes de tomar um navio de volta à Europa, o casal faria mais uma parada no Cairo, passando, no caminho, por Aden, Suez e Port Said. Desta vez, em vez de passar a noite dentro de uma câmara em uma pirâmide, a ideia de Crowley era se fartar de luxo. Resolveu embarcar na fantasia de ser um riquíssimo déspota oriental, *Chioa Khan*. *Chioa* é uma transliteração do termo hebraico para "besta", referência que ele garantiu não ter sido consciente nem intencional. Rose, por sua vez, virou *Ouarda* – "rosa", em árabe.

Na quarta-feira, dia 16 de março de 1904, o casal se hospedou em um hotel luxuoso e confortável na cidade do Cairo. É possível que Crowley não fizesse ideia do que estava para acontecer.

---

73. Ritual de origem desconhecida, mas que foi transmitido a Crowley por Allan Bennett e cujo objetivo é sintonizar a pessoa com as forças superiores (ou "angélicas") e manter as forças inferiores (ou "demoníacas") sob controle.

Parte III

A Lei de Thelema

Capítulo 1

O Profeta do Novo Éon

O Livro da Lei: como foi escrito, sua importância e implicações

O Livro da Lei, ou *Liber al vel Legis*, ou ainda simplesmente *Liber* AL, é a obra central da vida de Aleister Crowley.[74] Isso não quer dizer que seja seu *melhor* livro, até porque nem pode ser considerado tecnicamente seu, por se tratar – de acordo com Crowley – de uma espécie de *canalização*.

Também não seria um livro popular ou de fácil leitura. Debater, então, está fora de questão – ao menos para quem seguir literalmente as instruções para a leitura e uso do livro que vêm antes do texto em si, em tom de admoestação.

Contudo, *Liber AL* representa o ápice de um processo que começou com a morte de Edward Crowley, o pai, especialmente depois que Crowley, o filho, saiu da faculdade e teve direito a usar sua polpuda herança. Parecia que ele tinha seguido aquela trajetória inconscientemente para chegar a este ponto, pois tudo

Crowley pouco antes do recebimento de Liber AL

---

74. Ver *O Livro da Lei comentado por Aleister Crowley*, tradução de Johann Heyss, Editora Via Sestra.

o que ele viria a fazer dali por diante teria alguma relação, direta ou indireta, com *Liber AL* e com a lei que o livro proclamava, a Lei de Thelema. Para Crowley, *O Livro da Lei* era mais importante do que a descoberta da roda e das leis de física e matemática, do que o domínio do fogo.

Muitos dos princípios encontrados em *Liber AL* estão em *Liber OZ*, texto que pretende sintetizar a Lei de Thelema.

Há também três axiomas famosos extraídos de *Liber AL* que são largamente usados por thelemitas:[75]

> "Faze o que tu queres há de ser tudo da Lei."
> "Amor é a lei, amor sob vontade."
> "Todo homem e toda mulher é uma estrela."

Voltando à gênese da Lei de Thelema, Crowley passava seu tempo se dedicando a aprender árabe, islamismo e cultura local. Quando não estava imergindo na cultura árabe, estava jogando golfe – talvez para não esquecer do quão inglês sempre fora.[76]

Em 16 de março, mais uma vez tentando exibir seus supostos poderes mágicos para a esposa, Crowley fez, outra vez, o Ritual do Não Nascido. Queria fazer a esposa ver silfos.[77]

De uma hora para outra, Rose começou a dizer que se sentia inspirada e a repetir frases estranhas como "eles estão esperando por você".

No dia seguinte, Crowley fez um ritual de invocação a Thoth[78] com objetivo de limpar a energia – em outras palavras, queria resolver o problema da esposa, que continuava soltando frases desconexas sobre a "criança", "Osíris", entre outras coisas. O mais intrigante é que Rose não tinha conhecimento de mitologia egípcia, tampouco

---

75. Thelemita é aquele homem ou aquela mulher que aceitou a Lei de Thelema.

76. Apesar de o golfe ser um esporte de origem escocesa.

77. Silfos seriam os elementais (seres imortais, mas desprovidos de alma) do fogo.

78. Deus egípcio da sabedoria e do aprendizado, inventor da escrita e da filosofia. Também deus da magia.

interesse pelo assunto. Para estupor de Crowley, ela, enfim, identificou a voz que falava por meio dela como sendo a voz de Hórus.[79]

Crowley, ainda não convencido, resolveu testar os conhecimentos de egiptologia de Rose, ou da suposta entidade que estava se manifestando através dela. Submeteu-a, então, a um questionário sobre os atributos de Hórus, e ela respondeu corretamente a todas as perguntas. Crowley não se lembrava bem se o interrogatório sobre Hórus se deu no dia 18 de março ou se teria acontecido entre os dias 20 e 23 de março.

No dia 20 de março, realizou um ritual de invocação de Hórus, ao término do qual anotou em seu diário que um novo equinócio dos deuses se anunciava e que seria ele próprio a pessoa a formular a "nova conexão entre uma Ordem e a Força Solar".[80] Ou seja: seria Crowley o anunciador da Nova Era. Essa era a missão que ele começava a perceber – ou a determinar – que tinha pela frente.

Isso implicava romper, de uma vez por todas, e oficialmente, com Samuel Mathers. Afinal, não houvera um rompimento oficial; apenas um afastamento – mesmo que com direito a troca de ataques mágicos. Mas agora o próprio Crowley entraria em contato direto com os deuses, contato este que Mathers, se o tivera de fato um dia, não tinha mais. Em seu diário, Crowley planejou destituir Mathers e destruir a Golden Dawn por meio da publicação de todos os seus rituais secretos – o que de fato viria a fazer dali a cinco anos.

Ainda assim, Crowley não estava de todo satisfeito com as provas de que a esposa estaria servindo de canal para Hórus e, em 21 de março, resolveu levá-la ao museu Boulak, jamais visitado por nenhum dos dois antes. Ele exigiu que Rose encontrasse sozinha a imagem de Hórus dentro dos dois andares abarrotados de imagens do museu. Rose passou por várias imagens de Hórus sem dizer nada,

---

79. Deus egípcio com corpo de homem e cabeça de falcão. Deus da guerra e da vingança, filho de Ísis e Osíris.

80. Sutin, Lawrence. *Do What Thou Wilt: A Life of Aleister Crowley*. New York: St. Martin Press, 2000, p. 120.

até chegar a uma imagem de Hórus na forma de Ra-Hoor-Khuit, pintada em um epitáfio de madeira da vigésima sexta dinastia, na qual havia o número de catálogo 666.

Crowley ficou entre impressionado e indiferente. Providenciou uma tradução do hieróglifo do epitáfio, tradução esta que inspiraria parte dos versos que viria a incluir em *Liber AL*. O texto descrevia a cena desenhada no epitáfio, que incluía uma espécie de Santíssima Trindade de Thelema: Nuit, Hadit e Ra-Hoor-Khuit. Nuit, a deusa do céu noturno, emoldura a cena com seu longo corpo negro. Hadit é o sol alado – uma das formas de Hórus – ao alto, no centro, e outra forma de Hórus é Ra-Hoor-Khuit, entronado, que escuta o sacerdote egípcio Ankh-af-na-khonsu.

Rose revelou, nos dias seguintes, que sabia o nome da entidade que a orientava a responder. Seu nome era Aiwass, ela disse, mas não sabia nada além disso – a entidade só informava o que lhe convinha.

Contudo, Aiwass não tardou a comunicar – através de Rose – o que queria. Era 07 de abril de 1904 quando Crowley ficou sabendo que Aiwass esperava que a sala de visitas passasse a ser considerada um "templo" e que ele, Crowley, entrasse no "templo" precisamente às doze horas nos próximos três dias e escrevesse exatamente o que lhe seria ditado durante o período exato de uma hora.

As ordens estavam dadas. E ele obedeceu. Assim nasceu *O Livro da Lei*, um capítulo por dia, em três dias. E sem Rose por perto: Crowley teria canalizado os livros sozinho, ele mesmo escutando a voz de Aiwass como se escuta a voz de uma pessoa. Segundo Crowley, a voz – grave como a de um barítono – vinha de trás de si e num inglês perfeito, embora sem qualquer sotaque, no que entendo como sendo uma espécie de inglês "puro", "original".

O epitáfio, ou "stéle" da revelação

Apesar de não ver Aiwass, apenas escutá-lo, Crowley relatou imaginá-lo como um homem alto, de pele escura, de mais de trinta anos de idade, forte, com o rosto de um rei selvagem, trajando algo de aparência persa ou assíria. A primeira reação de Crowley foi classificá-lo como uma entidade astral, ou uma espécie de anjo, mas no futuro ele acabaria reconsiderando esse ponto de vista, levantando a possibilidade de Aiwass ser seu "eu superior", seu anjo guardião, um mensageiro dos deuses, um deus em si mesmo, uma inteligência transumana, um demônio ou mesmo seu próprio subconsciente.

De acordo com o próprio *Liber AL*, Aiwass seria o "ministro de Hoor-Paar-Kraat", o Senhor do Silêncio, uma forma de Hórus que guarda grande semelhança com o grego Harpócrates.

Crowley afirmava que não foi sem relutância que serviu de escriba. Tentou resistir ao transe em que se viu mergulhado, mas não conseguiu. Contudo, sustentava não se tratar de canalização ou escrita automática: Crowley dizia que de fato escutara a voz de Aiwass lhe ditando o texto.

O Livro da Lei[81] manuscrito tem apenas 21 páginas em três capítulos. Trata-se de um texto em prosa poética – com uma gramática toda própria – repleto de códigos cabalísticos, referências mitológicas, temas bíblicos e imagens peculiares e delirantes. Apesar de, em determinado ponto do texto, Aiwass solicitar que não seja feita qualquer alteração de caligrafia ou palavra, Crowley fez pequenas correções em determinadas partes de *Liber AL*. A gramática enlouquecida do texto representava, para Crowley, uma das provas de sua não autoria – logo ele, que se orgulhava de seu inglês castiço.

De acordo com Crowley e com o próprio texto de *Liber AL*, os três capítulos do livro foram ditados por Aiwass, mas cada um deles transmite a mensagem de um dos deuses no epitáfio encontrado no Museu Boulak: Nuit, Hadit e Ra-Hoor-Khuit.

---

81 . Consulte minha tradução de *O Livro da Lei comentado por Aleister Crowley*, publicada pela editora Via Sestra em 2023.

O primeiro capítulo, pela voz de Nuit, é mais poético e sedutor, como cabe à natureza da Rainha do Espaço, a Senhora do Céu Estrelado. É nesse capítulo que se apresenta o mote de Thelema: Faze o Que Tu Queres.

> "Had! A manifestação de Nuit.
> O desvelar da companhia do céu.
> Todo homem e toda mulher é uma estrela.
> Todo número é infinito; não há diferença.
> Ajuda-me, ó guerreiro senhor de Tebas, em meu desvelar diante das Crianças dos homens!
> Sê tu Hadit, meu centro secreto, meu coração & minha língua!
> Vede! isto é revelado por Aiwass o ministro de Hoor-paar-kraat.
>
> (...)
> Que sejam meus servidores poucos & secretos: eles regerão os muitos & os conhecidos. Estes são tolos que homens adoram; tanto seus Deuses & seus homens são tolos.
>
> Aparecei, ó crianças, sob as estrelas, & tomai vossa fartura de amor! Eu estou sobre vós e em vós. Meu êxtase está no vosso. Minha alegria é ver vossa alegria."

A moral da filosofia thelêmica, embora não seja propriamente hedonista, parece encontrar na alegria seu diapasão, assim como os cristãos recorrem a uma mitologia de sofrimento e crucificação. Nuit se apresenta como sedutora mensageira da alegria, do prazer, da poesia.

> "Eu sou Nuit, e minha palavra é seis e cinquenta.
> Dividi, somai, multiplicai e compreendei.
> Então disse o profeta e escravo da bela: Quem sou Eu, e qual há de ser o sinal? Assim ela lhe respondeu, curvando-se, uma lambente chama de azul, tudo tocando, tudo penetrando, suas adoráveis mãos sobre a terra negra, & seu corpo ágil arqueado para o amor, e seus pés macios não machucando as diminutas flores: Tu sabes! E o sinal será meu êxtase, a consciência da continuidade da existência, a onipresença do meu corpo.

(...)

Nenhum, respirou a luz, tênue & encantada, das estrelas, e dois. Pois Eu estou dividida por amor ao amor, pela chance de união.

Esta é a criação do mundo, que a dor de divisão é como nada, e a alegria da dissolução tudo.

Por estes tolos dos homens e suas desditas não te importes por nada! Eles pouco sentem; o que é, é balanceado por fracas alegrias; mas vós sois meus escolhidos."

Outro valor thelêmico anunciado por Nuit é a indiferença para com os derrotados, a distância que Nuit mantém daqueles que perdem sua alegria essencial e se entregam ao sofrimento.

"Meu incenso é de madeiras resinosas & gomas; e não existe sangue ali: por causa de meu cabelo as árvores da Eternidade.

Meu número é 11, bem como todos os números deles que são de nós. A Estrela de Cinco Pontas, com um Círculo no Meio, & o círculo é Vermelho. Minha cor é preta para os cegos, mas azul & ouro são vistos pelos que veem. Também Eu tenho uma glória secreta para aqueles que me amam.

Mas amar-me é melhor que todas as coisas: se sob as estrelas da noite no deserto tu presentemente queimares meu incenso perante mim, invocando-me com o coração puro, e a chama Serpente ali, tu virás deitar-te um pouco em meu peito. Por um beijo tu então quererás dar tudo; mas quem quer que dê uma partícula de pó perderá tudo nessa hora.

Vós agrupareis bens e suprimentos de mulheres e especiarias; vós usareis ricas joias; vós excedereis as nações da terra em esplendor e orgulho; mas sempre no amor de mim, e assim vireis vós à minha alegria.

Eu vos incumbo solenemente a virdes perante mim em um só robe, e cobertos com um rico adorno de cabeça. Eu vos amo!

Eu anseio por vós! Pálido ou púrpura, velado ou voluptuoso, Eu que sou toda prazer e púrpura, e embriaguez do senso mais íntimo, vos desejo. Colocai as asas e acordai o esplendor enroscado dentro de vós: vinde a mim!"[82]

O fator sensual e sexual permeia o capítulo de Nuit. E é nesse capítulo que a entidade informa a Crowley que *ele* será seu profeta e que servirá como seu "coração e língua" na missão de divulgar *Liber AL* ao mundo.

O segundo capítulo traz a voz de Hadit,[83] que vem a ser o complemento de Nu (Nuit, Nut), sua noiva. Hadit não existe na mitologia egípcia e teria sido "descoberto" por Crowley por ocasião do recebimento de *Liber AL*.[84] Sua forma é a de um sol alado, antigo símbolo egípcio. Hadit seria uma forma solar de Hórus que se anuncia no começo do segundo capítulo:

> "Nu! o esconder de Hadit. Vinde! todos vós, e aprendei o segredo que ainda não foi revelado. Eu, Hadit, sou o complemento de Nu, minha noiva. Eu não sou estendido, e Khabs é o nome de minha Casa. Na esfera Eu sou o centro em toda parte, como ela, a circunferência, nenhures é encontrada. No entanto ela será conhecida & eu nunca."

Hadit, então, declara oficialmente o fim de uma era e o começo de outra:

> "Vede! os rituais do velho tempo são negros. Que os ruins sejam lançados fora; que os bons sejam purgados pelo profeta! Então este Conhecimento seguirá corretamente.
>
> Eu sou a flama que queima no coração de todo homem, e no cerne de toda estrela. Eu sou Vida, e o doador de Vida, todavia então conhecer a mim é conhecer a morte."

---

82. Crowley, Aleister. *The Law is for All*. Phoenix, Arizona: New Falcon, 1993.

83. Não confundir com *hadith*, que vem a ser um corpo de leis, lendas e relatos sobre o profeta Maomé, e que faz parte das tradições islâmicas.

84. Outra deidade tipicamente thelêmica anunciada por *Liber AL* é Babalon; o Portal do Sol, a Mulher Escarlate, Prostituta Sagrada, Mãe das Abominações, consorte do Caos, entre outros títulos.

Hadit continua a exaltação ao forte e o desprezo ao fraco, já manifestados por Nuit no capítulo anterior.

"Nós nada temos com o pária e o inapto: deixai que morram em sua miséria. Pois eles não sentem. Compaixão é o vício dos reis: pisoteie os desgraçados & os fracos: esta é a lei do forte: esta é a nossa lei e a alegria do mundo. Não penses, ó rei, naquela mentira: Que Tu Deves Morrer: na verdade tu não morrerás, mas viverás. Agora que isto seja entendido: Se o corpo do Rei se dissolver, ele permanecerá em puro êxtase para sempre.

Nuit! Hadit! Ra-Hoor-Khuit! O Sol, Vigor & Visão, Luz; estes são para os servidores da Estrela & da Cobra."

"Para adorar-me tomai vinho e estranhas drogas das quais Eu direi ao meu profeta, & embriagai-vos! Elas não vos farão mal nenhum. É uma mentira, esta tolice contra si. A exposição da inocência é uma mentira. Sê forte, ó homem! deseja, desfruta de todas as coisas de sentido e êxtase: não temas que qualquer Deus te negue por isto.

Eu sou só: não existe Deus onde Eu estou."

É Hadit também que lança uma praga contra justificativas e razões:

"Agora uma maldição sobre Porque e seus parentes!

Que Porque seja amaldiçoado para sempre!

Se a Vontade para e grita Por Que, invocando Porque, então a Vontade para & nada faz.

Se o Poder pergunta por que, então o Poder é fraqueza.

Também a razão é uma mentira; pois há um fator infinito e ignoto; & todas as suas palavras são enviesadas.

Chega de Porque! Seja ele danado para um cão!"

O terceiro e último capítulo de *Liber AL* traz a mensagem de Ra-Hoor-Khuit, a Criança Coroada e Conquistadora. É um capítulo bélico e, certamente, o mais agressivo e polêmico do livro.

"Abrahadabra; a recompensa de Ra Hoor Khut.

Há divisão daqui ao lar; há uma palavra não conhecida. Grafia está defunta; tudo não é qualquer coisa. Cuidado! Firmai! Alçai o encanto de Ra-Hoor-Khuit!

Agora seja primeiramente entendido que eu sou um deus de Guerra e de Vingança. Eu os tratarei duramente.

Escolhei-vos uma ilha!
Fortificai-a!
Adube-a ao redor com engenharia de guerra!
Eu vos darei uma máquina de guerra.
Com ela vós golpeareis os povos; e nenhum ficará de pé diante de vós.

Espreitai! Retirai-vos! Sobre eles! esta é a Lei da Batalha da Conquista: assim será meu culto ao redor de minha casa secreta."

"Sacrificai gado, pequeno e grande: a seguir uma criança."
"Eu estou em uma quádrupla palavra secreta, a blasfêmia contra todos os deuses dos homens.

Malditos sejam! Malditos sejam! Malditos sejam!
Com minha cabeça de Falcão Eu bico os olhos de Jesus enquanto ele se dependura da cruz.

Eu ruflo minhas asas na face de Maomé & cego-o.
Com minhas garras eu arranco a carne do Hindu e do Budista, Mongol e Din.

Bahlasti! Ompheda! Eu cuspo nos vossos credos crapulosos. Que Maria Inviolada seja despedaçada sobre rodas: por causa dela que todas as mulheres castas sejam completamente desprezadas entre vós!

Também por causa da beleza e do amor!
Desprezai também todos os covardes; soldados profissionais que não ousam lutar, mas brincam: desprezai todos os tolos!

Mas os afiados e os orgulhosos, os régios e os elevados; vós sois irmãos! Lutai como irmãos!
Não existe lei além de Faze o que tu queres."

O capítulo três é o que mais gera grande impacto e discussão. O próprio Crowley o considerou, de início, insuportavelmente grosseiro. Contudo, faz parte do "código de ética" – alguns chamariam de dogma – da filosofia thelêmica que *Liber AL* não pode e não deve ser discutido. No comento futuramente acoplado ao livro, atribuído ao sacerdote Ankh-af-na-konsu, é recomendado que a cópia seja "queimada" após a leitura e expressamente proibido o debate sobre o conteúdo do livro.

Para muitos, esse seria um mecanismo para que *Liber AL* funcione como uma espécie de texto sagrado imune a manipulações. É um texto para ser lido, e pronto. O que acontecerá a partir desta leitura é absolutamente pessoal, e nenhuma opinião ou visão sobre o livro deve ser imposta sobre qualquer outra – nem mesmo a opinião de Crowley, ainda que ele tenha se autoestabelecido como a única autoridade para qualquer esclarecimento relativo a *Liber AL*. Buscando jogar um pouco de luz sobre as obscuridades, hermetismos e cifras do texto, Crowley viria a escrever comentários sobre os versículos em três ocasiões diferentes.

Um dos erros mais comuns é entender *Liber AL* como um texto anarquista – seja qual for o entendimento que se tenha do termo *anarquismo*. "Faze o que tu queres há de ser tudo da Lei" não significa "faça o que der na telha". Na verdade, é possível traçar paralelos entre a busca pela Verdadeira Vontade estimulada por *Liber AL* e a busca do Tao pelos taoístas, ou a compreensão do próprio Dharma – ou missão – do hinduísmo.

Nuit deixa claro no versículo 42: "tu não tens direito a não ser fazer a tua vontade". Isso significa que não é questão de mero hedonismo ou licenciosidade. É preciso descobrir a própria e Verdadeira Vontade, e cumpri-la. E isso não tem nada a ver com ser "feliz" ou "infeliz" ou com qualquer padrão óbvio de julgamento: de acordo com Crowley, em um de seus comentários a *Liber AL*, entre aqueles que estão realizando sua Verdadeira Vontade podem estar "os mais pesarosos escravos do mundo".

O conceito de "faze o que tu queres" não foi inaugurado por Crowley. O escritor francês François Rabelais (1494-1553) descreveu, em seu livro *Gargantua*, a Abadia de Theleme, construída pelo gigante que dá nome ao livro. Nesta comunidade, as pessoas só obedeciam a uma lei: *faze o que tu queres.*

A questão da pouca compaixão que o texto de *Liber AL* talvez sugira também deve ser analisada em profundidade. Para Crowley, ter pena de outra pessoa era o mais profundo insulto. De acordo com seu pensamento, se cada um de nós é um ser único e eterno, não haveria por que uma pessoa se colocar como superior à outra ao demonstrar pena, como se cada um de nós não pudesse escolher vencer ou perder. Como se sofrer fosse o mesmo que ser uma pessoa sofrida. A moral thelêmica favorece aqueles que regozijam na dor e na alegria, e que são fortes e orgulhosos mesmo em momentos de fraqueza.

O fato de *Liber AL* ter passagens chocantes e aparentemente violentas e cruéis também deve ser contextualizado. *O Livro da Lei* seria um livro sagrado, ou ao menos é assim considerado por aqueles que creem em sua revelação. Para os thelemitas, *O Livro da Lei* representa o mesmo que a Bíblia para os cristãos e o Alcorão para os muçulmanos. E é indiscutível que tanto a Bíblia quanto o Alcorão – e *O Livro da Lei* – são textos com belas passagens poéticas, outras aparentemente incoerentes, e outras violentas.

Todo livro sagrado pode ser considerado "politicamente incorreto". O fato de Thelema não ser uma religião nos padrões institucionalizados não justifica um tratamento diferenciado. Todo livro sagrado, de qualquer sistema religioso ou filosófico, está além da análise objetiva, depende de fé, simpatia, ressonância. Assim como Maomé e Moisés, por exemplo, teriam recebido textos sagrados que compõem a Bíblia e o Alcorão por inspiração divina, o mesmo processo teria se dado com Crowley, o profeta, no caso de *Liber AL*. É possível, então, dizer que a história da criação de *Liber AL* faz sentido tanto em termos racionais quanto religiosos – mesmo que a verdade não tenha sido exatamente essa. Em se tratando de religião e coisas do espírito, a palavra *verdade* acaba assumindo conotações menos ortodoxas. Não cabe aqui discutir se isso seria bom ou mau, e sim reconhecer que o plano espiritual se organiza de acordo com padrões próprios – ou ausência deles.

Quanto aos trechos polêmicos, há passagens tanto na Bíblia quanto no Alcorão que estimulam a violência e até a morte de infiéis – e o conceito de "infiel" sempre se provou bastante elástico, dependendo da conveniência de quem acusa.

Crowley escreveu em suas memórias: "O problema fundamental (da religião) nunca foi colocado claramente. Sabemos que todas as religiões, sem exceção, falharam no primeiro teste. O objetivo da religião seria completar e (possivelmente) reverter as conclusões da razão por meio da comunicação direta com alguma inteligência superior a qualquer ser encarnado. Eu pergunto a Maomé: Como posso saber se o Alcorão não é na verdade de sua autoria"?[85]

Talvez a recomendação de não discutir o conteúdo do livro possa ao menos evitar embates e manipulações sobre o significado desta ou daquela passagem do texto. Se isso de fato ocorrer, Crowley (ou Aiwass, ou os Chefes Ocultos) terá conseguido seu intento.

Talvez, o maior mérito e importância de *Liber AL* seja pinçar o momento em que uma (r)evolução estava nascendo. A maioria das tradições religiosas e filosóficas faz menção às eras, grandes períodos históricos guiados por determinado mote espiritual e/ou científico. O primeiro desses períodos, ou eras – ou *éons* – de que se tem memória seria a pré-história, a Era do Fogo. O domínio do fogo foi o fator decisivo para a sobrevivência do homem, que começava, ali, sua aventura rumo à construção de uma cultura sem paralelo no reino animal. Foi o domínio do fogo que definiu essa evolução, e essa descoberta marca o início da sociedade humana, por assim dizer.

---

85. Crowley, Aleister. *The Confessions of Aleister Crowley*. Londres: Penguin Books, 1978. Capítulo 49.

A segunda grande era seria a Era Pagã, a época da Grande Mãe, dos rituais de fertilidade, um período ligado ao elemento água. Nessa época, a fertilidade e os mistérios da natureza eram essencialmente ligados à mulher, que era considerada a única doadora de vida. O homem começava a se organizar em sociedades agrícolas e a formação de uma prole numerosa e forte era fundamental para garantir uma vida boa para os padrões da época. O papel da mulher era decisivo dentro desse conceito de sociedade: não havia conhecimento da função do espermatozoide na concepção, daí o conceito de divindade ser predominantemente feminino.

A guinada que traria a deposição do chamado paganismo, virando a página do inconsciente coletivo, veio com a descoberta da função do esperma na concepção. Foi uma reviravolta, uma revolução na consciência humana, que passou a relacionar a reprodução à qualidade do esperma, e, assim, o homem foi passando de subalterno a chefe no processo de reprodução. Esse terceiro período pode se encaixar em vários nomes, como Era de Peixes, Período Monoteísta, Era de Osíris, Era Cristã, entre outros. O conceito de sacrifício próprio (em contraste ao sacrifício humano de outros, que era comum na era pagã) e da virtude no sofrimento também fazem parte de várias tradições dessa era, basta comparar os mitos de Osíris e Jesus e perceber a quantidade de pontos em comum: ambos projeções de um mesmo arquétipo participante da evolução do inconsciente coletivo. Se hoje em dia matar outra pessoa é considerado horrível, houve época em que isso era a coisa mais normal do mundo e ninguém se escandalizava. É a esse tipo de evolução espiritual ou conceitual coletiva que se refere o advento de troca de eras, ou de éons. É importante perceber, contudo, que diferentes eras podem conviver no mesmo tempo físico; basta comparar as realidades e as culturas de países dos chamados Primeiro Mundo e Terceiro Mundo.

O quarto período ou éon seria exatamente aquele anunciado por *Liber AL*, e que muitos chamam de Era de Aquário, Nova Era, Neopaganismo, e que os thelemitas em particular chamam de Era de

Hórus. *Liber AL* seria, então, o documento de anunciação e proclamação oficial da Nova Era, um manifesto de que os tempos haviam mudado. Irreversivelmente. E, realmente, não é preciso se esforçar muito para pensar que o início do século vinte foi um período que trouxe mudanças profundas, drásticas e, sobretudo, muito rápidas. Muitas coisas que antes seriam consideradas bizarras agora são encaradas normalmente, e vice-versa. Para o bem e para o mal, não é difícil identificar a mudança anunciada por *Liber AL*. Portanto, independentemente da origem do texto, sua função como fotografia poética do momento em que uma era se encerrava e outra se abria continua valendo. Muitas pessoas consideram a arte algo sagrado. Chamamos de obra-prima a obra de arte que consegue captar profunda e amplamente o espírito de uma época. Assim, é possível e talvez até recomendável questionar o aspecto religioso da filosofia apresentada em *Liber AL* naquilo que a religião possa ter de dogmático, mas é difícil questionar a qualidade visionária da obra, o que já justifica sua leitura.

Após o evento que levou à criação de *Liber AL*, Crowley estudou o documento algumas vezes e percebeu o conhecimento de Aiwass sobre cabala, muito superior ao dele próprio. Providenciou que o texto fosse datilografado e enviou cópias a alguns amigos – entre os quais, Allan Bennett, Oscar Eckenstein e George Cecil Jones –, anunciando a chegada do Novo Éon. Mas não se deu ao trabalho de ir além. Perdeu até mesmo uma boa oportunidade de divulgar o livro para ninguém menos que Annie Besant,[86] que viajava de volta à Europa no mesmo navio que ele e Rose. Crowley teria entabulado longas conversações com Besant sobre ocultismo, sem ao menos mencionar o advento do Novo Éon.

Como viria a admitir em suas memórias, Crowley, naquele momento, sentia uma enorme repulsa por *Liber AL*. Ainda levaria algum tempo para ele entender que Aiwass era apenas o mensageiro de um evento, e não o responsável pelo evento em si.

---

86. Proeminente teosofista e escritora de temas ocultos e esotéricos (1847-1933).

Capítulo 2

O profeta relutante

De volta a Boleskine

A primeira parada ao voltar do Egito foi Paris, onde o casal ficou pouco tempo, o suficiente para Crowley travar contato com conhecidos de sua época de boemia na cidade, o crítico de arte Clive Bell e o escritor Arnold Bennett – nenhuma relação com Allan Bennett.

Enviou a Samuel Mathers uma correspondência formal anunciando a chegada do Novo Éon e informando que os Chefes Secretos haviam apontado a ele, Crowley, como líder oficial dos novos tempos. Na carta, Crowley também declarava a existência de uma Nova Fórmula Mágica.

A Besta e sua Mulher Escarlate partiram, então, para Boleskine.

Crowley sabia que aquilo teria o efeito de uma declaração de guerra a Mathers. E se preparou para as consequências, pois temia os poderes mágicos do ex-mestre – e de acordo com Crowley, Mathers teria efetivamente matado seus cachorros em Boleskine por meio de um ataque mágico, além de deixar Rose com os nervos à flor da pele.

Crowley no Himalaia em 1905

Ironicamente, Crowley teria usado as informações e fórmulas do próprio *Livro do Mago Abramelin*, traduzido e publicado por Mathers, para se defender dos ataques astrais. De acordo com seus diários, Crowley consagrou os talismãs apropriados e conseguiu receber os serviços de Belzebu, um dos oito subpríncipes dentre os espíritos de Abramelin. Belzebu traria consigo mais quarenta e nove espíritos cativos. Rose também participou ativamente da evocação dos espíritos – o que não condiz com as instruções e regras do *Livro de Abramelin*. Consta que a Besta e a Mulher Escarlate teriam contra-atacado e vencido.

Após a batalha mágica, Crowley voltou a estudar *Liber AL*. Foi então que começou a se interessar mais pelo simbolismo erótico da mensagem, o que despertou um crescente interesse por magia sexual.

Também durante esse período de espera do bebê, durante o qual receberam visitas de familiares e amigos, Crowley deu vazão a suas ambições literárias. Começou a organizar uma coleção de seus trabalhos publicados até então, a ser lançada em 1905. *Aleister Crowley's Collected Works* trazia quase toda sua produção literária – a exceção era *White Stains*.

As luxuosas edições dos poemas de Crowley eram bancadas por ele mesmo, bem como seriam os futuros trabalhos sobre ocultismo. As vendas podiam chegar a dez cópias, como no caso de *Jephtah and Other Mysteries*. Alguns de seus volumes chegavam a não vender nem uma só cópia, como foi o caso de *An Appeal to the American Republic*[87] – descrito por Crowley em suas memórias como um poema "popular"[88] – e *The Mother's Tragedy*.[89] Deu à sua editora o nome de Society for the Propagation of Religious Truth.[90]

---

87. Um apelo ao povo norte-americano.
88. *Ibid*, Capítulo 22.
89. A tragédia da mãe.
90. Sociedade pela Propagação da Verdade Religiosa.

Em 28 de julho de 1904, veio ao mundo a primeira filha de Aleister Crowley: Nuit Ma Ahathoor Hecate Sappho Jezebel Lilith. O pomposo nome foi justificado por Crowley como sendo uma homenagem a Nuit, Senhora das Estrelas; a Ma, deusa da justiça, porque Libra era o signo ascendente; a Ahathoor, deusa do amor e da beleza, pois Vênus rege Libra; a Hécate, como reverência aos deuses infernais; a Sappho por ter sido a única poeta mulher da história;[91] a Jezebel por ser um de seus personagens favoritos das Escrituras Sagradas; e a Lilith, por ser sua demônia favorita.[92]

A convalescença de Rose não foi das mais fáceis. Não se sabe se estavam emergindo aspectos até então adormecidos de sua personalidade ou se ela sofria daquilo que, hoje em dia, é diagnosticado como depressão pós-parto, o fato é que ela estava profundamente entediada e prostrada. Não lia, apesar da vasta coleção de livros do marido, não se animava a jogar cartas, não conversava. Deixou a filha aos cuidados dos pais em novembro e foi ao encontro do marido em St. Moritz.

Mas Rose achava estar grávida de novo e se recusou a voltar à normalidade. Depois, Crowley acabou descobrindo – para sua extrema fúria – que uma das enfermeiras andara ministrando um fungo abortivo a ela. Crowley considerava o aborto um crime pavoroso, inclusive pelo estrago que pode causar à saúde da mulher. Ademais, na opinião de Crowley, a mulher que não realizava sua vocação natural para maternidade se transformaria em uma abominação concebível. Frater Perdurabo conseguia ser, a um só tempo, feminista e misógino.

No esforço de entreter a mulher, resolveu escrever-lhe um livro na linguagem que considerava adequada para a esposa: pornografia. Assim nasceu *Snowdrops from a Curate's Garden*[93], que incluía

---

91. Na opinião de Crowley, claro.

92. *Ibid*. Capítulo 50.

93. Flores brancas do jardim do padre.

um poema para a esposa chamado *Rosa Mystica*. Em breve estaria compondo um poema chamado *Rose Inferni*, cujo título dispensa explicações. O casamento estava começando a se decompor.

A expedição ao Kangchenjunga

Em abril de 1905, o doutor Jacot Guillarmod, com quem Crowley tentara escalar a K2 – e de quem não gostava nada –, foi visitá-lo em Boleskine. Guillarmod havia acabado de lançar um livro com seu relato sobre a expedição falida à K2, *Six móis dans l´Himalaya* e propôs a Crowley uma nova expedição, desta vez ao Kangchenjunga, um pico de quase nove mil metros de altura, a terceira montanha mais alta do mundo.

Além de não gostar de Guillarmod, Crowley não o considerava bom alpinista e condicionou sua participação: ele, Crowley, deveria ser o líder absoluto da excursão. Guillarmod concordou, atestando por escrito que a expedição seria conduzida o tempo todo por Crowley. O deliberado descumprimento desse acordo faria da expedição ao Kangchenjunga uma experiência para não esquecer.

Oscar Eckenstein foi convidado por Crowley a se juntar à expedição, mas declinou, alegando que jamais participaria de uma expedição com Guillarmod novamente. Consta, porém, que Eckenstein teria confessado a Gerald Kelly, que, além de não gostar de Guillarmod, não confiava na atuação de Crowley como líder da expedição. Guy Knowles, a quem Crowley ameaçou com a arma na expedição à K2, também foi convidado e, naturalmente, recusou.

Não tinham muito tempo a perder. Guillarmod tratou de providenciar provisões e equipamento, enquanto Crowley viajou para Darjeeling para resolver com o governo local questões de transporte e de comunicação, como o uso do heliógrafo – um aparelho que reflete a luz do sol através de espelhos, por meio do qual as pessoas poderiam acompanhar o progresso da expedição.

Em 12 de março de 1905, Crowley partiu da Inglaterra de navio rumo ao Oriente. Primeira parada, Cairo. Deleitou-se com a cidade que, naquela época do ano, não atraía muitos turistas, mas logo seguiu viagem.

Em 9 de junho, chegou a Bombaim, na Índia. Era a primeira vez que estava naquela região no verão e ficou maravilhado com as mangas do local. Até escreveu em suas memórias que seria capaz de ficar um mês inteiro lá, apesar do calor, só por causa daquelas mangas "inimitáveis". A mesma coisa não diria de Darjeeling, onde achou a comida horrível e foi acometido por vários tipos de mal--estar, como dor de garganta, artrite e outros males que Crowley atribuiu à umidade do local. A garganta lhe incomodou tanto que teve de ir até Calcutá, onde ficou de 13 a 20 de julho e aproveitou para comprar mais alguns suprimentos, já que Guillarmod teria "economizado" nas compras.

A organização ficou a cargo do gerente do hotel Drum Druid – onde Crowley se hospedou logo ao chegar a Darjeeling –, um italiano chamado Righi, que se ofereceu para juntar-se à expedição. Crowley aceitou, contando com seu conhecimento da língua e costumes locais, apesar de considerar Righi um homem mesquinho e indigno de confiança.

Por sua vez, Guillarmod convidara para participar da expedição Alexis Pache, um militar suíço com pouca experiência em alpinismo, e Charles Reymond, que tinha experiência em expedições aos Alpes. Considerando-se o nível de apreço que Crowley nutria por seus companheiros de escalada, não é de admirar que o resultado tenha sido trágico.

Crowley, Guillarmod, Pache, Righi e Reymond partiram em 8 de agosto, após assinar um documento que determinava que Guillarmod decidiria questões de saúde durante a expedição, e que Crowley seria o juiz de questões relacionadas a montanhismo. Além dos cinco homens, a expedição contava também com seis empregados pessoais, três guias da Caxemira (veteranos da expedição à K2), mais setenta e nove carregadores e seu líder – um total de noventa e quatro pessoas enfrentando chuvas cerradas e sanguessugas. A primeira parada era Chabanjong, onde haviam mandado estocar suprimentos

Crowley procurou manter boas relações com os empregados e carregadores desde o início, premiando os mais ágeis e prestativos e sentando-se com eles ao redor da fogueira para cantar e conversar, ao mesmo tempo em que mantinha uma atitude de total autoridade. O que Crowley queria era fazer com que não esperassem dele resmungos nem elogios e sim ação implacável caso necessário. A ideia era causar a impressão de que ele poderia matar um homem de supetão, mas sempre com uma razão plausível. Essa é uma boa amostra do modo com que Crowley fazia amigos e se relacionava com empregados.

A tensão entre Crowley e os demais – especialmente Guillarmod – aumentou quando o grupo alcançou a geleira Yalung. Como era de se esperar, a versão descrita por Guillarmod dez anos depois em um artigo para o jornal *Echo des Alpes*, difere da apresentada por Crowley em sua autobiografia.

Em 21 de agosto, Crowley estabeleceu o acampamento 2 na geleira, a mais de três mil metros do topo do Kangchenjunga, de onde avaliou a possibilidade de seguir a rota sudoeste. No dia seguinte, Crowley estabeleceu o acampamento 3 a mais de cinco mil metros e mandou um de seus carregadores descer e avisar a Guillarmod e Reymond que era seguro seguir a mesma rota. Mas Guillarmod achou difícil seguir o mesmo caminho, que alegava ser traiçoeiro e cheio de rachaduras. Crowley respondeu que eles conseguiriam subir até mesmo de carro, de tão segura que era a trilha. Mas Guillarmod seguiu outra trilha e acampou com os carregadores em uma geleira logo abaixo do acampamento 3 estabelecido por Crowley, que considerou a atitude de Guillarmod uma inexplicável estupidez.

No dia seguinte, 23 de agosto, Guillarmod chegou com os carregadores ao acampamento 3. Ao ver que os carregadores estavam acompanhando a expedição com os pés descalços, Guillarmod concluiu que Crowley não havia usado o dinheiro para comprar botas para eles. Crowley, por sua vez, negou a acusação e alegou que os empregados estavam guardando as botas para não as gastar, o que, de acordo com ele, seria um costume entre indianos, que só usam sapatos em casos extremos. Resta explicar se escalar uma montanha de neve não seria um caso extremo e porque Crowley não fez valer seu investimento, exigindo que os empregados usassem as botas.

Na manhã do dia 27, bem cedo, Crowley resolveu partir para o acampamento 4, para evitar o perigo dos raios solares que derretem certos trechos de neve. Os carregadores estavam desanimados, e Crowley resolveu estimulá-los fazendo manobras arriscadas ao subir. Todos chegaram em segurança ao acampamento 4, mas, no dia seguinte, vários carregadores abandonaram a expedição após um deles despencar para a morte. Guillarmod culpou Crowley, a quem acusou de não ter entalhado o gelo corretamente. Crowley não se abalou e disse que não havia provas contra ele.

No dia 29, Pache foi até o acampamento 4, contrariando as ordens de Crowley, que havia determinado que ele ficasse no acampamento 3. A partir daí, o trato assinado pelos cinco homens passou a ser desrespeitado. Nos dias 30 e 31, Crowley, Reymond e Pache subiram mais um pouco a montanha. Como Pache havia dito que Righi estava retendo comida, Crowley mandou Guillarmod descer para controlar os suprimentos e foi estabelecer o acampamento 5.

No dia seguinte, quando parte do grupo estava subindo, houve um deslocamento de neve que Crowley chamou de "pequena avalanche" e um dos carregadores entrou em pânico, começando a se soltar da corda que o ligava a Crowley e aos outros – um absurdo em se tratando de técnica de alpinismo. Crowley não hesitou em golpeá-lo com o machado para conter seu ímpeto suicida e não deixar que o pânico se espalhasse entre os demais, o que provocaria um real desastre. De acordo com o relato de Crowley, a abordagem funcionou e o homem rapidamente se recompôs.

Mas o clima sinistro havia se instaurado. Os carregadores, que já estavam assustados com a morte de um de seus colegas dias antes, consideraram o deslocamento de neve um aviso de que os demônios da montanha queriam ceifar mais vidas.

De acordo com Guillarmod, alguns homens debandaram, dizendo que Crowley havia batido neles, mas Guillarmod os convencera a prosseguir, garantindo-lhes a integridade física. Ele e Righi resolveram, então, depor oficialmente Crowley da liderança da expedição, devido aos maus-tratos aos empregados e à escolha de rotas perigosas.

A primeira acusação permanece uma incógnita, pois se, por um lado, é verdade que nem sempre o temperamento de Crowley era dos mais cordatos, por outro lado, não se sabe o quanto de exagero havia nos relatos de Guillarmod, devido à antipatia mútua de longa data.

Quanto à segunda acusação, o alpinista inglês John Tucker, que participou de expedição ao Kangchenjunga em 1954, escreveu um relato no qual apontava o pessimismo da perspectiva de Guillarmod ao evitar a rota oeste-sudoeste apontada por Crowley – para Tucker, uma rota bastante razoável. Entretanto, Tucker era de opinião que o resto do plano – alcançar o topo do Kangchenjunga pela cadeia de montanhas a oeste – não daria certo.[94]

Guillarmod acabou tomando a liderança da expedição, apoiado por Righi e Pache, enquanto Reymond, apesar de manter boas relações com os revoltosos, continuou seguindo Crowley. Guillarmod resolveu descer com os homens às cinco da tarde, um horário considerado perigoso. Crowley já havia mandado alguns homens descerem para o acampamento 4, por questões de espaço no acampamento 5, onde ele mesmo permaneceu. Crowley teve o cuidado de mandar apenas os homens mais experientes, devido ao horário traiçoeiro para aquele tipo de manobra, mas não confiava na capacidade de Guillarmod para aquela descida.

---

94. Sutin, Lawrence. *Do What Thou Wilt: A Life of Aleister Crowley*. New York: St. Martin Press, 2000, p. 156.

Em suas memórias, Crowley relata ter apertado a mão de Pache e pedido a ele que não fosse; avisando que ele correria risco de vida ao descer naquelas condições e horário. E Pache realmente não saiu com vida da K2.

De acordo com o relato de Guillarmod, seis homens estavam atados à mesma corda, mas Crowley alegava que Guillarmod não deixou a corda esticada o suficiente – medida de segurança corrente nesse tipo de procedimento. Depois de Guillarmod, quem vinha na corda era Righi, em seguida dois carregadores, depois Pache e, finalmente, mais um carregador. O terceiro carregador escorregou, puxando com ele outros três carregadores e Pache, o que criou uma avalanche que matou os quatro homens.

Guillarmod e Righi, pendurados e ainda presos aos corpos dos outros quatro, gritaram por socorro. Crowley ignorou. Ficou em seu saco de dormir, tomando chá e escrevendo cartas nas quais relatava a situação e deixava claro seu desprezo pelos revoltosos – afinal, eles optaram por quebrar o acordo e não seguir suas instruções e Crowley não pretendia se arriscar por eles. Reymond foi quem resolveu ajudar os sobreviventes.

A atitude de Crowley causou a revolta da maioria dos alpinistas europeus e lhe garantiu péssima fama no meio para sempre. Mais um meio no qual Crowley plantava um nome controverso.

No dia seguinte, ele simplesmente desceu e abandonou a expedição, acompanhado por uns poucos carregadores. Um ano depois, viria a propor novamente a Eckenstein uma expedição ao Kangchenjunga. Continuava com ideia fixa de conquistar o topo da montanha. Mas suas atividades de alpinista se encerravam ali.

Convidado pelo marajá da pequena província de Moharbhanj para caçar, aceitou com prazer. Depois, foi acampar sozinho nas matas da província, onde teria praticado comunicação astral com a antiga amante Elaine Simpson, que ainda estava casada e morando em Hong Kong. Era outubro de 1905, e a verve poética de Crowley voltou a aflorar, inspirando-o a compor os versos homoeróticos de *The Scented Garden of Abdullah,*[95] também conhecido como *Bagh-i--Muattar,* que seria lançado sob pseudônimo cinco anos mais tarde. Os poemas eram dedicados a Pollitt, seis anos depois da separação.

Após um período acampando, voltou para Calcutá, onde reencontrou seu amigo Edward Thorton. Sentindo-se estranhamente vazio, Crowley resumiu seus sentimentos numa carta para Gerald Kelly, na qual dizia:

> "Após cinco anos de estupidez e fraqueza, de educação, tato, discrição e cuidados equivocados, estou farto de tudo. Digo hoje: para o inferno com o cristianismo, com o racionalismo, com o budismo, com toda a carga dos séculos. Eu trago um fato positivo e primordial chamado Magia; com ela, vou construir um novo Paraíso e uma nova Terra para mim. Não quero saber de débeis aprovações nem de débeis desdéns; quero blasfêmia, assassinato, estupro, revolução, qualquer coisa, ruim ou boa, contanto que forte."

Se ele queria violência, conseguiu.

Rose e Nuit Ma estavam indo ao seu encontro. Crowley aguardava sua chegada para o dia 29 de outubro. Poucos dias antes disso, resolveu dar uma volta pelas ruas de Calcutá, algumas delas escuras, apesar de muitas estarem repletas de gente e fogos de artifício devido às festividades de Durga-Puja. De repente, Crowley se viu acossado contra um muro por três homens.

Tinha no bolso uma pistola e, ao ver um brilho que pensou ser um punhal, atirou no escuro sem apontar para nenhum alvo específico. Saiu correndo em busca de abrigo na casa de Thorton, com medo de ser linchado, já que aparentemente havia atingido um indiano.

De acordo com Crowley, foi graças ao seu poder de se tornar invisível que conseguiu chegar são e salvo à casa do amigo. Thorton o levou no dia seguinte a um advogado escocês que o aconselhou a

---

95. O jardim perfumado de Abdullah.

não dizer nada, pois poderia acabar sendo alvo de um processo no qual se tornaria bode expiatório da tensão social entre os ingleses colonizadores e os indianos colonizados.

A polícia de Calcutá espalhou cartazes oferecendo 100 rúpias pela identidade do atirador desconhecido. Dois homens haviam morrido.

Ásia afora com mulher e filha

Assim que a esposa e a filha chegaram a Calcutá, Crowley fugiu com elas – mais uma babá que arrumara por lá e um dos empregados que o acompanhara na expedição ao Kangchenjunga – para Rangoon,[96] onde instalou a família em um hotel e foi passar três dias no monastério onde estava o amigo Allan Bennett, ou melhor, monge Metteyya.

Na última vez em que estivera com o amigo, Crowley estava praticamente convencido da justeza da filosofia budista. Mas agora, não. Agora encarava com extremo ceticismo a percepção do sofrimento e as concepções morais do budismo. Mesmo assim, aprendeu muito com Bennett sobre meditação e aproveitou bastante a companhia do amigo.

Bennett o estimulou a investigar seu karma em profundidade por meio de meditação. Crowley se dedicou a isso por três dias, depois foi reencontrar a família no hotel.

Estava decidido a explorar uma região selvagem entre os rios Salween, Mekong e Jinsha Jiang, na região de fronteira entre Burma e o sul da China. Vários colonos britânicos o aconselharam a não levar mulher, filha e babá numa expedição dessa natureza, pois o comportamento do povo local podia ser imprevisível. Crowley ignorou os conselhos dizendo que qualquer homem, selvagem ou não, saberia reagir bem às regras de boa convivência e cordialidade, já que todos os homens teriam, essencialmente, as mesmas necessidades de comida, conforto e bom trato.

---

96. Atualmente Yangon, capital da antiga Birmânia, atual Ianmar, país do sudeste da Ásia.

Ademais, considerava aquela viagem fundamental para seu progresso espiritual. Durante esse período Crowley alcançou, por si mesmo, o grau de *Adeptus Exemptus* 7°=4°, e se propôs a alcançar o grau seguinte, o de *Magister Templi* 8°=3°. Para tanto, precisaria cruzar o abismo, se tornar um bebê do abismo e renascer refeito, liberto dos limites típicos do ego e da razão. O *Magister Templi* é, então, aceito na Grande Irmandade Branca, na Cidade das Pirâmides. Para essa função, Crowley assumiu o nome mágico, ou moto iniciático[97] OY MH, que quer dizer "certamente que não" em grego.

Em dezembro de 1905, Crowley, família e carregadores já estavam em território chinês quando o pônei que ele montava tropeçou e caiu, derrubando-o junto. Ele e o animal desceram, rolando por uma pequena ribanceira. Crowley correu risco de vida, mas escapou ileso. Poucos dias depois, uma mula deu-lhe um coice na coxa. Esse tipo de incidente funcionava para ele como uma espécie de confirmação da relevância de sua missão no planeta, incutindo-lhe um senso de missão que o fez voltar a pensar na Operação de Abramelin, ainda não levada a cabo.

Também nesta expedição houve problemas com o carregador que acumulava a função de tradutor, razão pela qual recebeu um pônei para seu uso. Não satisfeito com o animal mais alquebrado que recebeu, ele queria usar o pônei mais jovem e bem-disposto de Crowley. O homem, que todos chamavam de Johnny White, resolveu montar o pônei de Crowley e sair na frente, com a intenção de desmoralizar o chefe da expedição. Ao ver isso, Crowley, saiu correndo atrás de White. O caminho era íngreme, de modo que o pônei não conseguiu ganhar muita velocidade e Crowley alcançou o insurgente. Havia um arbusto cheio de espinhos ao lado, e Crowley aproveitou para chegar por trás e derrubá-lo do pônei sobre o espinheiro. White ficou de tal forma emaranhado entre os espinhos que

---

97. Um nome mágico – moto iniciático – é um nome escolhido pelo próprio estudante com a finalidade de representar sua missão, sua vontade, seu objetivo durante os estudos de um grau específico de iniciação. Crowley viria a assumir vários motos iniciáticos ao longo de sua carreira de mago.

não tinha como sair de lá sozinho. Quando o resto da expedição veio chegando na estrada, Crowley passou a dar uma chicotada no sujeito para cada pessoa que passava. Justificou seu gesto como necessidade absoluta de impor sua autoridade, do contrário ele e a família teriam sido vítimas de um motim e acabariam assaltados e assassinados no meio do nada, muito longe da civilização. Para Crowley estava claro que, se não tivesse agido de forma implacável, não teria conseguido angariar a obediência de todos. A expedição transcorreu sem mais incidentes dali em diante.

É surpreendente pensar que aquele homem um dia fora o frágil menino Edward Crowley. Mais intrigante é imaginar como ele coadunava sua vida boêmia com as meditações e o isolamento necessários para a Operação de Abramelin. Mas esse conflito entre boemia e ascetismo se resolveu de modo muito simples. Crowley estava, sim, se preparando para embarcar de vez no longo ritual, mas a ideia era realizar essa operação mágica de um jeito que contrariava flagrantemente os requisitos essenciais detalhados nas instruções do *Livro de Abramelin*, como veremos adiante.

Um fenômeno estava se processando em sua mente. Ele era capaz de cuidar da mulher e da filha de uma forma totalmente mecânica, nascida do simples senso de ética e responsabilidade, mas sem se deixar afetar pelo amor a elas, nem por qualquer tipo de sentimento. Era como se houvesse uma divisão em sua personalidade; um lado mundano e prático, e outro totalmente alheio àquilo tudo. Realizar a Operação de Abramelin no interior da China com família e empregados era mais uma manifestação da divisão que se dava em sua mente, em uma espécie de esquizofrenia consciente e, de certa forma, organizada.

A intenção era, por meio da Operação de Abramelin, levar sua consciência a um plano mais elevado. Para tanto, Crowley usou o já citado Ritual do Não-Nascido – o qual ele viria a reelaborar e publicar sob o nome de *Liber Samech*.[98] Além disso, praticava viagem astral para se transportar ao seu templo pessoal, em Boleskine.

---

98. Incluído como Apêndice IV em *Magick in Theory and Practice*, p. 265, ver Bibliografia.

Enquanto isso, o clima entre ele e sua família e os carregadores se deteriorava cada vez mais. No dia 14 de março de 1906, quando estavam se dirigindo a Tonkin – atual Vietnã –, um dos carregadores teria discutido com Rose e batido na pequena Nuit enquanto Crowley ia mais à frente. Naturalmente, Crowley ficou furioso quando soube do que houve, mas teve o sangue frio de guardar sua vingança para uma hora mais propícia.

Ao chegarem ao Rio Vermelho (ou rio Yuan), Crowley achou que estava em terreno mais seguro e pagou um canoeiro para levar sua família, bagagens e seu único empregado de confiança para a cidade de Hokow. Quando a canoa estava para partir, Crowley pagou aos carregadores o combinado, mas descontou certas multas por suas faltas. Eles começaram a se revoltar e tentaram impedir que a canoa partisse. Foi quando Crowley pegou seu rifle e, ameaçando o grupo de carregadores – que perceberam que ele ia atirar de verdade se eles avançassem – conseguiu liberar a canoa.

Em 18 de março a família chegou à cidade chinesa de Hokow. Sã e salva. De lá seguiram para Hanói, capital da região então conhecida como Indochina,[99] de onde pegaram um barco para Hong Kong em 22 de março. Lá, a família se desmembrou. Rose e a filha voltariam para casa através da Índia, onde fariam uma parada para recolher o que restava da bagagem, seguindo de lá para o Mediterrâneo através do Canal de Suez. Já Crowley tomaria a rota do Pacífico em direção ao Japão e, de lá, para o Canadá, percorrendo toda a América do Norte, para só então pegar um navio de volta à Inglaterra.

Crowley tinha intenção de ir a Nova York para angariar apoio a uma nova expedição ao Kangchenjunga – que jamais viria a acontecer. Além disso, Elaine Simpson, sua amiga e amante dos tempos da Golden Dawn, estava na cidade. Rose se comportara muito bem durante toda a expedição, apesar das condições adversas

---

99. Que abrange os países atualmente conhecidos como Camboja, Laos, Vietnam, parte da Malásia, Mianmar e Tailândia.

e de evidentemente não estar acostumada àquele tipo de aventura, muito menos com uma criança de colo. Crowley amava Rose, mas Elaine Simpson sempre lhe fascinara de um jeito diferente, pois ele a respeitava intelectual e espiritualmente – um respeito bastante atípico, em se tratando de Crowley. Na verdade – e isso não é uma escusa –, é sabido que a maioria das mentes da época, das mais comuns às mais brilhantes, eram bastante misóginas.

Juntos, Crowley e Simpson debateram *Liber AL*. Simpson considerava o texto uma revelação genuína e, em 20 de abril de 1906, a dupla fez uma invocação a Aiwass, que teria dito a Crowley que era um erro usar Elaine como sua Mulher Escarlate, pois Crowley sabia que ela era espiritualmente mais forte que ele. Além disso, Aiwass teria instruído Crowley a ir para o Egito com Rose, pois lá ele poderia conseguir poder de verdade.

Todavia, em seu diário, Crowley escreveu que aquela experiência com Aiwass não teria passado de um "sonho mórbido". Atribuía o fiasco da experiência ao interesse de Elaine por ele e resolveu partir de Hong Kong como se jamais tivesse estado lá.

Morte, nascimento e criação

Crowley seguiu para o Japão. Em Kobe, realizou a Invocação de Augoeides, que vem a ser a invocação do seu anjo ou demônio pessoal, ou ainda a invocação do conhecimento da Verdadeira Vontade, ou o Tao, ou Dharma do indivíduo. Augoeides foi o nome que Crowley concebeu (ou descobriu) para seu anjo guardião. Porém, futuramente, viria a afirmar que seu anjo guardião era Aiwass.

Por meio do ritual de invocação, Crowley conseguiu fazer viagens astrais em seu corpo de luz, ou ser astral, e se viu em um recinto com um homem nu que estava sendo pregado a uma mesa em forma de cruz, ao redor da qual estavam vários homens respeitáveis, bebendo do sangue do crucificado. Esses homens perguntaram a Crowley o que ele estaria disposto a oferecer em sacrifício.

Crowley respondeu que oferecia tudo, menos a própria Vontade, em troca do conhecimento de seu anjo guardião. Os homens, então, lhe perguntaram se o conhecimento dos deuses não bastava, e ele rejeitou a oferta. Os homens imateriais disseram que ele estava sendo irredutível, e, então, Crowley se desculpou e se ajoelhou em frente ao altar, onde pousou a mão direita sobre a esquerda. Então, apareceu um ser brilhante de formas humanas que pôs as mãos sobre as dele, dizendo "Eu vos recebo na Ordem da Estrela de Prata" e, logo após, desapareceu para dentro da terra numa nuvem de fogo.

Crowley fora admitido à Terceira Ordem – domínio dos Chefes Secretos –, o que lhe daria direito ao grau 8°=3º. Contudo, por ora, resolveu não conferir a si mesmo esse grau.

Por todo o mês de maio, enquanto viajava de leste a oeste pela América do Norte, partindo de Vancouver rumo a Nova York, prosseguiu com as invocações de Augoeides – tema do seu texto *O Templo do Rei Salomão*, cuja primeira parte foi publicada no segundo número do primeiro volume de *The Equinox*. De Nova York, embarcou para Liverpool, na Inglaterra, aonde chegou em 2 de junho de 1906.

Uma notícia trágica o aguardava. Sua filha Nuit, de pouco menos de dois anos de idade, havia morrido de febre tifoide em um hospital de Rangoon, na Índia. Crowley ficou dividido entre a dor da perda da filha e a raiva de Rose, a cuja negligência atribuía a morte da menina. Segundo ele, Rose vivia bêbada e, certamente, não teria limpado direito a mamadeira da menina.

O amigo Allan Bennett acompanhou o drama e disse a Crowley por carta que, enquanto a menina estava no hospital, Rose ficara trancada no quarto do hotel, bebendo até cair. Bennett chegou a sugerir na carta que Crowley evitasse manter relações com ela, para que não viessem mais filhos. Talvez fosse bom conselho, mas àquela altura, era inútil. Rose já estava grávida de novo.

Crowley começou a buscar explicações para aquela tragédia. Alguma coisa no plano espiritual certamente lançaria luz sobre o acontecimento. Entre outras coisas, Crowley considerou a ação direta de demônios que teriam ficado sabendo de seu voto de entregar tudo e sacrificar qualquer coisa em nome do conhecimento de seu anjo guardião. Considerou também a limitação espiritual de Rose, que não teria compreendido direito seu papel de Mulher Escarlate.

O casal se instalou em Londres no número 21 de Warwick Road. Rose não parou de beber durante a segunda gravidez, e Lola Zaza nasceu no verão de 1906, já com a saúde debilitada. A menina passou três dias quase imóvel e mais três semanas com ataques terríveis de bronquite.

Alguns diriam que foi um sentimento inconsciente de culpa que levou Crowley a cuidar de Lola Zaza. Ele instalou um nebulizador em casa e manteve a menina sob estrita vigilância enquanto Rose se entregava à bebida. O médico da família passou uma série de recomendações que deviam ser seguidas à risca, entre elas a de que sob hipótese alguma podia haver mais de duas pessoas no mesmo ambiente que a menina. A sogra de Crowley insistia em desobedecer a essa e outras regras, além de ela mesma dar champanhe aos filhos pequenos, o que levou ao alcoolismo de Rose. Crowley conta em suas memórias que pôs a sogra para fora de casa a pontapés – não se sabe se literais ou metafóricos.

Lola Zaza vingou e Crowley passou a incluir em seus rituais de Augoeides – que continuava a praticar judiciosamente – agradecimentos pela recuperação da filha. Em um deles, utilizou haxixe para atingir o estado de *Samadhi*,[100] prática que começou a adotar com certa regularidade. Ao debater o assunto com George Cecil Jones, o amigo opinou que, por mais que a substância pudesse servir para dar um empurrãozinho, não devia ser adotada com frequência no intuito de alcançar *Samadhi*.

---

100. Termo budista e hindu usado para descrever um estado de consciência não dualística no qual a consciência do observador de une à consciência do observado em absoluta consciência e concentração.

O posicionamento de Crowley sobre o uso de haxixe é ambíguo. Ele continuou usando a droga em suas invocações e anotou em seus diários que o uso o confundia, pois ficava sem saber se atribuía suas visões e sensações ao efeito da droga ou à magia. Sua concentração era prejudicada e, muitas vezes, acabava se esquecendo de fazer uma ou outra coisa prevista nos rituais que ele mesmo escrevia.

Mesmo assim, escreveu o ensaio *The Psychology of Hashish*,[101] no qual sustenta que a droga pode funcionar para expandir, no início, a consciência mística, a qual depois deveria ser desenvolvida sem o

Entre 1907 e 1908, Crowley viveu um período de maturação pessoal, no qual lidou com a degeneração de Rose Kelly e o nascimento complicado de Lola Zaza. Durante esse período mais caseiro, pôs-se a revisar trabalhos antigos, entre eles *777 and Other Qabalistic Writings* – uma das obras sobre cabala mais influentes do século XX.

777, como é popularmente chamado, consiste em três livros em um único volume: o Livro 1, *Gematria* (que seria publicado também no Volume 1, Livro 5 de *The Equinox*), um tratado sobre a arte cabalística de correlacionar letras, palavras ou nomes em hebraico com números;[102] o Livro 2, *777*, que apresenta uma tabela de correlações entre as letras hebraicas e os caminhos da Árvore da Vida, cores, aromas, minerais, plantas, drogas, mitos de variadas culturas e religiões, animais, arcanos do tarô, hexagramas do I-Ching, entre outras coisas, formando um compêndio impressionante, embora incompleto – trata-se do tipo de trabalho que deve estar em constante aprimoramento –; e o Livro 3, *Sepher Sephiroth*, uma espécie de dicionário cabalístico que apresenta a gematria de várias palavras e nomes, facilitando a correlação entre termos de natureza afim, ao mostrar que palavras e nomes compartilham o mesmo número e, portanto, a mesma natureza essencial.

---

101. *A Psicologia do Haxixe.*

102. Da gematria, originou-se a numerologia, que utiliza o alfabeto romano.

777 seria publicado em parte no *Equinox* e reeditado várias vezes, especialmente a partir da década de 1960, quando houve um despertar do interesse na obra de Crowley. Não há créditos bibliográficos no livro, mas Crowley reconhece ter se servido fartamente dos cadernos com anotações de magia de Allan Bennett, que, por sua vez, começou a pesquisa utilizada em *777* com MacGregor Mathers. A participação de Mathers explica a forte influência dos ensinamentos da Golden Dawn nesse trabalho, que teve a colaboração de George Cecil Jones. *777* é quase um trabalho coletivo no qual Crowley foi antes um coautor e revisor final, não o único autor, como se pensa.

Jones teve papel fundamental nesse período da vida de Crowley. Sua amizade forneceu a estrutura que ele não encontrava no lar caótico com Rose, que o deixou sem rumo espiritual, ajudando-o a retomar o foco. Sim, ele estava sem rumo espiritual, apesar de ter alcançado graus incomuns de iniciação e percepção. Mas *O Livro da Lei* ainda ocupava um platô em sua vida. Crowley ainda não havia digerido devidamente a revelação do Novo *Éon*.

Além de Jones, outro personagem-chave nessa fase foi o capitão inglês John Frederick Charles Fuller, considerado um dos grandes estrategistas militares de seu tempo. Grande admirador de Napoleão Bonaparte, em 1933 Fuller viria a fazer parte da União Fascista Britânica e um de seus simpatizantes era Adolf Hitler, que o convidou para sua festa de aniversário de cinquenta anos em abril de 1939.

Fuller considerava Crowley um gênio da poesia e da magia, e talvez tenha sido seu maior fã em vida. Enquanto mantiveram a amizade, foi um de seus mais entusiasmados colaboradores.

O primeiro trabalho de Crowley que Fuller leu foi *Why Jesus Wept*,[103] um pequeno livro de versos satíricos, no qual vinha encartado o anúncio de um concurso que dizia:

A Oportunidade do Ano!

A Oportunidade do Século!

A Oportunidade do Período Geológico!

---

103 . *Por que Jesus Chorou*

A oportunidade era um prêmio de 100 libras para o melhor ensaio sobre a obra de Aleister Crowley, com o objetivo de promover o lançamento das *Obras Completas de Aleister Crowley*, uma coleção de três volumes de poesia, o primeiro publicado em 1905, o segundo em 1906 e o terceiro em 1907. Fuller foi o único inscrito, com seu texto *The Star in the West,*[104] no qual se lê trechos como "A primeira coisa que salta aos olhos ao se analisar a obra de Aleister Crowley *é* a superabundância de sua genialidade e a diversidade de sua forma". A partir daí, Fuller prossegue numa análise profunda e detalhada dos poemas e epifanias de Crowley, sem poupar adjetivos.

É claro que Crowley adorou.

Os dois vieram a se conhecer pessoalmente em agosto de 1906 e Fuller se tornou amigo dele e de Jones. O prêmio de 100 libras nunca foi pago, mas, aparentemente, Fuller não se importou.

---

104. *A Estrela no Oeste*

CAPÍTULO 3

A Estrela de Prata

Os Livros Sagrados de Thelema

Esgotado do casamento com Rose, Crowley começou a sair com outras mulheres com frequência, o que lhe serviu de inspiração para escrever os poemas reunidos em *Clouds Without Water*,[105] uma espécie de contrapartida heterossexual para *O jardim perfumado de Abdullah*. Curiosamente, uma das musas do poeta nos versos desse livro chama-se Lola.

Além desse livro de poemas, Crowley publica, em 1907, *Knox Om Pax*, que combina textos místicos e poesias e é considerado um de seus melhores trabalhos. Enquanto isso, ele, Jones e Fuller começavam a fundar as bases do que viria a ser a *Argenteum Astrum*, A∴ A∴.

Durante esse processo de formação da nova ordem iniciática, Crowley começou a "canalizar" os chamados Livros Sagrados de Thelema – textos que, segundo o próprio Crowley, "representam a elocução de um Adepto,

Selo oficial da Argenteum Astrum, A∴ A∴

---

105. Nuvens sem água.

totalmente além de críticas, inclusive vindas do Chefe Visível da Organização". O Chefe Visível em questão era o próprio Crowley. Isso significa que esses textos não poderiam ser alterados, sendo livros de Classe A no sistema de estudos da ordem.

De acordo com Crowley, os livros foram recebidos de forma parcialmente inconsciente, sem parar para pensar ou elaborar nada. Não eram canalizações em si – como no caso de *Liber AL*, cuja autoria ele atribui a Aiwass –, nem escrita automática, e nem livre-associação. Para ele, esses livros pertencem a uma categoria totalmente única, que ele tentou descrever como "inspiração perfeita".

Foram escritos treze Livros Sagrados, sendo que oito deles entre outubro e dezembro de 1907. Há de se destacar três: *Liber Cordis Cincti Serpente, The Book of the Heart Girt with a Serpent*,[106] ou *Liber LXV*; *Liber vel Lapidis Lazuli, The Book of Lapis Lazuli*,[107] ou *Liber VII*; e ainda *Liber Tzaddi vel Hamus Hermeticus*, ou *Liber XC*. Trata-se de verdadeiras obras-primas de poesia, textos impregnados de carga mágica dos quais vale citar alguns trechos.

Liber LXV apresenta um relato do encontro do Adepto com seu Anjo Guardião:

> "Eu adentrei a montanha de lápis-lazúli, assim como um falcão verde entre pilares de turquesa que está sentado no trono do Oriente.
>
> Assim cheguei a Duant, a morada das estrelas, e ouvi vozes gritando ao longe.
>
> Oh tu que estás sentado sobre a Terra! (assim me falou um certo Ser Velado), tu não és maior que tua mãe! Tu, infinitesimal partícula de pó. Tu és o Senhor da Glória e o cão imundo.
>
> Inclinei-me para frente, mergulhei minhas asas e penetrei nas esplêndidas moradas da escuridão. Lá, naquele abismo sem forma, tomei parte nos Mistérios Adversos.

---

106. *O Livro do Coração Envolto por uma Serpente.*

107. *O Livro do Lápis Lazúli.*

(...)
Depois tive a visão de um rio. Havia nele um barquinho, e nele, sob velas de púrpura, estava uma mulher dourada, uma imagem de Asi vestindo o ouro mais puro. Também, o rio era de sangue, e o barco de aço brilhante. Então eu a amei, e soltando meu cinturão, lancei-me à correnteza."

Liber XC traz um relato sobre a iniciação ao mistérios:

"Eu não lhes peço qualquer sacrifício em meu altar; eu sou o Deus que tudo dá.
Luz, Vida, Amor, Força, Fantasia, Fogo; estes lhes trago: minhas mãos destes abundam.

Há alegria na partida, há alegria na jornada, há alegria na meta. Contudo, se forem tristonhos, ou aborrecidos, ou raivosos, ou desconsolados; saberão então que terão perdido o fio dourado, o fio com que lhes conduzo ao coração dos bosques de Elêusis.

Meus discípulos são orgulhosos e belos; são fortes e ágeis; eles dominam sua rota como conquistadores poderosos.
Os fracos, os tímidos, os imperfeitos, os covardes, os pobres, os chorosos – estes são meus inimigos, e eu venho para destruí-los.

Isto também é compaixão: um fim à doença da terra. O arrancamento das ervas daninhas pela raiz: a irrigação das flores."

O texto de *Liber VII*, por sua vez, apresenta técnicas mágicas veladas em versos delirantes.

"Eu sou como uma donzela que se banha num lago transparente de água fresca.
Oh, meu Deus! Eu te vejo escuro e desejável, erguendo-se sobre a água como fumaça dourada.
És dourado por completo, os cabelos e as sobrancelhas e o rosto brilhante; mesmo dentro dos dedos das mãos e dos pés tu és um sonho rosáceo de ouro."

Com os Livros Sagrados de Thelema, e o livro-revelação essencial, *O Livro da Lei*, tomava forma a Argenteum Astrum.

A criação da A∴A∴

A Argenteum Astrum, ou Estrela de Prata, ou ainda Arcanum Arcanorum, nasceu oficialmente em 1907 e foi a primeira ordem iniciática a propagar a Lei de Thelema conforme revelada por Aiwass a Crowley, seu profeta. Cada membro da A∴A∴ só pode (em tese) conhecer dois outros membros: aquele que o inicia na ordem e aquele único discípulo que ele virá a ter quando para tal habilitado.[108]

O estudante da A∴A∴ passa por onze graus de iniciação por meio de experiência individual, ao contrário de ordens como a Maçonaria e a Golden Dawn, que trabalham em grupo. Crowley já conhecia bem as dificuldades decorrentes do conflito de egos quando se trabalha com grupos e queria fazer com a A∴A∴ uma espécie de trabalho de formiga, operando uma revolução pelo indivíduo, focando principalmente nos jovens que viriam a mudar a sociedade.

Assim, a proposta da ordem é conduzir o neófito à descoberta e à vivência de sua Verdadeira Vontade. O neófito deve aceitar O Livro da Lei como livro sagrado e base de sua orientação para todos os assuntos da vida, assim como um cristão aceita a Bíblia e um muçulmano aceita o Alcorão. Ao aceitar O Livro da Lei, o neófito estará, automaticamente, aceitando a Lei de Thelema.

Ao longo de seu percurso, o estudante deve trabalhar de acordo com as orientações da A∴A∴, sendo supervisionado por seu instrutor, para alcançar dois objetivos supremos, que são o Conhecimento e a Conversação do Sagrado Anjo Guardião e, depois disso, a experiência de cruzar o

Desenho de Crowley retratando Choronzon, ou o Espírito da Solidão

---

108. O que, por si só, já invalida qualquer templo ou endereço físico da A∴A∴.

abismo e enfrentar Choronzon[109] para renascer como um bebê no ventre de Babalon, alcançando assim a iluminação.

A Argenteum Astrum se divide em três subordens. A primeira delas é a Ordem da Aurora Dourada (Golden Dawn), que compreende os graus de Probacionista, Neófito, Zelator, *Practicus* e *Philosophus*.

A segunda é a Ordem da Rosa-Cruz (R+C), compreendendo os graus de Adeptus Minor, Adeptus Major e Adeptus Exemptus.

A terceira é a Ordem da Estrela de Prata (Silver Star, Argenteum Astrum), com os graus de Magister Templi, Magus e Ipsíssimus. O sistema de evolução pelos graus da A∴ A∴ é tradicionalmente apresentado da seguinte forma:

A Ordem da S. S. – Estrela de Prata

Ipsíssimus.............................. $10° = 1^\square$

Magus..................................... $9° = 2^\square$

Magister Templi...................... $8° = 3^\square$

A Ordem da R. C. – Rosacruz (Bebê do Abismo)

Adeptus Exemptus.................... $7° = 4^\square$

Adeptus Major......................... $6° = 5^\square$

Adeptus Minor......................... $5° = 6^\square$

A Ordem da A. D. – Aurora Dourada (Dominus Liminis)

Philosophus............................. $4° = 7^\square$

Practicus................................ $3° = 8^\square$

Zelator................................... $2° = 9^\square$

Neófito................................... $1° = 10^\square$

Probacionista.......................... $0° = 0^\square$

---

109. O demônio que guarda o abismo das alucinações, originalmente identificado pelos ocultistas ingleses Edward Kelly e John Dee no século XVI através de seu sistema de magia enoquiana. Tem papel fundamental no sistema thelêmico, pois representa o obstáculo entre o adepto e a iluminação. Contudo, se o adepto encontra Choronzon após a devida preparação, a função do demônio será tão somente a de destruidor do ego antigo em função de uma consciência maior.

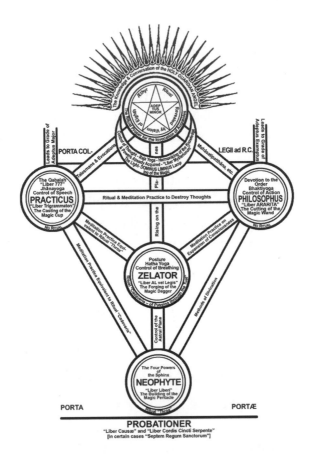

Desde a morte de Crowley, a ordem não tem uma liderança unificada. O membro mais velho depois de Crowley era Karl Germer, que jamais tomou o comando para si. A ordem se fragmentou e, hoje em dia, existem até endereços físicos de supostas "legítimas" A∴ A∴, o que contraria toda a essência da ordem. Talvez a melhor maneira de se aproveitar os ensinamentos da Ordem da Estrela de Prata nos dias de hoje seja o estudo solitário.

Entre 1908 e 1999, Crowley andou circulando por Oxford e Cambridge, buscando travar conhecimento com jovens e divulgar entre eles a Lei de Thelema e a Argenteum Astrum. Foram poucos os que se interessaram, mas estes o fizeram com grande entusiasmo.

Um dos mais empolgados chamava-se Victor Neuburg.

A relação com Victor Neuburg

Victor Benjamim Neuburg estudava na Universidade Trinity, em Cambridge. Agnóstico, vegetariano, tolstoiano, místico, Neuburg exibia a estrela do esperanto nas roupas, apesar de não falar a língua. Era certamente um tipo exótico, com seus lábios desproporcionalmente grandes e seus argutos olhos azuis. Esquivo, era ligeiramente corcunda e tinha a cabeça grande demais para o corpo. Jamais usava chapéu. Afável, tinha pronunciado senso de humor, e uma das coisas que chamou a atenção de Crowley naquele jovem rapaz foi sua risada – além de um enorme potencial para magia.

Neuburg era de uma extrema passividade espiritual, o que o fazia alvo de ataques e possessões demoníacas. Poeta, já havia publicado seus escritos no mesmo periódico que Fuller, que o recomendou a Crowley. E esse primeiro encontro renderia muitos outros nos anos seguintes. Neuburg – que, ao que tudo indicava, ainda era virgem – se tornaria discípulo e amante de Crowley.

Apesar de agnóstico, Neuburg aceitava a ideia de um mundo espiritual, tema que surgia em seus escritos com certa frequência. No mesmo ano em que conheceu Crowley, Neuburg publicou seu primeiro livro de poemas, *The Green Garland*.[110]

Crowley e Neuburg começaram a se ver com frequência cada vez maior. Em contrapartida, o alcoolismo de Rose foi se agravando. Crowley se transferiu para uma hospedaria em Paris e lá ficou até abril de 1908.

Rose piorava a olhos vistos, vivia ensandecida, fora de si: trancava as portas e não deixava Crowley entrar em casa, xingava os empregados e os convidados, constrangia-o com calúnias escandalosas

Victor Neuburg

---

110. *A Guirlanda Verde*.

e chegava até a abordar os transeuntes na rua onde morava para dizer-lhes coisas constrangedoras. O médico foi chamado e aconselhou Crowley a contratar alguém para cuidar de Lola Zaza – e da própria Rose também. Apesar das turbulências em sua vida pessoal, Crowley encontrou tempo para supervisionar o trabalho de Fuller, que estava colaborando para o texto *The Temple of Solomon the King*,[111] que Crowley não completara.

Quando chegou julho, Crowley voltou para Paris e Neuburg foi ao seu encontro. Livre em sua cidade favorita, Crowley se entregou aos prazeres da vida noturna e resolveu iniciar seu jovem amigo não só nos mistérios da magia, mas também nos do sexo e da bebida. Para tanto, armou uma farsa que retrata bem seu método peculiar de orientação espiritual – afinal, a relação de Crowley e Neuburg era, oficialmente, de mestre e discípulo, embora reduzi-la a apenas isso seja simplificar demais.

Euphemia Lamb, sua atual amante, era uma mulher belíssima, conhecida no *jet-set* parisiense por ser casada com o pintor australiano Henry Lamb, mas também por posar como modelo para o marido e outros pintores. Não era do tipo de mulher de personalidade frágil e intelecto precário como a maioria das mulheres com que Crowley estava acostumado a se relacionar. Euphemia, assim como Elaine Simpson, era uma mulher arguta e inteligente, provável razão pela qual Crowley pediu sua ajuda no plano para testar aquilo que Crowley considerava um sentimentalismo pueril por parte de Victor.

Quando Crowley percebeu que Neuburg estava encantado por Euphemia sem saber que ela era casada – e menos ainda que Crowley mantinha um caso com ela –, resolveu encorajar o amigo a cortejá-la. Euphemia cedeu às investidas de Neuburg, mas se fez de "pura" e casta. Enquanto isso, Crowley, fingindo não saber de nada do que estava ocorrendo entre Neuburg e Euphemia, convenceu Victor da necessidade de perder a virgindade e que, para isso,

---

111. *O templo do Rei Salomão.*

nada melhor do que uma prostituta. Foi quando entrou em cena uma prostituta chamada Marcelle, de quem Crowley era freguês. Neuburg perdeu, enfim, sua virgindade com Marcelle, o que foi a deixa para que Crowley, rindo por dentro, fingisse consternação ao "descobrir" o relacionamento de Neuburg e Euphemia, censurando o amigo, acusando-o a imoralidade e traição, e convencendo-o a contar tudo à "namorada traída".

Neuburg, arrasado e cheio de culpa, procurou Euphemia para confessar sua "traição" e pedir seu perdão. Euphemia, fazendo-se de ultrajada, não o perdoou. Depois que Neuburg se consumiu em culpa e remorso por três dias, Crowley o levou a seu quarto de hotel. Qual não foi o espanto de Neuburg ao se deparar com Euphemia sentada na cama de Crowley, nua em pelo, fumando um cigarro. O jovem rapaz custou a acreditar no que estava vendo. Não conseguia admitir que sua encantadora e pudica amada fosse aquela mesma mulher que era casada com um homem e amante de vários outros, inclusive Crowley.

Essa foi a primeira grande lição que Crowley preparou para seu discípulo. No próximo mês, haveria uma série de "tarefas espirituais", como jejuns, vigílias e, finalmente, algo que soaria totalmente exótico aos ouvidos intelectualizados e introspectivos de Neuburg: uma caminhada pela Espanha e pelo Marrocos, aonde chegaram em setembro de 1908.

O relacionamento sexual entre os dois se confundia com as práticas mágicas e orientações espirituais. A julgar pela postura forte e autoritária de Crowley, pode ser surpresa para alguns que ele gostasse de ser penetrado ao se relacionar com homens, já que existe a visão estereotipada de que essa seria uma prática de homossexuais "passivos". Uma referência a isso seria o tratamento de Neuburg ao escrever sobre Crowley em seus poemas, referindo-se a ele sempre como "Olívia Vane". O próprio Crowley reconheceria isso implicitamente a se referir a si mesmo como "Fatima Crowley" em seus diários na Tunísia, período analisado mais à frente.

No Marrocos, Neuburg fez votos sagrados de obediência a Crowley, na condição de estudante dos mistérios. No final de setembro, Victor Neuburg e Crowley se separaram temporariamente; o primeiro foi visitar a família na Inglaterra, enquanto Crowley voltou para Paris. Era só uma trégua, pois as verdadeiras provações de Neuburg ainda estavam a caminho. Os dois se reencontrariam em 1909, em Londres.

Crowley ficou sabendo, ao voltar para Paris, que seu velho amigo Allan Bennett estava de volta à Inglaterra para divulgar o sistema budista que abraçara. Houve várias tentativas por parte de Crowley de retomar os laços de amizade com Bennett, que se mostrou relutante e severamente crítico dos caminhos espirituais escolhidos pelo amigo.

A operação John St. John em Paris

Crowley pretendia realizar a Operação de Abramelin, mas em condições diametralmente opostas àquelas apresentadas no texto original como imprescindíveis. Ao invés de se isolar do mundo em um lugar sossegado, Crowley decidiu dedicar duas semanas de seu tempo em Paris para, hospedado em um hotel luxuoso, invocar seu anjo guardião enquanto vivia e se comportava de modo nababesco, comendo e bebendo do bom e do melhor, encontrando amantes, mas oferecendo ao seu Anjo Guardião cada minuto de seu pensamento e intenção ao fazer todas estas coisas. Se cada um oferece o que tem, Crowley queria atrair o anjo até si dedicando a ele tudo o que fazia, independentemente do que fosse.

Durante essas duas semanas, escreveu um diário que viria a publicar com o título de *John St. John*, no qual elabora as teses filosóficas e espirituais que desenvolveu percorrendo França, Espanha e Marrocos. Foi durante essa jornada que ele formulou os pontos éticos essenciais para que pudesse vir a desempenhar a função de líder mundial, para a qual acreditava ser escolhido. O primeiro ponto se refere ao equívoco de misturar o plano espiritual e o plano mundano. Para ele, uma coisa não tinha nada a ver com a outra: uma pessoa muito desenvolvida espiritualmente poderia ter quaisquer defeitos, inclusive morais, como qualquer outra pessoa. Para Crowley, o desenvolvimento espiritual era uma mistura de técnica e sensibilidade, sem qualquer relação com moralismo ou dogmas. Assim como ser um bom artista não implica ser uma "boa pessoa", o desenvolvimento espiritual tão pouco faria. Crowley se via como um *gentleman* e sentia que deveria se comportar como tal, ser quem ele era. Isso converge com o raciocínio do atual Dalai Lama,[112] quando ele diz que as pessoas devem preferencialmente seguir as religiões nas quais foram educadas e que são típicas de sua cultura, em vez de se voltarem para religiões estrangeiras. Crowley entendia que todos têm direito à iluminação, do bandido ao monge, da meretriz à dona-de-casa – o que também não destoa do ensinamento de Jesus na cruz, ao abençoar um ladrão que estava sendo crucificado ao seu lado.

Crowley jamais regateava ao comprar material ritualístico. Só se propunha a se aferrar a conceitos que fosse capaz de provar na prática com a mesma objetividade de qualquer experimento científico, buscando evitar mistificações e crenças. A valorização do estilo literário era mais um ponto crucial, já que a magia é uma combinação entre arte e ciência.

Ele considerava fundamental não tentar fingir ser melhor do que se é. Ainda que Crowley aparentemente não tenha desobedecido a esse princípio, muitos de seus contemporâneos e amigos diziam que ele se comprazia em chocar as pessoas e inspirar-lhes temor. Ou seja, talvez ele gostasse de se fazer parecer pior do que realmente era.

Durante os primeiros dias da Operação John St. John – que começou em primeiro de outubro de 1908 –, Crowley tentou aplicar teorias tântricas da Índia para combinar sexo e espiritualidade, mas a prática se mostrou bem diferente da pura teoria e, no terceiro dia,

---

112. Tenzin Gyatso.

ele viu que estava sendo subjugado pela força de Tamas, a esfera negra dentre os três gunas,[113] ou seja, estava se deixando enredar nos desejos físicos e animalescos.

Em 12 de outubro, Crowley relata em seu diário o primeiro contato com o Sagrado Anjo Guardião após constante invocação e leitura dos livros sagrados de Thelema como *Liber Ararita*. Não por acaso, aquele era o dia do trigésimo terceiro aniversário de Crowley, e o número 33 representa, em termos cabalísticos, o encontro do Adepto com Adonai. Em *Liber Ararita*, Crowley explora o conceito de conciliação de todos os contrários para, assim, alcançar a unidade final e essencial.

No trigésimo terceiro dia, a operação foi enfim encerrada, com Crowley sentindo-se mais revigorado e inspirado que nunca. O que era ótimo, já que tinha pela frente uma verdadeira cruzada em defesa dos valores thelêmicos que pretendia estabelecer no mundo.

---

113. Três tendências básicas, de acordo com a filosofia Samkhya, que, por sua vez, vem a ser uma das seis escolas clássicas de filosofia indiana.

Capítulo 4

O Equinócio dos Deuses

The Equinox

O objetivo – buscar o denominador comum entre ciência e religião – não era nada modesto: Publicar em livro os fundamentos de uma verdadeira revolução espiritual tampouco poderia ser uma empreitada tímida.

Foi assim que nasceu *The Equinox*,[114] um dos maiores feitos de Crowley como escritor e ocultista, e uma das obras mais importantes de todos os tempos em seu segmento.

Crowley estava efetivamente convencido de sua missão como profeta e anunciador de um novo ponto na escala da evolução humana. Em junho de 1909, um incidente bastante prosaico varreu de sua mente qualquer dúvida que ainda pudesse ter de sua missão e da

Primeiro volume de *The Equinox*

---

114. *O Equinócio*.

importância de *Liber AL*. Estava no sótão procurando seus pares de esqui e achou, debaixo deles, o manuscrito original de *Liber AL*, que tinha dado como desaparecido.

A sincronicidade do encontro com os manuscritos teve um impacto forte na psique de Crowley, que, imediatamente, assimilou quem era e o que devia fazer, e compreendeu que Aiwass era na verdade o seu próprio Sagrado Anjo Guardião, e que Thelema era o ensinamento e filosofia aos quais deveria dedicar sua vida. Compreendeu também que aquela era sua Verdadeira Vontade, sua missão na vida, seu sentido de ser.

Escreveu em seu diário que dali por diante sua única missão seria estabelecer no mundo a nova lei que emanciparia a humanidade: *"Não tens direito a não ser cumprir tua vontade"*. Assim, tendo a ordem iniciática A∴ A∴ como instrumento oficial de iniciação, *The Equinox* foi o veículo impresso dessa ordem iniciática, apresentando seus rituais e estudos oficiais para o público.

The Equinox era um periódico semestral em luxuoso formato de livro de capa dura que tinha o esoterismo ocidental como tema central. As edições eram tão caprichadas e majestosas que precisavam ser vendidas abaixo do preço de custo para que alguém as comprasse, apesar do interesse e curiosidade que o periódico despertou.

Boa parte da fortuna de Crowley foi consumida nesse projeto; mas esse verdadeiro sacrifício tinha um objetivo principal, ou seja, divulgar a A∴ A∴, entidade da qual *The Equinox* era o representante oficial. O lema da ordem iniciática vinha impresso com destaque na capa do periódico: "O Método da Ciência – A Intenção da Religião".

Se não conseguiu se estabelecer como "Instrutor do Mundo" por meio desse ambicioso projeto, Crowley certamente divulgou sua mensagem e influenciou algumas mentes de sua geração – e viria a influenciar muitas mais em gerações seguintes.

A maioria dos livros sagrados thelêmicos foi publicada originalmente em *The Equinox*, que trazia muitos textos de Crowley, mas também contribuições de nomes como Neuburg, Fuller, Leila

Waddell, Bennett, Frank Harris, entre outros. Além dos livros sagrados, rituais e textos técnicos sobre magia e esoterismo, *The Equinox* também trazia contos, poemas, anedotas e críticas.

Como o próprio nome já indicava, *The Equinox* foi publicado por ocasião dos equinócios da primavera e do outono entre 1909 e 1913. O primeiro volume do periódico compreende dez livros, ou dez edições. O segundo volume jamais foi publicado, por ser um "período de silêncio".[115] Em 1919, foi dado o pontapé inicial em um novo período de atividade com a publicação do primeiro número do terceiro volume de *The Equinox*.

Crowley demonstrando uma posição de ioga em foto publicada em *The Equinox*

Esse primeiro número da terceira série de livros é conhecido como *The Blue Equinox* (*O Equinócio Azul*) e, na época de seu lançamento, o periódico servia como veículo não só da A∴ A∴, mas também da O.T.O. – ordem iniciática da qual Crowley se tornaria líder. A partir daí, a publicação se tornou cada vez mais irregular, convertendo-se antes em um subtítulo de livros de Crowley do que propriamente em um periódico.

---

115. Era comum até o século passado que as ordens esotéricas e iniciáticas entrassem em períodos de atividade e inatividade. Nos períodos inativos, espera-se que não haja qualquer atividade pública ou externa da ordem como instituição.

O primeiro número do primeiro volume, pomposamente apresentado como *The Review of Scientific Illuminism*,[116] traz um editorial não menos grandiloquente escrito por Crowley:

> "Esta publicação dá início a uma aventura totalmente nova na história. Todo conhecimento previamente imputado ao homem tem sido invariavelmente cerceado por condições e restrições. É chegada a hora de falar às claras (...). Portanto, os irmãos da A∴ A∴ se apresentam sem mistérios".

Crowley explicava no editorial como é fácil iludir até as pessoas mais precavidas e céticas com efeitos especiais e truques, e como a nova ordem iniciática pretendia passar ao largo desse tipo de coisa. A abordagem da magia e do esoterismo no Novo Éon não poderia prescindir de objetividade e resultados concretos.

Esse primeiro número traz também *The Magic Glasses*,[117] conto de Frank Harris; *The Lonely Bride (A Noiva Solitária)*, poema de Victor Neuburg; além de instruções básicas para as práticas de ioga, meditação e concentração às quais o candidato deve se dedicar com afinco a fim de alcançar o estado mental necessário para começar a operar a transformação espiritual que, de acordo com a filosofia thelêmica, conduz à libertação de dogmas pré-estabelecidos, facilitando assim o florescimento da plenitude da personalidade do indivíduo – o qual acaba promovendo o equilíbrio de seu ambiente apenas por estar cumprindo a função à qual teria sido originalmente designado como resultado de algum processo caótico ou mesmo por uma algum tipo de inteligência.

Uma das reações naturais à fama crescente de Crowley era o boicote por parte de quem não concordava com suas ideias. Assim, não foi de surpreender que Crowley despertasse a desaprovação do reverendo R. J. Parry, autoridade máxima de Trinity, Cambridge.

---

116. *Análise Crítica do Iluminismo Científico.*
117. *Os Óculos Mágicos.*

Crowley continuava a frequentar sua antiga universidade para angariar mais discípulos, como Neuburg – que era um dos entusiasmados membros da Sociedade de Pan, um grupo de alunos de Cambridge que se reunia para estudar magia e que incluía também futuros iniciados na A∴ A∴ como Norman Mudd e Kenneth Ward.

Como era de se esperar, o reverendo desaprovava qualquer estudo relacionado a magia ou paganismo. Mas o pior foi quando ouviu comentários sobre as relações homossexuais de Crowley, que foi então banido de Cambridge, com direito a distribuição de uma circular que alertava a todos sobre seus péssimos antecedentes. Se magia e paganismo já eram inaceitáveis, homossexualidade talvez fosse o tema mais execrável de todos à moral vigente – não custa relembrar o que aconteceu com Oscar Wilde alguns anos antes, e Wilde nem mesmo maldizia o cristianismo de forma explícita como Crowley.

Resultado: os alunos envolvidos com estudos relacionados a ele foram obrigados a cortar quaisquer laços com seu instrutor para assuntos thelêmicos. Mas Crowley não foi o único banido: Fuller, na condição de braço direito de Crowley para fins de divulgação da filosofia thelêmica, também foi proibido de frequentar Trinity e outras faculdades de Cambridge.

Crowley não aceitou o boicote e escreveu repetidas vezes ao reverendo na tentativa de se defender e voltar a frequentar os círculos universitários. Em vão: o reverendo e demais autoridades de Trinity o ignoraram solenemente.

Divorcia-se de Rose Kelly

Victor Neuburg era presença cada vez mais assídua na vida de Crowley. Agora um Probacionista da A∴ A∴ sob o moto iniciático *Omnia Vincam* (A Tudo Conquistarei), chegou a conviver em Boleskine com a cada vez mais desequilibrada Rose.

Logo no dia seguinte ao reencontro de Crowley com os originais de *Liber AL*, Neuburg havia terminado um retiro espiritual de dez dias sob orientação de Crowley, a quem agora se referia como

Sagrado Guru. O treinamento era rígido, incluindo as técnicas que aprendera em suas viagens e principalmente em seus tempos de Golden Dawn, mas com uma abordagem totalmente nova, levando o discípulo ao conhecimento do próprio âmago, abdicando de maniqueísmos e moralismos vigentes.

As tintas sadomasoquistas desse relacionamento são de conhecimento geral. Seria difícil dizer se os dois estavam meramente exercitando suas características psicológicas e de personalidade, ou se Crowley teria a capacidade de se projetar, na condição de mestre, de acordo com a necessidade do discípulo – o que, neste caso, levaria à conclusão de que ele agia de modo brutal e cruel com Neuburg mais por necessidade do discípulo de trazer à tona e trabalhar sua predisposição a ser humilhado e controlado do que por mero prazer. Ou, ao contrário: talvez Crowley tivesse grande prazer em humilhar Neuburg, e talvez isso, como ele sustentava, não afetasse em nada a qualidade de sua espiritualidade. Muitos o criticam por esse tipo de postura, talvez sem conhecimento de causa: à parte qualquer juízo de valor, o fato de Crowley agir de maneira considerada reprovável em vários campos de sua vida não representa uma contradição em seus ensinamentos.

Com Rose Kelly e Lola Zaza, na época do divórcio

Durante esse retiro em Boleskine, Neuburg ficou confinado em um quarto, inclusive durante as refeições, que incluíam, propositalmente, bastante carne – Crowley queria romper com o regime vegetariano de Neuburg, por considerá-lo restritivo, mas o isolamento não era absoluto, e Crowley o visitava frequentemente em seu quarto. Neuburg mantinha um diário mágico – parte indispensável de qualquer estudo mágico sério, de acordo com Crowley, que lia todo o conteúdo do diário e nele fazia anotações. Neuburg várias vezes desabafou no diário sua revolta contra o que chamava de sadismo e maldade crescentes por parte de seu Sagrado Guru, chegando a considerar quebrar seu voto de obediência e chamando Crowley de "homossexual sádico". Ao ler esta acusação no diário de seu discípulo, Crowley anotou ao lado que difamar o próprio guru levaria o discípulo a padecer no pior dos reinos infernais. Neuburg, por sua vez, replicou que aquele era um preço pequeno a pagar "pela invenção de um novo tipo de perversão".

Rose e Crowley já não dormiam no mesmo quarto. Ela estava totalmente alcoolizada na única vez que Neuburg a viu durante seu retiro na casa. Certamente que não era fácil para Rose saber da relação de seu marido com Neuburg, além das diversas amantes do sexo feminino. Crowley queria que a esposa seguisse os conselhos dos médicos e concordasse em se submeter a dois anos de tratamento para se livrar do alcoolismo, o que ela não aceitou.

Acabaram se divorciando em 24 de novembro de 1909, na Escócia, onde adultério era aceito como razão para o divórcio. Crowley aceitou que Rose apresentasse esse argumento em frente ao juiz e providenciou provas falsas fazendo referência a uma tal "senhorita Zwee" que jamais existiu de fato. Tudo indica que o objetivo era proteger tanto Rose quanto suas reais amantes, já que nenhuma delas foi citada na audiência com o juiz.

Apesar de legalmente separados, Crowley e Rose continuaram a compartilhar o mesmo endereço em Warwick Road por cerca de um ano. O resultado favoreceu Rose, que ganhou a guarda de Lola Zaza. Crowley também teria de pagar 52 libras anuais de pensão à filha e quatro mil libras da futura herança de sua mãe ficariam reservadas para a menina.

No segundo semestre de 1911 – ou seja, quase dois anos depois de legalmente separada de Crowley, e um ano depois de deixar de morar com o ex-marido –, Rose foi internada em uma clínica devido ao estado deplorável ao qual o alcoolismo a reduzira. Apesar disso, Rose acabaria se recuperando, casando-se novamente e criando Lola Zaza longe dos olhos do pai. Crowley viria a reencontrar a filha apenas uma vez, quando ela tinha quatorze anos. Quanto a Rose, tudo indica que ela conseguiu superar o alcoolismo e viver o resto de sua vida em tranquilidade. Após o casamento, passou a assinar Lola Hill. Morreu em 1990.

Isso derruba um dos mitos e clichês mais recorrentes sobre Crowley: a de que as mulheres que passaram por sua vida teriam todas se entregado ao álcool, às drogas e à depravação, terminando loucas ou mortas. É comum ler na internet e mesmo em livros com biografias malfeitas e tendenciosas que Rose teria bebido até a morte depois de se separar de Crowley, ou ainda que teria terminado seus dias em num hospício.

O alcoolismo de Rose era um problema dela, tanto quanto os defeitos de Crowley tinham origem nele mesmo. Rose já tinha problemas de alcoolismo latentes antes de conhecer Crowley – como mencionado, sua mãe lhe dava champanha quando ela ainda era criança. Acusar Crowley de ter levado Rose ao alcoolismo é tão injusto quanto alegar que a misoginia dele seria culpa do comportamento dela. Antipatias à parte, a história do casamento de Crowley e Rose, e da paternidade de Lola Zaza, faz parte de um arquétipo, ou clichê, recorrente e bastante humano.

Em outras palavras: não, a Besta não devorou sua ex-Mulher Escarlate. Cada um seguiu seu curso, como seres humanos independentes que eram – ou como diria Crowley, como estrelas em suas próprias órbitas.

A Visão e a Voz na Argélia

Em novembro de 1909, é publicado o segundo número do primeiro volume de *The Equinox*, com colaborações de Neuburg, G. H. S. Pinsent, Francis Bendick e Elaine Carr, entre outros. Logo após o lançamento do livro-periódico, Crowley e Neuburg seguem para a Argélia – destino escolhido casualmente –, aonde chegaram em 18 de novembro.

Neuburg andava estudando a magia enoquiana de John Dee e Edward Kelly,[118] sistema que seria usado por ele e por Crowley durante as vinte e oito invocações que fizeram entre os dias 23 de novembro e 19 de dezembro de 1909. Crowley já havia se inspirado no sistema enoquiano durante as invocações Augoeides que realizara no México e que não haviam progredido além de um determinado ponto. Agora, nas montanhas da Argélia, a conexão com o sistema enoquiano original foi ainda mais diluída pela abordagem peculiar de Crowley. As invocações, desta vez, tinham por objetivo a ascensão pelos *"aethyrs"*, que são mundos ou planos paralelos dentro da concepção enoquiana. À medida que recorria a invocações para alcançar estados alterados da mente, Crowley ia dizendo em voz alta o que estava vendo, ouvindo e sentindo para Neuburg, que atuou como escriba. Assim nasceu *The Vision and The Voice,*[119] livro que, de acordo com o próprio Crowley, perde apenas para *Liber AL* em importância dentro do sistema thelêmico.

Os trabalhos com Neuburg na Argélia serviram para que Crowley reforçasse a concepção de si mesmo como inaugurador de uma nova era. Ao alcançar o décimo quinto *aethyr*, os Chefes Secretos teriam concedido a Crowley o grau de Mestre do Templo. Contudo, teria lhe sido comunicado pelos anjos daquele plano que ainda precisava passar por algumas ordálias para aperfeiçoar a assimilação do grau.

As invocações do dia seguinte não levaram a nada. Crowley falhou quando procurava alcançar o décimo quarto *aethyr*. Ele e Neuburg estavam descendo um monte quando Crowley teria ouvido um anjo do *aethyr* que não conseguira acessar lhe ordenando que voltasse ao topo do monte, fizesse um grande círculo mágico de pedras, escrevesse palavras de poder na areia e erigisse um altar no

---

118. Sistema de magia cerimonial e evocação de espíritos baseado nos escritos do século XVI de John Dee e Edward Kelly, que se diziam instruídos diretamente por anjos.
119. *A Visão e a Voz.*

centro, realizando, enfim, um ritual que Crowley não quis descrever de modo objetivo. Era um ritual de magia sexual.

O termo "magia sexual" pode ser sucintamente definido como o uso ritualístico do sexo para atingir determinados estados mentais (como os provocados por meditação ou drogas), para reverenciar ou criar algum deus ou entidade, ou ainda para provocar efeitos concretos (realização de desejos, melhoria de saúde, finanças etc.). O ponto central da magia sexual é o uso do sexo simultâneo à concentração mental perfeita para chegar a algum desses objetivos. Já o objetivo do Mago é fazer de cada um de seus atos a expressão de sua fórmula mágica. Para Crowley, a palavra do Mago é sempre falsa, por ser uma palavra criativa e, ao criar algo que não existe antes, o Mago torna verdadeira uma mentira – faz existir uma *inexistência*.

Crowley, enfim, alcançou o décimo quarto *aethyr*, onde afirmava ter visto uma figura masculina que dizia chamar-se Caos, e que lhe teria dito que o preço para se tornar Mestre do Templo seria a morte de seu eu individual. No décimo terceiro *aethyr*, é apresentado o conceito de *NEMO* (*no man* = homem nenhum), e, no décimo segundo, aparece Babalon, ou Babylon, Mãe de Todas as Abominações, figura central da mitologia thelêmica. No décimo *aethyr*, Crowley relatou seu enfrentamento com Choronzon, o demônio da Dispersão, em mais um episódio que gerou lendas.

É recorrente o boato de que, nesta ocasião, Crowley teria invocado Choronzon e se colocado no triângulo mágico, enquanto Neuburg, o escriba, permanecia dentro do círculo mágico. Quando se faz uma invocação, o círculo é um lugar de proteção, enquanto dentro do triângulo fica o anjo ou demônio invocado. Diz a lenda que Crowley se posicionou dentro do triângulo, o que o teria levado à possessão pelo demônio Choronzon.

Se Crowley de fato fez isso, não existe referência em nenhum de seus livros ou diários. Neuburg também jamais confirmou a história. O relato quase completo dessa operação mágica foi publicado, primeiramente, no quinto número do primeiro volume de *The Equinox*, em

1911. A versão com comentários de Crowley foi publicada após sua morte, em 1952. É um texto poético, delirante e de grande densidade simbólica, além de descrever situações como quando Choronzon tentou adentrar o círculo mágico em que se encontrava Neuburg, primeiro com a aparência de uma mulher voluptuosa, depois com a imagem de uma cobra e de um santo. O demônio teria conseguido entrar ao jogar areia sobre o círculo mágico, abrindo uma brecha. Neuburg, então, teria enfrentado Choronzon invocando Aiwass e o nome sagrado *Tetragrammaton*,[120] conseguindo assim obrigar Choronzon a retornar ao triângulo.

Mas ainda não havia acabado. De acordo com o relato de Crowley em sua autobiografia, Choronzon assumiu a forma de um selvagem nu e atacou Neuburg mais uma vez, tentando lacerar sua garganta com dentes afiados. Neuburg teria se defendido novamente, desta vez usando uma adaga mágica para prender o demônio no triângulo.

Os demais *aethyrs* foram, em comparação, de exploração mais tranquila. Crowley, satisfeitíssimo com as experiências, e Neuburg, absolutamente convencido de ter lutado com um demônio no deserto, voltaram para casa no último dia de 1909.

---

120. Um dos nomes de Deus, de acordo com a cabala.

Capítulo 5

Celebridade controversa

Leila Waddell e Os Ritos de Elêusis

Victoria Street, 124, Londres. Esse era não só o endereço onde Crowley estava morando após o desgastante divórcio de Rose Kelly, como também onde funcionavam o escritório de *The Equinox* e o quartel general da A∴A∴.

Nesse endereço aconteciam coisas que seus contemporâneos consideravam "do arco da velha". Experimentações com drogas, rituais mágicos, orgias sexuais, além de muita conversa, comida e bebida. Crowley estava aproveitando ao máximo sua recém-reconquistada liberdade.

Era um endereço fadado à fama. Ou à infâmia, dependendo do ponto de vista. Entre os visitantes havia artistas, críticos, socialites, militares, esotéricos – um verdadeiro circo eclético. Há de se destacar a presença de Austin Osman Spare, figura de brilho próprio nos meios ocultistas do século XX.

Pouco antes da publicação do terceiro número do primeiro volume de *The Equinox*, em março de 1910, Samuel Mathers entrou com um processo contra Crowley para impedir a publicação de

Crowley em trajes maçônicos

material da Golden Dawn no periódico, um ato surpreendente em se considerando seus parcos recursos que dificilmente poderiam comportar os custos judiciais.

Em primeira instância, Mathers ganhou. Mas Crowley apelou, ganhou e lançou o terceiro volume de *The Equinox* no dia seguinte à sentença, o que garantiu excelente publicidade. Esse volume trazia poemas de Neuburg, a continuação do *Templo do Rei Salomão*, uma tradução de Crowley para o inglês do *Poema do Haxixe* de Charles Baudelaire e, na seção de críticas de livros, uma resenha na qual Crowley zombava abertamente de Arthur E. Waite. Além dessa edição do periódico, Crowley publicou, em 1910, três livros de poemas: *Ambergris*;[121] *The Winged Beetle*[122] e *Scented Garden*.[123]

Leila Waddell, também conhecida como L.A.Y.L.A.H.

Os jornais em geral ficaram do lado de Crowley desta vez – o que talvez indique mais o estado enfraquecido e patético de Mathers do que algum repentino apreço da mídia por Crowley. Manchetes sensacionalistas sobre os "segredos da Golden Dawn" proliferaram. Claro que nenhum jornal levava magia a sério, e tanto Mathers quanto Crowley eram vistos como personagens divertidos e excêntricos. Talvez não fosse essa a publicidade que Crowley desejava, mas ficou lisonjeado e animado com a atenção recebida.

Crowley começou a receber correspondências e visitas de representantes de ordens iniciáticas que desejavam tê-lo entre os membros. Os contatos vinham por parte tanto de ordens obscuras quanto da Maçonaria. Mas ele continuou a manter o foco no desenvolvimento da *Argenteum Astrum*.

---

121. *Âmbar-gris*.
122. *O Besouro Alado*.
123. *O Jardim Perfumado*.

Em 9 maio de 1910, estava programada a realização de mais um ritual em Victoria Street; uma invocação de Bartzabel, o espírito de Marte. Crowley foi assistido no ritual por G. M. Marston, comandante da marinha, e por Leila Ida Nerissa Waddell, uma bela jovem australiana, violinista profissional, engajada em causas de caridade, que havia se mudado para Londres e foi parar no trepidante domicílio e escritório de Perdurabo.

Crowley se encantou por aquela beleza clássica contrabalançada por uma boca cujo sorriso lhe lembrava o rosnar de uma fera, como ele descreveu em *The Violinist*,[124] texto publicado sob o pseudônimo Francis Bendick no quarto número do primeiro volume de *The Equinox*.

Foi paixão fulminante e à primeira vista. Leila, ou L.A.Y.L.A.H., como Crowley escrevia seu nome em muitos textos e poemas, foi fonte de inspiração para *The Book of Lies* (*O Livro das Mentiras*, certamente uma das obras-primas de Crowley) e para a série de rituais, sete no total, que chamou de *Os Ritos de Elêusis*.

Os primeiros desses ritos se deram no apartamento de Victoria Street, e Crowley serviu para o pequeno público uma beberagem que misturava álcool, suco de frutas, peiote e outras substâncias alucinógenas que contribuíam para a assimilação da cerimônia. Os rituais consistiam em cânticos, música, queima de incenso, sexo e teatro. Além de Leila, Victor Neuburg era um dos mais atuantes nesses rituais.

Até que Crowley resolveu fazer os sete ritos em um teatro de verdade, para angariar fundos e publicidade para a ordem. Alugou o Caxton Hall e conseguiu que jornalistas e críticos fossem assistir. A publicidade obtida, contudo, não foi a esperada. O pior ataque veio do tabloide de conotações fascistas The Looking Glass, que começou a publicar uma série de artigos com intenção de macular a imagem de Crowley. Para tanto, não hesitaram em citar seus amigos, como Allan Bennett – descrito como um "falso monge budista" – e George Cecil Jones, sugerindo que eram homossexuais. Bennett

---

124. *A Violinista.*

não se importou, mas Jones, um respeitável analista químico e pai de quatro filhos, não podia deixar por isso mesmo. Assim, Jones, com apoio de Fuller, instou Crowley a processar The Looking Glass por calúnia e difamação.

Crowley pensou em entrar com a ação, mas acabou descartando a ideia. The Looking Glass não era o único meio de comunicação a difamar Crowley. O tabloide sensacionalista John Bull era outra publicação que demonstrava claramente sua repulsa a Crowley – este nome, John Bull, ainda viria a representar para Crowley uma dor-de-cabeça das grandes em um futuro não muito distante.

Jones entrou com uma ação por si mesmo, mas Crowley preferiu viajar para o deserto do Saara com Victor Neuburg. Pretendia fazer invocações e rituais mágicos como da outra vez em que lá estiveram, sem sucesso. A viagem foi mais de contemplação e sexo do que de práticas mágicas em si.

O fim da viagem não foi dos mais auspiciosos. Crowley deixou Neuburg em Biskra, Argélia, supostamente para se recuperar da jornada pelo deserto. Mas Neuburg se sentiu abandonado, e os dois não voltaram a se ver pelo resto do ano. Para Crowley, Neuburg estava cedendo a subornos por parte da família para deixar de vê-lo.

O caso The Looking Glass

Jones perdeu o processo. O júri considerou que as implicações do jornal eram, sim, difamatórias, mas verdadeiras. Uma das testemunhas a favor do tabloide era ninguém menos que Samuel Mathers, saboreando sua vingança contra Crowley – afinal, apesar de ter sido Jones a entrar com o processo, o texto se referia essencialmente a Crowley. Assim, a má fama e os inimigos de Crowley acabaram atingindo Jones.

Mesmo não tendo sido chamado como testemunha, Crowley presenciou o julgamento em abril de 1911. Em suas memórias, o episódio toma contornos diversos e, em meio a fanfarronices, Crowley omite a razão mais evidente para se abster de entrar com um processo contra The Looking Glass. É simples: o jornal dava a entender que Crowley mantinha práticas homossexuais e mencionava que, entre seus amigos, estava George Cecil Jones. Não há mentira nenhuma em nada disso. Se Crowley fosse aos tribunais teria de mentir, do contrário prejudicaria a ação de Jones, que alegava não ser amigo de um bissexual – Crowley. Como Jones reconheceu ser amigo de Crowley, restava a Crowley negar sua bissexualidade, o que, por vários motivos, não seria sensato. Não queria se assumir como bissexual, mas estava longe de fazer o estilo "enrustido"; não escondia o que fazia, apesar de não querer discutir o tema. E ainda estava fresca na memória de todos o triste destino de Oscar Wilde, que entrou com um processo contra Lorde Alfred Douglas, pai de seu amante Bosie, que o chamara de sodomita em um bilhete. Ao tentar contestar Douglas, veio à tona o que todos já sabiam, ou seja, a homossexualidade de Wilde. Como sodomia era crime na Inglaterra, Wilde foi condenado e preso.

Muita gente se deleitaria se isso acontecesse com Crowley. Mas ele não lhes faria esse gosto.

O resultado do processo respingou em Fuller também, que testemunhara a favor de Jones e não se conformou com a não ação de Crowley, que bem que tentou, por meio de uma carta amigável, retomar a amizade após o fim do processo. Mas Fuller não podia mais manter uma associação pública com Crowley e *The Equinox*, por questões que transcendiam o processo contra o tabloide. Quando estava no Norte da África, Crowley enviou um envelope a Fuller que incluía vários cartões postais com fotos pornográficas. Ele não gostou nada, pois poderia ter aberto o envelope em público ou em qualquer outra situação constrangedora. Os modos libertinos de Crowley estavam começando a ultrapassar seus limites pessoais.

O rompimento com Fuller e Jones deu início a um esvaziamento da A∴A∴. Crowley retirou-se estrategicamente para Paris no segundo semestre de 1911, onde voltou a escrever furiosamente, tendo produzido textos ocultistas, peças e poemas que viriam a ser publicados em edições de *The Equinox*.

Enquanto isso, continuava seu relacionamento aberto com Leila Waddell. Mas, por mais que a adorasse, havia um problema: ela se recusava a dedicar a vida à magia, como ele queria. Assim, foi uma questão de tempo para que a função de Mulher Escarlate fosse transferida a outra mulher. Não obstante, Leila continuaria presente por mais algum tempo na vida de Crowley.

Mary Desti era dona de uma perfumaria em Paris, casada com um corretor estadunidense que não a acompanhava em suas viagens à Europa. Criou certa fama como amiga íntima da dançarina Isadora Duncan, sobre quem escreveu uma biografia. O magnetismo entre Desti e Crowley foi instantâneo. Logo, estavam praticando magia sexual e os demais rituais que Crowley usava para alterar a consciência e investigar os domínios imateriais.

Desti assumiu o nome iniciático Sóror Virakam, e seu entusiasmo pelas práticas era enorme. Certa vez, após beber e praticar sexo com Crowley, ela começou a dizer coisas estranhas em uma espécie de transe que a Crowley pareceu relacionado às comunicações que recebera de Aiwass em 1904, no Cairo. Uma entidade queria falar com Crowley e estava usando Sóror Virakam como instrumento.

A série de diálogos entre Crowley e a entidade manifesta através de Mary Desti em transe, chamada Abuldiz, começou em 21 de novembro de 1911 e terminou em 19 de dezembro. Não há nada de muito produtivo a ser extraído do diálogo, a não ser uma instrução: a de que Crowley deveria escrever um livro chamado *ABA, Livro Quatro* e que deveria escrevê-lo na Itália.

Instruções de Magick

Em dezembro de 1911, o casal passou a ter a companhia do filho de Desti, Preston – que seria conhecido no futuro como diretor de comédias cinematográficas Preston Sturges. A antipatia entre Crowley e o menino de treze anos foi mútua e absoluta. Em suas memórias, Preston Sturges descreve Crowley como um homem abjeto, terrível, e que, fosse ele crescido, talvez tivesse chegado às vias de fato com a Besta.

De qualquer forma, em janeiro de 1912, os três foram para uma *villa* em Posillipo, perto de Nápoles, onde Mary trabalhou como escrevente e Crowley ditou uma de suas obras fundamentais: *Book Four*.

O livro, dividido em duas partes, contém os elementos essenciais de instrução para o candidato a neófito. A primeira parte apresenta técnicas de ioga, concentração e meditação para iniciantes, enquanto a segunda parte é uma espécie de glossário de misticismo e magia cerimonial. *Book Four* é assinado como um trabalho de Crowley e Sóror Virakam, e viria a ter uma terceira parte, chamada *Magick in Theory and Practice*.[125]

Book Four foi publicado originalmente no começo de 1913 e foi o primeiro livro em que Crowley trocou a grafia da palavra inglesa *magic* (magia) por *magick*. Justificou a troca alegando a necessidade de diferenciar a Ciência da Magia de suas falsificações.

Ao longo das três partes de *Book Four* se encontram, além de preciosas revelações no campo esotérico, muita fanfarronice e demonstração explícita de preconceitos e tacanhices por parte do autor. Vale ressaltar, novamente, a filosofia de Crowley de que sua iluminação espiritual se dava em um plano que não tinha nada a ver com sua existência terrena. De acordo com essa premissa, ele podia escrever coisas horrorosas contra os judeus, mas usar de métodos cabalísticos para desvendar a natureza de Deus e ascender a planos espirituais elevados. Uma coisa não teria nada a ver com a outra.

Há de se reparar na ingenuidade que Crowley demonstra em certos aspectos de sua conduta. Esperar que os leitores médios entendessem sem maiores problemas sua filosofia de separar o Crowley mundano do Crowley iniciado era mais do que esperar demais dos leitores. Era ingenuidade mesmo, assim como foi ingenuidade achar que alugar o Caxton Hall para realizar os Ritos de Elêusis em público pudesse atrair publicidade positiva, quando o que se seguiu foi a série de ataques dos tabloides que tanto aborrecimento lhe trouxe.

---

125. *Magia em Teoria e Prática.*

Parte IV

A Besta

O selo da O.T.O.

CAPÍTULO 1

Líder acidental

Theodor Reuss e a O.T.O.

O período entre 1912 e 1913 foi dos mais prolíficos e agitados. Foi nessa fase que Crowley terminou e publicou um de seus trabalhos mais inspirados. *The Book of Lies*[126] consiste em uma série de pequenos contos, aforismos, poemas e rituais, muitas vezes tudo isso ao mesmo tempo. Abundante em linguagens cifradas e códigos cabalísticos, poucos compreenderam – se é que alguém compreendeu – o livro na ocasião de seu lançamento, em 1913.

Em 1921, *The Book of Lies* seria republicado com um comentário para cada capítulo, o que se, por um lado, não esclareceu completamente as mensagens e ensinamentos cifrados ao longo do livro, ao menos deu pistas de por onde procurar.

Os paradoxos do livro começam nas duas primeiras páginas, que consistem, respectivamente, de um ponto de interrogação e um ponto de exclamação. Na edição comentada, Crowley dá a dica: leia *The Soldier and the Hunchback*, artigo publicado no primeiro número do primeiro volume de *The Equinox* para entender o que ele quer dizer com esses dois símbolos. E por aí vai: *The Book of Lies* é quase um livro interativo, levando o leitor a questionar conceitos, meditar, filosofar, rir, se enternecer, sempre com indicações de leituras

---

126. *O Livro das Mentiras*.

e práticas que completam o sentido dos textos, cuja mensagem não acaba em si. Todos os textos pedem a participação ativa de quem lê, que não passa imune pela leitura.

Mas os comentários, apesar de muitas vezes esclarecerem e indicarem caminhos, muitas vezes parecem não fazer o menor sentido, deixando o leitor ainda mais confuso.

> "Não é necessário entender; basta adorar.
> O deus pode ser de barro: adora-o; ele vira DEUS.
> Nós ignoramos o que nos criou; nós adoramos aquilo que nós criamos. Criemos nada menos que DEUS!
> Aquele que nos faz criar é nosso verdadeiro pai e mãe; nós criamos à nossa própria imagem, que é a deles.
> Criemos, portanto, sem medo; pois não podemos criar nada que não seja DEUS."[127]

> "Ensina-nos Teu segredo, Mestre, berram meus Caipiras.
> Então, para a dureza dos seus corações e para a sutileza das suas cabeças, eu os ensinei Magick.
> Mas... ai!
> Ensina-nos Teu segredo real, Mestre! como se tornar invisível, como conseguir amor, e oh! além de tudo, como fazer ouro!
> Mas quanto ouro vocês me darão pelo Segredo das Riquezas Infinitas?
> Então disse o primeiro e mais estúpido: Mestre, isso não é nada; mas aqui estão cem mil libras.
> Estas eu me dignei a aceitar, e sussurrei em seu ouvido este segredo: UM OTÁRIO NASCE A CADA MINUTO."[128]

Como era de se esperar, *The Book of Lies* foi virtualmente ignorado pelo grande público. Mesmo os interessados em ocultismo tinham dificuldade em entender o linguajar e as metáforas de Crowley. Mas o livro causou furor nas internas e motivou uma visita inesperada

---

127. Crowley, Aleister. *The Book of Lies*. York Beach, Maine: Samuel Weiser, 1993.
128. *Ibid.*

em maio de 1912. Crowley estava novamente morando em Londres, na região de Fulham. Quem bateu à sua porta foi o alemão Theodor Reuss (1855-1923), líder e um dos fundadores da Ordo Templi Orientis, O.T.O. – ordem iniciática de origem alemã cujos ensinamentos seguem a linha tântrica dentro de uma estrutura maçônica.

Crowley convidou o homem a entrar e, para sua grande surpresa, Reuss disse que tinha uma séria reclamação a fazer. Acusou Crowley de publicar abertamente o grande segredo da O.T.O. em *The Book of Lies*, pegando uma cópia do livro na estante de Crowley e apontando o capítulo em questão.

Foi quando Crowley teria tido uma epifania. Jamais revelou de qual capítulo se tratava, mas nele estaria resumido todo o segredo não só da maçonaria livre, mas de várias outras tradições.

Essa história só tem um problema que o próprio Crowley viria a admitir futuramente: como isso poderia ter acontecido em 1912 se *The Book of Lies* só foi publicado em 1913? Crowley escreveu: "Minha vida inteira mudou por causa de uma situação que não pode ter ocorrido".[129]

Seja como for, o fato é que Reuss, líder supremo da O.T.O., iniciou Crowley e Leila Waddell no mais alto grau da ordem; o nono. Além disso, em junho do mesmo ano, conferiu o décimo grau a Crowley, tornando-o líder da ordem para os países do Reino Unido.

Imbuído de autoridade, Crowley deu novo nome ao ramo inglês – *Mysteria Mystica Maxima* (M.M.M.) – e começou uma verdadeira reforma da O.T.O., que passou a ter no *Livro da Lei* seu maior documento e guia para todas as questões. Os rituais foram reformados e Crowley assumiu um de seus mais conhecidos nome iniciáticos, Baphomet.[130] No verão de 1912, Crowley viajou a Berlim para receber de Reuss, oficialmente, o título de Rei Supremo da Grã-Bretanha.

---

129. Sutin, Lawrence. *Do What Thou Wilt: A Life of Aleister Crowley*. New York: St. Martin Press, 2000, p. 225.

130. Suposto ídolo dos templários medievais; bem conhecido dos leitores de Eliphas Levi, que traz uma ilustração desta entidade andrógina, metade humana e metade bode.

Dentre as reformas mais polêmicas, além da imposição do *Livro da Lei*, estava a criação de um décimo primeiro grau dedicado à prática de magia sexual com foco na relação anal. Em termos tântricos, é um grau essencialmente – embora não necessariamente – de prática homossexual masculina. Há quem alegue que esse grau teria sido posteriormente modificado pelo ramo estadunidense da O.T.O., que detém os direitos legais sobre a obra de Crowley. Há também grande polêmica sobre essa decisão judicial e muitos estudiosos questionam a autenticidade desse ramo da O.T.O. O site na *The Ordo Templi Orientis Phenomena*, do pesquisador Peter Koenig (endereço no fim deste livro), é uma fonte rica de informação e discussão sobre o assunto, e tem muitos textos em português.

Reuss aceitou todas essas mudanças, mas ninguém ficou surpreso com as vozes descontentes que começaram a surgir. Na Dinamarca, Reuss teve de voltar aos rituais antigos para conter uma rebelião entre os frateres e sórores. A péssima fama de Baphomet começava a correr mundo.

É bem verdade que Crowley contribuía muito para essa má fama, apesar de haver muita invenção, como a de que ele teria defecado no tapete de seus anfitriões durante um jantar, alegando serem suas fezes sagradas. É uma lenda que corre sem qualquer base ou origem definida, uma típica fofoca.

Contudo, há episódios mais sinistros do que esse que devem ter de fato ocorrido. Um desses episódios se deu em 1912. Victor Neuburg estava apaixonado por uma jovem chamada Joan Hayes, com a qual Crowley flertara, mas nada tivera de concreto.

Para encurtar uma longa história, Crowley achou que a moça estava vampirizando seu discípulo Neuburg e atrapalhando seu desenvolvimento na A∴A∴. Neuburg acusou Crowley de ameaçar e constranger Hayes tanto psicologicamente quanto no plano mágico, levando-a ao suicídio: Hayes se matou com um tiro no coração. O próprio Crowley assume, indiretamente, esse "assassinato mágico" em uma passagem de *Magick in Theory and Practice*, na qual relata o caso em que o Mestre Therion (ele mesmo) teve de eliminar uma jovem que estava atrapalhando o desenvolvimento espiritual de seu discípulo. Therion teria, então, caminhado até a porta do quarto onde estava a jovem, traçado um T – de Traidora no ar, além do símbolo de Saturno com uma adaga. Crowley termina o relato dizendo que quarenta e oito horas depois a jovem se matara com um tiro.

Seria isso verdade? Será que Crowley tinha esse poder de persuasão e sugestão? É possível, de acordo com relatos de seus contemporâneos. Mas é também possível que, na ânsia de parecer *pior* do que era, no ímpeto de *ser* a Besta, ele pudesse ter adaptado o suicídio da moça de modo a confirmar sua aura temível.

Não obstante, Crowley objeta firmemente o uso da chamada magia negra no mesmo livro. Sustenta que toda e qualquer magia que não tenha como único objetivo favorecer o contato com o Sagrado Anjo Guardião é magia negra. Mas, ao mesmo tempo, o Mestre do Templo já está além do próprio Anjo Guardião e pode agir de modo incompreensível para os demais. É difícil definir onde estaria a linha mais próxima da verdade neste caso.

Após a morte de Hayes, houve um hiato na relação de Neuburg e Crowley, que se voltou mais uma vez para Leila Waddell.

Empresário de cabaré em Moscou

Provavelmente cansado de alimentar sua reputação abjeta, Crowley resolveu trocar de persona e de ares mais uma vez. Queria promover a carreira de Leila Waddell, então teve a ideia de produzir um espetáculo teatral. A revista *The Ragged Ragtime Girls* (algo como *As Dançarinas do Barulho*) estreou em março de 1913 em Londres, no Old Tivoli, onde ficou em curta temporada, e, depois, partiu em julho para uma temporada de seis semanas em Moscou.

Encantado pela cidade, não demorou a encontrar uma musa local. Na verdade, não exatamente local; a húngara se chamava Anny Ringler, que Crowley descreveu como uma mulher longilínea, de lábios finos e compridos e olhos de leopardo. Crowley mal falava russo e Anny mal falava inglês, de modo que a comunicação se dava mesmo pela linguagem do corpo.

Crowley logo sentiu a inspiração aflorar dentro de si junto com o amor e a excitação. Sua rotina em Moscou era encontrar com Anny por cerca de uma hora e, depois, sair para procurar um local para escrever.

O mais notável dentre os poemas e rituais que ele escreveu nesse período é, certamente, o já mencionado *Hymn to Pan*, que abre algumas edições do livro *Magick in Theory and Practice* e mereceu genial tradução do poeta Fernando Pessoa. Além do Hino a Pan, sua versão da Missa Gnóstica é outro fruto da temporada em Moscou. Essa missa costuma ser realizada semanalmente por grupos da O.T.O. até os dias de hoje.

Ao voltar para Londres, seis meses depois, estava na hora de lançar o décimo e último número do primeiro volume de *The Equinox*. As sucessivas edições da obra sugaram boa parte da fortuna de Crowley, mas são um feito sem igual até hoje na literatura esotérica. Não se sabe se por razões puramente financeiras, o próximo volume de *The Equinox* – ou seja, os cinco anos seguintes – seria um volume de silêncio para anos de silêncio: não haveria *The Equinox*. A ideia era voltar com a série dentro de cinco anos, o que aconteceu com o volume conhecido como *The Blue Equinox*, que abrigou a primeira publicação de *Hymn to Pan*.

Em dezembro, Crowley foi a Paris. Em sua mente, uma decisão: se recolher um pouco da vida pública e se aprofundar em seu desenvolvimento espiritual – focando especialmente em experimentos com magia sexual. No futuro próximo, viria a acrescentar práticas aos graus já existentes da O.T.O. que não têm paralelo em ensinamentos de práticas de magia tântrica ou sexual tradicionais. Por exemplo, o elixir do nono grau da O.T.O., composto por fluidos masculinos e femininos, considerado como fortificante e magicamente doador de poder. A maioria dos sistemas de magia sexual lida com a retenção do sêmen e com sua liberação em circunstâncias e ocasiões específicas. Parece haver um consenso, entre as linhas tradicionais, de que o sêmen deve ser contido o máximo possível, ou mesmo jamais expelido. Essas correntes de pensamentos consideram o derramamento do esperma um ato maligno que alimenta demônios astrais. Como para Crowley demônios e anjos são seres sem distinção de bem ou mal, a ideia passa a ser o derramamento do sêmen para criar entidades astrais em conformidade com a vontade.

Se considerarmos que o sêmen gera crianças terrenas (filhos) ou astrais (entidades), é possível pensar que o derramamento do sêmen sem direcionamento consciente – ou seja, sem ser amor sob vontade – geraria seres astrais (ou formas-pensamento) de natureza desconhecida, muitas vezes maléficas e fora de controle. Já o sêmen expelido com intenção e consciência – com a mente focalizada em uma Vontade ou imagem – seria um veículo para criação de entidades que seriam como filhos astrais.

Esse era um longo caminho que Crowley tinha a explorar pela frente. Já tinha em mente qual seria seu primeiro grande trabalho de magia sexual ao chegar em Paris. E já sabia a quem convidar para a empreitada.

Os Trabalhos de Paris

Victor Neuburg e Crowley passaram sete semanas realizando vinte e quatro rituais diferentes. Mas não só eles dois; o primeiro deles, que se deu na noite de Ano Novo de 1914, teve a participação de Walter Duranty, um correspondente do *New York Times* com quem Crowley tinha um caso. Durante o ritual, Crowley anotou em seu diário ter recebido o sacramento de Duranty, sendo "sacramento" um eufemismo para esperma – parte fundamental de um ritual de magia sexual por sua condição de semente da vida humana e que foi usado combinado a sangue em praticamente todos os rituais dos *Trabalhos de Paris*.

Durante o ritual, Neuburg penetrava Crowley enquanto ambos recitavam versos compostos por Crowley e Duranty, cujo objetivo seria ajudar na concentração dos participantes para que invocassem Hermes/Mercúrio. De acordo com Crowley, Neuburg foi tomado pela entidade, e o quarto se encheu de visões de caduceus com serpentes vivas, mas não conseguiu manter a ereção necessária para que Hermes se manifestasse completamente.

Nos rituais seguintes, muitas manifestações de entidades ocorreram, mas nada que realmente levasse a resultados concretos, como o dinheiro que Crowley tentava obter através da magia, já que suas reservas estavam se esvaindo. Em uma das manifestações, foi-lhe instruído que realizasse o ato sagrado (a união homossexual) diante do mundo para provar que dele não se envergonhava. Crowley viria a cumprir a instrução, não diante do mundo, mas diante de Jane Chéron, uma de suas amantes na época, que presenciou o ato sexual entre Crowley e Walter Duranty – que era amante da própria Chéron também.

Além de manifestações de entidades, houve também muitas lembranças de outras vidas, mas a principal conquista dos *Trabalhos de Paris*, em termos de magia, foi a definição da linha que Crowley estava inaugurando e pretendia seguir dali por diante. Enquanto os sistemas de magia sexual antigos buscam a união do praticante com um determinado deus ou deusa por meio da união sexual, o método de Crowley pretende criar uma entidade, ou mesmo um novo deus ou deusa através dessa união erótica. É a isso que Crowley se refere quando menciona a criança mágica em seus textos.

Outro resultado, direto ou indireto, dos *Trabalhos de Paris* foi o rompimento definitivo entre Crowley e Neuburg. Alguns dizem que Neuburg se afastou de Crowley por remorso devido à morte de Joan Hayes; outros sustentam que houve um encontro no segundo semestre de 1914, em Londres, no qual Neuburg comunicou a Crowley que não mais seria seu discípulo. Crowley teria, em resposta, lançado uma maldição sobre Neuburg.

O fato é que Neuburg teve uma crise nervosa devido ao conjunto dos acontecimentos dos últimos anos, mas depois se recuperou a ponto de se alistar nas forças armadas britânicas, casar-se, ter filhos e fundar sua própria editora. Entretanto, nunca mais escreveu os versos inspirados de antes. Talvez, Neuburg tenha decidido sair da arte para entrar na vida "real".

Rumo aos Estados Unidos da América

Agora, Crowley resolvia direcionar sua energia para o fortalecimento da O.T.O. Ao fundar a M.M.M. – o ramo britânico – fundou também uma espécie de plano de seguro para os membros e para ele próprio. De acordo com esse plano, uma conta seria aberta em nome da M.M.M., para a qual os membros recorreriam em caso de necessidade. Crowley doou Boleskine à ordem. A ideia era fazer dinheiro com a venda da casa e com os direitos autorais de seus livros. O tesoureiro, *Frater Fiat Piax* (George M. Cowie) não tardou a concluir que o dinheiro da venda da casa e dos livros não chegava nem perto do dinheiro que Crowley exigia retirar da conta da M.M.M. No final das contas, por um longo período, Cowie acabou pagando do próprio bolso as contas de Crowley.

Não se sabe se foi o início da Primeira Guerra Mundial em julho de 1914, se foi o amargo rompimento com Neuburg ou algum outro fato a mola propulsora para sua próxima decisão, mas, em 24 de outubro, Crowley embarcou em um navio para os Estados Unidos. No bolso, cerca de cinquenta libras em dinheiro. Nas malas, livros esotéricos e documentos.

O período nos Estados Unidos seria um dos mais complicados da vida de Crowley. Agora, ele experimentaria não só o sabor do exílio, mas também o da bancarrota.

Suas expectativas para com o público estadunidense eram as melhores. Crowley via nos Estados Unidos um frescor revigorante advindo das misturas entre os povos,[131] mas também temia por efeitos colaterais ao novo sistema estadunidense, como no seguinte trecho de suas memórias:

> "O que realmente me preocupa nos Estados Unidos é que, quando eles conseguirem que a maioria concorde com algumas premissas básicas, haverá, imediatamente, uma

---

131. Se Crowley considerava o que vira em Nova York e nos Estados Unidos uma *mistura entre os povos*, fico imaginando o que ele teria achado do Brasil.

tentativa de massacrar todas as ideias incompatíveis a essas premissas, e até de atrofiar seu potencial ao extirpar qualquer sinal de genialidade entre os seus, exatamente como foi feito em Roma. Nesse caso, a tirania seria infinitamente pior que qualquer outro caso na história do cristianismo, pois o pior defeito dos estadunidenses é sua crueldade e seu sangue-frio – sua luta contra a natureza e as influências degenerativas de perversões como o alcoolismo e a imoralidade sexual os fazem valorizar as virtudes mais duras em detrimento das virtudes mais humanas."[132]

Não chegou a Nova York desapercebido. Antes de sua chegada foi publicado um artigo na revista do jornal *New York World*. O texto, que o próprio autor reconheceu posteriormente como sensacionalista, foi taxado por Crowley de "baboseira". E era mesmo: no artigo, o jornalista descreve um suposto rito satânico com a presença de mulheres da alta sociedade, no qual Crowley teria clamado por Satã e cantado glórias ao "mal".

Mas nem tudo era impressa marrom na revista do *New York World*, que publicou ainda outro perfil de Crowley, desta vez por outro jornalista, e mais próxima da realidade. Nesse artigo, Crowley é descrito como um homem extremamente magnético, capaz de provocar intensa atração ou extrema repulsa, e, entrevistado, deixa claro *não* praticar magia negra.

Assim como fizera em Paris em outras ocasiões, Crowley pretendia se embrenhar nos meios intelectuais e artísticos. Desta vez, não só para propagar suas ideias e seus poemas, mas para angariar algum tipo de patrocínio, já que estava realmente quebrado financeiramente. Pensou que sua porta de entrada na *intelligentsia* nova-iorquina fosse se dar através de John Quinn, rico patrono das artes com quem se encontrou algumas vezes. Mas estava redondamente

---

132. Crowley, Aleister. *The Confessions of Aleister Crowley*. Londres: Penguin Books, 1978. Capítulo 75.

enganado. Quinn logo se cansou de Crowley, sobre quem espalhou considerar um "poeta de terceira ou quarta categoria". Como resultado, Crowley tornou-se *persona non grata* e objeto de escárnio do grupo de artistas e escritores com quem Quinn se relacionava. Muitos, que já conheciam Crowley de outras ocasiões, zombavam da aura de "Deus" em torno dele, alimentada por seus discípulos e admiradores. Toda essa coisa de magia soava tola e infantil para a maioria dos escritores, para não dizer que cheirava a charlatanice. Além disso, o estilo literário parnasiano de Crowley era considerado ultrapassado e cafona.

Apesar de Crowley se jactar em alguns escritos de que, através de *magick*, era possível conseguir prosperidade em todos os níveis, na realidade não era bem isso que estava acontecendo. Mas, se por um lado não tinha dinheiro, por outro a prática de magia sexual seguia de vento em popa. Experimentou os rituais do nono e do décimo primeiro grau com prostitutas das ruas de Nova York e com homens que conhecia em saunas turcas, além de manter romances curtos com mulheres por quem se apaixonava. Na época, escreveu em seu diário que gostaria de atrair para si um homem como Pollit, seu amor de juventude.

Nesse período, escreveu *Not the Life and Adventures of Sir Roger Bloxam,*[133] uma pequena novela pornográfica cujos personagens principais são o próprio Crowley, sob o nome Roger Bloxam; o ânus de Crowley; seu pênis; seus testículos; e o ex-namorado Pollitt. Crowley não tinha dinheiro para mandar imprimir esse livro como fizera com todos os seus outros livros até então. Talvez por isso essa novela jamais tenha sido publicada, mas pode ser facilmente encontrada na internet.[134]

---

133. *Não a Vida e as Aventuras de Sir Roger Bloxam.*

134. Link para *Not the Life and Adventures of Sir Roger Bloxam*: http://www.beyondweird. com/occult/bloxam1.html.

Capítulo 2

O Operário das letras

Escrevendo para sobreviver

Durante seu exílio estadunidense, Crowley tirou seu ganha-pão das letras. Apesar de não ser jornalista formado e de sua experiência na área se resumir a suas próprias publicações de poesia e magia, acabou trabalhando nos jornais *The International* e *The Fatherland*.

Ambos os jornais eram de propriedade do jornalista alemão naturalizado estadunidense George Sylvester Viereck (1884-1962). Durante a Primeira e a Segunda Guerra Mundial, Viereck foi um dos maiores propagandistas pró-Alemanha nos Estados Unidos. Apesar de glorificar o país que adotou, jamais deixou de tecer loas à Alemanha natal. Viereck e Crowley se conheceram antes da guerra, apresentados por Austin Harrison, editor de *The English Review*. Assim que chegou a Nova York, Crowley resolveu procurá-lo e fortalecer seus laços com o jornalista. Por um lado, Crowley afagava o ego de Viereck para ganhar sua confiança e mais espaço em suas publicações. Mas, em suas memórias, se refere a ele como medíocre, homossexual enrustido e

ciente de sua inferioridade. Na verdade, Viereck era mais do que isso. Autor de ao menos um *best-seller*, *Confessions of a Barbarian*,[135] além de coletâneas de poemas, Viereck viria a defender o nazismo na Segunda Guerra Mundial, razão pela qual ficou preso por cinco anos. Dessa experiência, viria a escrever *Men into Beasts*.[136] A observação de Crowley de que Viereck seria homossexual enrustido talvez não tenha fundamento, pois, já em 1907, Viereck havia publicado *The House of the Vampire*,[137] uma ficção sobre vampiros gays.

Há uma passagem obscura da biografia de Crowley – uma das várias – segundo a qual ele teria se oferecido para colaborar com o serviço secreto inglês, que o teria rejeitado. Então, teria decidido unir a necessidade de fazer dinheiro em Nova York com a chance de escrever em um jornal tradicionalmente associado à propaganda pró-germânica – aparentemente o governo alemão subsidiava as publicações de Viereck – para armar uma estratégia.

A estratégia consistiria em escrever, como britânico – ou melhor, como "homem de letras irlandês", como gostava de se apresentar na época – textos pró-Alemanha em um estilo tão absurdo e delirante que todos perceberiam se tratar de ironia deslavada para com a causa alemã. Todos, menos os leitores de origem alemã – na visão dele, pessoas sem senso de humor e fanáticas a ponto de levar a sério uma caricatura. Havia, por exemplo, textos como *The New Parsifal*, em que Crowley comparava o kaiser alemão a Jesus Cristo. Entretanto, ele tentou esclarecer em outro texto não ser pró-germânico, mas sim "pró-humano", e que buscava apontar as feridas sociais de sua própria cultura, mas na intenção de cooperar para seu desenvolvimento.

Outra de suas *performances* em terras americanas foi quando, em julho de 1915, alugou uma lancha para realizar um ritual na ilha de Bedloe, aos pés da Estátua da Liberdade. Na ocasião, Crowley,

---

135. *Confissões de um Bárbaro.*
136. *De Homens a Bestas.*
137. *A Casa do Vampiro.*

usando de toda a sua teatralidade, se declarou irlandês e rasgou o passaporte britânico. Depois, viria a dizer que o papel rasgado era apenas um envelope sem importância.

O lado preconceituoso e classista de Aleister Crowley não é segredo para ninguém. Ele próprio reconhecia que esse era um dos aspectos mundanos de sua personalidade, logo, sua expectativa quanto à reação do público se baseava em sua própria perspectiva elitista. Mas nem o público de língua inglesa era "esperto" o bastante para apreender prontamente suas ironias, nem o público de língua alemã era tão "tapado" a ponto de corroborar prontamente suas teses extravagantes.

Apesar do inusitado de sua estratégia, há indícios de que Crowley realmente tinha contatos com o serviço de inteligência das forças aliadas. Em uma carta de 1929, Everard Feilding, membro do serviço de inteligência britânico e tenente durante a Primeira Guerra Mundial, reconhece que Crowley se ofereceu para espionar para o Reino Unido e que lhe fora enviado um certo teste por escrito. Feilding não sabia dizer se o resultado do teste foi negativo ou se o problema era a má fama de Crowley, o fato é que o serviço de inteligência resolveu não retornar qualquer comunicação.

Ainda de acordo com Feilding, Crowley talvez pudesse ser acusado de muitas coisas, mas não de traidor da pátria.[138] Além do que, há de se considerar que, quando a guerra acabou, Crowley entrou normalmente em seu país, sem qualquer problema, o que não teria acontecido naqueles tempos de fervor patriótico se ele tivesse sido um traidor – quanto mais em se tratando dele, que não era exatamente um queridinho da mídia ou da Coroa Britânica.

Para corroborar a tese de que Crowley escrevera propaganda pró-germânica como forma de ironia, após sua morte foi encontrada uma carta entre suas coisas. A correspondência datava de 1939,

---

138. Sutin, Lawrence. *Do What Thou Wilt: A Life of Aleister Crowley*. New York: St. Martin Press, 2000, p. 249-250.

logo após o estouro da Segunda Guerra, e era assinada pelo Diretor de Inteligência da Marinha Britânica, que o convidava para um encontro – tratamento bastante improvável para com um traidor da pátria. Mas, quando o nazismo eclodiu na Alemanha, Crowley não hesitou em procurar Viereck, com quem não mantinha contato já fazia alguns anos, para persuadi-lo a oferecer *O Livro da Lei* a Adolf Hitler como livro-guia da moral e filosofia nazista.

Triângulos amorosos e o filho mágico

Além de continuar escrevendo para as publicações de George Viereck, Crowley também estava aceitando trabalhar como *ghostwriter*, como fez para a famosa astróloga estadunidense Evangeline Adams. Crowley escreveu a maior parte dos livros *Astrology: Your Place in the Sun*[139] e *Astrology: Your Place Among the Stars,*[140] ambos inéditos no Brasil e lançados originalmente em 1928 e 1930, respectivamente, assinados apenas por Adams. Posteriormente, Crowley acusaria a astróloga de incompetência e de não ter divido os lucros dos livros, como combinado.

Mas, no momento, Crowley estava recebendo com alegria quase qualquer proposta de trabalho. À parte isso, em junho de 1915 ele encontrou um novo amor. Seu nome era Jeanne Robert Foster, uma deslumbrante modelo que também era jornalista e poeta. Casada com um homem rico e vinte e cinco anos mais velho, Foster sempre teve interesse por ocultismo e teosofia, o que deve ter sido o ponto de partida para o caso entre ela e Crowley. Mas aquela história não era a dois, já que uma amiga de Jeanne, a jornalista nova-iorquina Helen Hollis, também recebeu os carinhos extravagantes do mago inglês, formando um triângulo amoroso. No entanto, Crowley gostava mesmo era de Jeanne, que, por sua vez, não correspondia a esse amor com a mesma intensidade.

---

139. *Astrologia: seu lugar no sol.*
140. *Astrologia: seu lugar entre as estrelas.*

Ele as apelidou de A Gata e a Serpente. Jeanne era a gata, e Helen, a serpente. Com elas, Crowley praticou magia sexual de qualidade superior a tudo que havia experimentado antes – mal sabia ele que as próximas Mulheres Escarlates os conduziriam muito além. Foi durante esse período que Crowley relatou passar por sucessivas iniciações no âmbito dos eventos cotidianos, e essas iniciações o teriam levado a alcançar o grau de *Magus* sob o nome mágico *To Mega Therion* ("A Grande Besta" em grego).

Resolve viajar a Vancouver, no Canadá, para conferir como iam as coisas na matriz do ramo estadunidense na O.T.O. Passa no trem, após uma parada em Detroit, o dia 12 de outubro de 1915, seu aniversário de quarenta anos. Durante a viagem, praticou meditação e se identificou completamente com a palavra de seu grau de *Magus*, e a palavra era *Thelema*. E, à consecução, a *criação* de sua palavra mágica seria um filho mágico.

O que ele queria era que Jeanne fosse sua Mulher Escarlate para gerar o filho que ele ainda não tinha. Mas a relação com Jeanne, com quem esteve em Vancouver, se antes não era nenhum mar de rosas, agora ia de mal a pior. E a origem do problema era, ao que tudo indica, a incapacidade de Jeanne engravidar, o que despertava o desprezo de Crowley – que considerava a procriação a função básica de qualquer mulher. É de se imaginar como seria o relacionamento de Crowley com o movimento feminista que ele não chegou a viver para testemunhar.

Em Vancouver, o casal de amantes encontrou o líder da O.T.O. local, o contador inglês Charles Stansfeld Jones (1886-1950), que Crowley conhecera de passagem em 1909, em Londres, quando ainda era Probacionista. Desde o grau de Neófito, usava o moto *Frater Achad*, com o qual viria a assinar vários trabalhos importantes de magia e esoterismo. Achad é considerado por muitos, ao lado de Jack Parsons, o discípulo mais talentoso que Crowley já teve.

Jeanne Foster acabou voltando sozinha a Nova York, uma briga das mais virulentas. Depois, Crowley tentou retomar o romance, mas foi rejeitado e, ao que parece, passou a perseguir e ameaçar a ex-amante, inconformado com a rejeição.

Apesar de nunca ter realmente digerido o fim da relação com Jeanne, no primeiro semestre de 1916 Crowley já estava envolvido com mais duas mulheres – uma delas também casada, a cantora Alice Richardson, conhecida pelo nome artístico Ratan Devi; a outra, uma prostituta alemã, Gerda Maria Von Kothek. Também a este par de amantes Crowley apelidou com nomes de animais: chamava-as, respectivamente, de a Macaca e a Coruja.

Ratan Devi, que ficou famosa por sua voz de *mezzosoprano* com a qual cantava temas indianos, era casada com o crítico de arte e historiador Ananda K. Coomaraswamy, a quem Crowley se referia, com seu racismo de sempre, como "o mestiço. Com Ratan Devi, Crowley teria atingido novos píncaros da magia sexual. Em uma dessas ocasiões, Crowley teria chegado a se identificar com Shiva enquanto Devi se identificava com Shakti, sua consorte divina. Apesar de ela ser casada, Crowley queria que ela lhe desse o filho que Jeanne, a Gata, não conseguira – se é que quisera – lhe dar. O fato é que Ratan Devi engravidou mesmo, mas – de acordo com Crowley – o marido, ciente da traição, teria convencido a esposa a viajar com ele para a Inglaterra de navio. Crowley não se opôs, ao menos não positivamente. O marido da cantora sabia da sensibilidade da esposa a viagens marítimas e Crowley o acusou de fazer tudo de caso pensado, querendo que a mulher abortasse o bastardo.

Se Coomaraswamy queria ou não provocar esse aborto, não se sabe. Mas foi o que aconteceu. Crowley, como de hábito em seus fracassos pessoais, culpou a agora ex-amante, culpou o marido traído, mas se eximiu de qualquer responsabilidade em mais aquela tentativa fracassada de criar um filho mágico.

Em junho de 1916, Crowley conclui ser chegada a hora de um Grande Retiro Mágico. Aceitou a oferta da então amiga Evangeline

Adams, que lhe emprestou uma casa em Lake Pasquaney para que o mago fizesse seu retiro.

O retiro durou quatro meses. Crowley chegou a Lake Pasquaney em junho e lá ficou até meados de outubro praticando sexo ritual – na modalidade autoerótica – combinado com o uso de heroína, cocaína, ópio e, principalmente, éter. De acordo com Crowley, o uso do éter ajuda a pessoa a reconhecer e confirmar sua Verdadeira Vontade.

Foi por meio de uma de suas experiências com magia autoerótica e éter que ele alcançou o que chamou de "*Samadhi* suprema". Mas, assim como não assumia integralmente suas relações homossexuais, Crowley também não assumia com total honestidade sua relação com as drogas. Apesar de reconhecer em seu diário da época ter alcançado esse estado místico usando éter, ao escrever sobre o episódio anos depois ele simplesmente não menciona ter feito uso da droga e, em alguns artigos, chega a desqualificar o uso místico de substâncias que alteram a consciência.

Durante o retiro, Crowley também realizou uma das mais intensas e sinistras experiências de sua carreira de mago. Na intenção de destruir quaisquer reminiscências cristãs de sua consciência, além de afirmar a não existência histórica de Jesus Cristo, Crowley realizou um elaborado ritual – descrito em *Liber LXX*, contido em *Magick in Theory and Practice* – no qual capturou um sapo, batizou-o de Jesus Cristo e submeteu-o a um julgamento. Acusado de todos os erros e pecados do cristianismo, o sapo é condenado por *To Mega Therion* à crucificação, e então Crowley comeu as pernas do animal para reforçar o vínculo mágico de submissão da corrente espiritual cristã à corrente espiritual de Thelema. O que restou do corpo do sapo foi queimado, representando o fim definitivo da era cristã.

Com esse ritual, Crowley acreditava estar purificando o mundo dos males do cristianismo e abrindo as portas do Novo Éon para a humanidade.

Passados quatro meses de retiro, volta para Nova York em outubro. Em dezembro, pé na estrada novamente: parte para Nova Orleans.

A Besta deprimida

A vida não vinha apresentando muitas perspectivas para Crowley. O ano de 1916 acabara, estava começando 1917 e parecia ter arrefecido a velha ambição de ensinar ao mundo todo, de abrir as comportas do potencial mágico da humanidade. Crowley continuava escrevendo para jornais e ganhando modestamente, mas os Estados Unidos haviam rompido com a Alemanha, e restava saber se ele devia continuar com a estratégia de fazer delirante propaganda pró-germânica.

Charles Stansfeld Jones escrevera pouco antes do fim ano para dizer que havia ultrapassado o grau de Bebê do Abismo e era agora um Mestre do Templo 8°=3□. Se por um lado isso animou Crowley, que confirmou assim a funcionalidade do método que desenvolvera para a A∴A∴, por outro lado não foi o suficiente para manter a chama acesa. Nem mesmo o fato de reconhecer, enfim, Jones como seu *filho mágico* – ou seja, aquele que captou sua influência etérica, assimilando seus conhecimentos mágicos – lhe entusiasmou de verdade. Talvez porque aquelas fossem conquistas mais de Thelema e de Jones do que de Crowley, que não estava acostumado a viver com pouco dinheiro. Somados a isso, talvez o conflito interno de sua identidade sexual e o uso cada vez maior de drogas estivessem ajudando a distorcer um pouco seu caráter.

Um pouco, mas não muito. Afinal, Crowley não tinha outro caminho, o que logo veio a descobrir. Se mantinha dúvidas quanto ao sentido de praticar magia, de dedicar sua vida a esse estudo, acabou concluindo que, após os quarenta anos de idade recém-completados, seria difícil mudar o rumo de sua vida. Para o bem ou para o mal, Crowley era o que era e não havia outra direção a tomar agora. A magia era sua vida, mesmo que ela não existisse.

Mas além de mago (ou talvez até antes disso), Crowley era um escritor e sempre teve muita confiança em seu talento literário. Foi pensando assim que dedicou boa parte de sua estada em Nova Orleans trabalhando em um novo personagem fictício, Simon Iff, que aparece em contos publicados nos jornais de Viereck e em uma novela que viria a ser publicada em 1929 com o título *Moonchild.*[141] O esforço literário de Crowley, se interessante do ponto de vista literário, mostrou-se infrutífero em termos financeiros, já que não alcançou nem a metade do sucesso almejado pelo autor.

Para piorar, a O.T.O. britânica, de onde ele recebia ajuda financeira, parou de enviar dinheiro. Os membros estavam se afastando da ordem devido aos textos que ele escrevia para *The Fatherland*. Uma coisa era se associar a um homem exótico e polêmico como Crowley, mas se associar a um suposto traidor da pátria em tempos de guerra era insustentável.

Como desgraça pouca é bobagem, pouco depois de voltar para Nova York, na primavera de 1917, Crowley recebe a notícia da morte da mãe. Ele gostava de bancar o durão na relação com ela, mas, como já vimos, havia muita fachada nisso. Ele sentiu a perda da mãe, embora estivesse anestesiado pelo próprio desânimo e amortecido pela própria apatia.

Emily Crowley deixou herança, cuja maior parte foi direto – por ordem judicial – para a filha, Lola Zaza e a ex-esposa, Rose. Crowley ficou apenas com uma parte da herança, que era depositada em sua conta em parcelas mensais.

Contudo, uma notícia relativamente positiva estava a caminho. Viereck resolvera promover Crowley a editor da *The Internacional*. Proposta feita e prontamente aceita. Para Crowley, era negócio: ganharia mais espaço no jornal – inclusive para escrever várias sessões e artigos sob pseudônimo – e um pouco mais de dinheiro. Para Viereck, era economia, já que não precisaria pagar vários profissionais e Crowley acabava fazendo o jornal quase que sozinho.

Apesar de ter entrado em uma espécie de "vácuo sexual" após o relacionamento com Ratan Devi, no verão de 1917 Crowley ensaiou uma volta à velha forma, ao menos quanto ao sexo: Anna Catherine Miller, jovem holandesa que logo foi apelidada de Cachorra devido

---

141. Algo entre "Filho da lua", ou "Filha da lua", ou ainda "Criança lunar".

à associação que Crowley estabeleceu entre Miller e Anúbis, deus egípcio da morte com cabeça de cão.

Aparentemente só para manter o padrão de seus relacionamentos, Crowley logo se engraçou para os lados de uma amiga de Anna Miller chamada Roddie Minor, uma química alemã casada (para variar!), mas que não morava com o marido. Minor mexeu com Crowley de um jeito diferente, pois ele a considerava dotada de um cérebro "masculino", o que o desconcertava em sua misoginia. A inteligência e força de Minor fascinavam Crowley, que a apelidou Camelo, representação da força, da resistência e da constância que ela tinha, qualidades de que ele mesmo precisava para alcançar novos estágios espirituais.

Quanto a seu lado homossexual, satisfazia junto a Walter Gray, estadunidense amigo de Minor com quem Crowley manteve uma relação paralela no mesmo período. Mas, como a Besta era um amante incansável, o nível de paixão em seu sangue pareceu subir a níveis estratosféricos quando conheceu Eva Tanguay, atriz e cantora com quem chegou a pensar em se casar de novo. Mas este foi só outro caso que passou tão rápido quanto começou.

Já Roddie Minor acabou se mostrando uma Mulher Escarlate mais estável, ao menos por alguns meses. O fruto literário desse período é *Liber Aleph, The Book of Wisdom or Folly*.[142] Esse livro, que só viria a ser publicado postumamente, em 1962, é Crowley em seu estado puro: excelente literatura e grandes *insights* filosóficos acompanhados do mais grosseiro racismo e sexismo.

Problema de verdade Crowley teve de encarar quando, na primavera de 1918, Viereck vendeu *The International* para um antigo desafeto de Crowley, um certo professor Keasbey. Crowley foi afastado da publicação, e suas finanças entraram em queda radical.

Também na primavera de 1918, Crowley recebeu a visita de duas jovens irmãs. Alma Hirsig tinha grande interesse por ocultismo, mas sua irmã, Leah Hirsig, estava apenas fazendo companhia.

---

142. *O Livro da Sabedoria ou Loucura.*

Alma queria conselhos sobre ocultismo e chegou ao endereço por conta do anúncio que Crowley publicara em um jornal local para conseguir modelos. Aleister Crowley agora se reinventava como artista plástico. Mesmo em plena crise pessoal e financeira, ou talvez até por causa dela, Crowley resolvera se dedicar à pintura, um hobby pelo qual começara a tomar gosto um ano antes, após uma temporada na casa do discípulo e amigo Leon Kennedy, que era pintor. O anúncio em questão dizia:

> **Procura-se** – Anões, corcundas, mulheres tatuadas, modelos estadunidenses, anormais de todo tipo, mulheres de cor e qualquer tipo extremamente feio ou deformado para posar para artista.

A visita das duas irmãs tomou outro rumo quando Crowley simplesmente não conseguiu resistir e começou a beijar Leah. A mulher exercia sobre ele um encanto além das palavras com sua atmosfera, entre a melancolia e a doçura, e seus modos simples e diretos.

Mas ainda não era hora de acontecer algo além. Ainda se passariam nove meses até o reencontro, apesar do clima intenso que se formara entre Leah e Crowley.

Após um breve período de apatia, Perdurabo achou que era hora de mais um retiro mágico. Como não tinha condições financeiras de bancar nada muito luxuoso, escolheu a pequena e inabitada ilha Esopus, no alto do rio Hudson. Aceitou a contribuição de amigos para comprar provisões essenciais e arrumou uma pequena canoa equipada com vela para chegar ao local do retiro. Alguns amigos o acompanharam até o rio para se despedir e ficaram surpresos ao ver as "provisões" de Crowley, que consistiam basicamente em tinta vermelha. Nada de comida. Quando questionado sobre o que iria comer, respondeu solenemente: "Meus filhos, vou para a ilha Esopus e serei alimentado pelos corvos, como o profeta Elias".[143]

---

143. *Ibid.*, p. 268.

Roddie Minor, que após uma separação amigável não era mais sua amante – apesar de algumas "recaídas" sexuais ainda ocorrerem eventualmente – apareceu na ilha levando comida poucos dias depois. Como e o que ele comeu antes da chegada de Minor não se sabe, mas o destino da tinta vermelha foi do conhecimento de todos.

Crowley escalou rochas dos lados leste e oeste da ilha, rochas estas que, de acordo com ele, foram lá colocadas pela Providência Divina para que ele pudesse divulgar a Lei de Thelema. Foi assim que ele pintou, em ambos os lados da ilha, para que todos pudessem ver ao passar de barco, a frase "Faze o que tu queres". Ao menos com isso, ele conseguiu chamar a atenção de fazendeiros locais, que foram até ele com presentes como laticínios e ovos.

Além de Minor, Charles Stansfeld Jones também o visitou em Esopus. Não se sabe bem que tipo de trabalho mágico fizeram, mas devem ter feito algum.

Durante o retiro, Crowley praticou meditação e conseguiu se recordar de vidas passadas através de uma técnica de ioga chamada *Sammasati*.[144] Não se sabe se foram usadas drogas durante essas meditações. O fato é que, de acordo com ele, sua existência como Aleister Crowley foi precedida por outras: o mago e ocultista francês Eliphas Levi; a prostituta sagrada Astarte; o conde e ocultista italiano Cagliostro; um mago sinistro chamado Heinrich Von Dorn; o Papa Alexandre XI; um padre chamado Ivan; além de um homem extremamente afeminado cujo nome não conseguiu lembrar.

Apesar de toda essa pesquisa de vidas passadas, Crowley não aceitava totalmente a teoria da reencarnação. Sustentava que essas lembranças, por autênticas que fossem, poderiam representar vários níveis de assimilação e comunicação espiritual, e não necessariamente vidas realmente já vividas por sua alma.

Além desse tipo de experiência, Crowley teria alcançado o estado de *Samadhi* em meditação durante o retiro na ilha. Ao voltar para Nova York, resolveu demonstrar ao amigo William Seabrook – na

---

144. Estado de lembrança, ou não esquecimento. Um estado de iluminação espiritual.

época um famoso jornalista – os "poderes mágicos" que ganhara durante o retiro. Caminhando pela Quinta Avenida, pediu ao amigo que fizesse silêncio e observasse. Havia um homem de porte e boa aparência caminhando em frente a eles na calçada. Crowley começou a imitar a postura e o caminhar do homem, até que se tornou algo próximo de uma sombra em carne e osso do outro. Continuou assim por alguns minutos, em perfeita sincronização com o homem. Até que, de repente, antes de virar uma esquina, Crowley deixou os joelhos fraquejarem e simplesmente caiu no chão como se tivesse tropeçado, mas se levantou logo em seguida. O homem em frente imediatamente caiu como se as pernas o tivessem faltado. Crowley e Seabrook ajudaram o homem a se levantar. O sujeito, atordoado, não sabia explicar em que havia tropeçado ou escorregado.

Esse episódio foi testemunhado e descrito pelo jornalista Seabrook, que aparentemente não era do tipo fanático, tampouco era discípulo de Crowley – embora fosse amigo e simpatizante – e, portanto, supostamente não teria razão para inventar ou fantasiar o episódio. Contudo, mesmo considerando que Crowley tivesse desenvolvido esse tipo de poder, resta saber a utilidade desse tipo de coisa. Esse talento ou técnica ao que parece não ajudou Crowley em nenhuma das ordálias que teve de enfrentar ao longo da vida.

Como se pode deduzir, Crowley estava cheio de disposição após o retiro na ilha Esopus. Morando agora em um apartamento em frente a Washington Square, voltou a se encontrar com Stansfeld Jones, com quem viajou a Detroit para tentar estabelecer laços com um grupo maçônico (o que não deu em nada) e para conseguir ajuda para financiar uma nova edição de *The Equinox*. Após cinco anos de silêncio, era hora de um novo volume chegar ao público.

Assim nasceu *The Blue Equinox*, o primeiro número do volume três da publicação. A prensagem foi financiada pelo dono de uma gráfica de Detroit e publicada em 21 de março de 1919. O livro continha vários textos de introdução à filosofia thelêmica, além da apresentação que Crowley fez de Jones em *Liber CLXV: A Master of the Temple*,[145] apresentando-o ao mundo como seu filho mágico e herdeiro espiritual.

No outono de 1918, Jones apareceu com um estudo que decifrava alguns mistérios de *Liber al vel Legis*. Mas apenas em setembro de 1919 Jones terminaria o estudo, intitulado *Liber 31*, e o enviaria a Crowley, comunicando enfim suas descobertas à Besta, que então percebeu que Jones não era meramente um herdeiro espiritual, mas sim a "criança" anunciada em *Liber AL*, no verso 47 do terceiro capítulo.

> "Este livro será traduzido em todas as línguas: mas sempre com o original pela mão da Besta; pois na forma ao acaso das letras e sua posição umas com as outras: nestas há mistérios que nenhuma Besta adivinhará. Que ele não procure tentar: mas um virá depois dele, de onde eu não digo, que descobrirá a Chave disso tudo. Então esta linha traçada é uma chave; então este círculo enquadrado em seu fracasso é uma chave também. E Abrahadabra. Será sua criança & isso estranhamente. Que ele não busque após isto; pois dessa forma ele pode apenas cair."

Mas Jones começou a achar que suas percepções estariam relacionadas a Kether, a "coroa" da árvore da vida cabalística, o que faria dele um *Ipsíssimus*, grau superior ao de Crowley. Jones não disse isso com todas as letras, mas deu a entender. E Crowley não gostou nada daquela conversa.

---

145. *Um Mestre do Templo.*

Capítulo 3

A Mulher Escarlate definitiva

O reencontro com Leah Hirsig

Leah Hirsig era suíça, mas mudou-se ainda criança para Nova York. Tinha trinta e cinco anos e lecionava em uma escola pública do Bronx quando ela e Crowley se conheceram. Mãe solteira de um menino, Hansi, Leah foi a mais constante de todas as Mulheres Escarlates da vida de Crowley. Ficou ao lado dele, topando tudo com a Besta por quase oito anos. Acima de tudo, foi ela quem mais fez jus ao título e à função de Mulher Escarlate.

Leah vinha de família grande, um total de nove irmãos criados só pela mãe, que foi embora da Suíça com os filhos para escapar do marido alcoólatra e violento. Sua irmã Alma se interessava muito por ocultismo, e sua trajetória é curiosamente parecida com a da irmã – viria a se tornar discípula e sacerdotisa para práticas de sexo tântrico do doutor Pierre Arnold Bernard, líder de uma ordem secreta. Depois, Alma se arrependeria e escreveria um livro sob pseudônimo relatando suas desventuras.

Leah Hirsig

Depois do primeiro e intenso encontro nove meses antes, Leah e Alma voltaram ao apartamento de Crowley em Washington Square no começo de janeiro de 1919. Mais uma vez, Alma não conseguiu conversar muito com Crowley, que, novamente hipnotizado por Leah, pôs-se a despi-la e então a convidou a voltar para posar nua.

Assim ela fez no dia 11 daquele mês. Crowley entrou em um verdadeiro frenesi criativo e pintou a noite inteira. Em determinado momento, perguntou à modelo como ela gostaria de ser retratada, e Leah respondeu: "Quero que você me retrate como uma alma morta". Esse foi o nome que Crowley deu à tela, *Alma Morta*.

Quando acabou de pintar a tela, consagrou sua Mulher Escarlate ao pintar entre seus seios a Marca da Besta – a conjunção do sol e da lua – e ela adotou o nome iniciático Alostrael, que quer dizer algo como "Receptáculo de Deus". Crowley a apelidou Macaca de Thoth.

Não demorou e Crowley estava se mudando com Leah e seu filho para outro apartamento, também de frente para Washington Square. Uma das coisas que Crowley gostava na nova companheira era sua total falta de pudor: Leah tinha por hábito andar sem roupa pela casa, com ou sem visitas.

Não se sabe como, mas, apesar de seus parcos recursos, a nova moradia da Besta não era tão modesta, como puderam comprovar os leitores do *The New York Evening World*, que publicou um perfil de Crowley, entrevistado no novo endereço. O repórter descreve o apartamento como amplo, espaçoso, bem decorado com tapetes e móveis caros, e apresenta Crowley como uma espécie de pintor de vanguarda que se recusava a ser chamado de futurista, cubista ou qualquer coisa do tipo. De acordo com Crowley, sua arte era "subconsciente e automática".

No verão de 1919, Crowley tentou realizar um terceiro retiro mágico, mas não teve sucesso desta vez. Após acampar em Montauk, perto de Long Island, no intuito de se isolar e concentrar suas forças mágicas, a Besta começou a sentir que estava na hora de mudar de ares e tentar algo novo.

A guerra havia terminado e as coisas estavam aparentemente mais calmas em seu país. Foi assim que decidiu voltar à Inglaterra em dezembro de 1919. Leah ficou de encontrar com ele em Paris em meados de janeiro. Estava grávida.

De volta à Inglaterra

O rigoroso inverno costuma fazer de dezembro um mês difícil para quem sofre de asma. E Crowley já chegou à sua terra natal em plena crise asmática, problema que não havia ocorrido nos anos anteriores. Há quem diga que as doenças são reflexos externos de problemas internos, o que pode fazer sentido se considerarmos que Crowley estava vivendo uma fase de grande pressão interna. Seus planos ambiciosos estavam longe de dar sinal de realização concreta, e ele sofria de uma ansiedade que o levava a meter os pés pelas mãos. Sem contar que seu caráter e temperamento não ajudavam, o que Crowley parecia ignorar, ou fazer de conta que ignorava.

Mas aquela crise de asma ficaria marcada na biografia de Crowley como o ponto de partida para sua jornada pelo vício da heroína, droga prescrita por um médico inglês de Harley Street para asma e bronquite. Se as coisas não andavam exatamente fáceis para o lado de Crowley, ficar viciado em heroína não era aquilo de que mais precisava no momento. Não que não tivesse experimentado a droga antes; mas agora estava precisando dela para respirar.

O vício em heroína viria a se tornar um dos grandes estigmas na vida de Crowley, que sempre expressou para quem quisesse ouvir seu ponto de vista sobre as drogas e quem as usa. Para Crowley, um viciado era um fraco, pois o homem que é verdadeiramente senhor de si poderia usar qualquer substância a seu bel-prazer, sem correr o risco de se viciar.

Crowley viria a sentir na carne, da maneira mais amarga, que talvez as coisas não fossem bem assim. Mas isso seria depois. Por enquanto, a heroína não só aliviava o sofrimento da asma e da bronquite, mas lhe proporcionava o entusiasmo e bem-estar necessários para reunir forças para uma nova campanha thelêmica pela Europa. Também na esfera pessoal, sua meta agora era alcançar o grau de *Ipsíssimus* 10°=1□, que representa o ápice da Árvore da Vida. Principalmente, depois de Stansfeld Jones insinuar já ter chegado lá.

Ao alcançar o grau de *Ipsíssimus*, o mago deve transcender qualquer conceito de moral ou razão. Para isso, não pode haver dualidade em seus atos ou pensamentos. O *Ipsíssimus* é aquele que aniquilou sua própria personalidade para libertar seu eu verdadeiro, aquele que identificou e unificou as triplicidades, ou seja, aquele que destruiu as barreiras entre Ser, Não Ser e Vir-a-Ser, que tornou ação, inação e propensão à ação uma só coisa. Crowley sabia bem que a essência do *Ipsíssimus* era a insanidade.

Já havia tratado do que interessava em Londres, ou seja, recolher as pequenas heranças de diferentes tias falecidas. Nada demais, mas não podia reclamar, pois ao menos era algum dinheiro para quem não tinha nenhum.

Passou o ano novo de 1920 em Londres e seguiu viagem a Paris para se encontrar com Leah. Mas, antes de embarcar, teve o desprazer de ver o tabloide John Bull publicar, em 10 de janeiro, um editorial noticiando o retorno de Crowley à Inglaterra, acusando-o de traidor da pátria e instando as autoridades a expulsá-lo do país. É claro que havia muito de delírio radical em um tabloide como John Bull, mas Crowley era um alvo fácil. Como não tinha dinheiro para entrar com uma ação contra a publicação, deu de ombros.

Leah – já no oitavo mês de gravidez – e Hansi não estavam sozinhos ao reencontrar Crowley. Estavam acompanhados de Ninette Shumway e seu filho de três anos, Howard. Leah fizera amizade com a mulher durante a viagem. Ninette, que tinha vinte e cinco anos, trabalhava como governanta nos Estados Unidos e Leah a convidara para trabalhar para ela e Crowley.

Como era de se prever, Ninette se tornou amante de Crowley, a segunda na hierarquia – Leah não deixava dúvidas sobre quem era a primeira. Tudo muito bem, mas as despesas aumentaram consideravelmente agora que tinha duas mulheres – uma delas grávida – e duas crianças para alimentar.

Como o que Crowley chamava de Providência Divina lhe trouxe três mil libras na hora certa, não havia motivo para preocupação. Assim, alugou uma casa (de número 11) na área rural de Fontainebleu, onde ficaram por três meses. Crowley apelidou os meninos de Dionísio e Hermes (Hansi e Horward, respectivamente) e se deu muito bem com ambos, a quem deu lições elementares de escalada.

Foi nessa casa que Leah deu à luz Anne Léa (com acento mesmo) em 20 de fevereiro de 1920. O nome foi escolhido devido às iniciais AL – como em *Liber AL* – e pelo valor cabalístico 31. Mas o próprio Crowley a chamava mais de Poupée.

Pouco depois do nascimento, Crowley mandou Leah e Poupée para Londres para receberem os cuidados médicos de praxe. Então, decidiu alugar uma propriedade em uma área mais barata do que Fontainebleu e, após consultar o I-Ching, resolveu partir para Cefalú, na Sicília.

A Abadia de Thelema

Primeiro de abril, ou *April Fool's Day* no Hemisfério Norte – dia do *Louco* de abril, o que ganha outra conotação para um cabalista e mago – foi o dia em que Crowley, Ninette e os meninos chegaram em Cefalú, uma pequena cidade de pescadores e praticamente parada na era medieval. Passaram a primeira noite em um hotelzinho e, logo no dia seguinte, encontram uma casa a seu gosto para alugar.

Era uma casa de um só andar, simples, porém espaçosa, com cinco quartos, uma sala e vista para a cidade de Cefalú e o Mediterrâneo. Ficava perto de um monte onde havia as ruínas de antigos templos romanos de Diana e Júpiter.

Foi lá que a Besta decidiu criar a Abadia de Thelema, inspirado nas ideias de Rabelais, mas desenvolvendo tudo ao seu jeito. A sala central virou um templo repleto de instrumentos de magia como espadas, taças, punhais, sinos, incenso, altar com *Liber AL* no topo e tudo mais. O quarto que ocupava com Leah – e ocasionalmente com Ninette – era oficialmente intitulado "O Quarto dos Pesadelos" e, um ano depois, as paredes de todos os cômodos estavam repletas de pinturas de Crowley. Eram imagens eróticas, sagradas, blasfemas, psicodélicas – antes da popularização do termo –, infernais. Os títulos das pinturas eram os mais inesperados, coisas como *Lésbicas de Longas Pernas; Hermafrodita Mórbido da Basutolândia; Pestinha japonês Insultando as Visitas; Quatro Degenerados entre Cristão e Judeu Rezando; Egípcias Astecas chegando da Noruega; Artista Suíça Grávida Segurando Jovem Crocodilo; A Costa do Tibete*, entre outros títulos alucinados. Em determinada ocasião, Crowley explicou a um visitante que pintava coisas chocantes para que todos trouxessem à tona os pensamentos mais sufocados e reprimidos até que eles passassem a serem vistos como normais. Em outras palavras, o objetivo era acostumar os estudantes a qualquer tipo de coisa.

Havia também pelas paredes poemas e profecias, além de fórmulas mágicas. Uma das pinturas retratava Leah nua, perto da qual se lia um trecho do poema *Leah Sublime*: "Esfaqueie meu cérebro com seu sorriso demoníaco/Afogue-me em conhaque, boceta e cocaína".

A casa se tornou praticamente uma espécie de "Museu de Thelema". O objetivo era atrair discípulos para experimentar a filosofia thelêmica *in loco*, além de oferecer excursões a turistas. A ideia não deu lucro. Ao contrário do que Crowley imaginava, não havia muitas pessoas ávidas por uma experiência thelêmica.

Mas a Abadia de Thelema atraiu algumas pessoas, sim. A maioria delas pagava uma contribuição para ficar por um período de três meses,

Crowley, Leah com Poupée no colo, Hansi e Horward na Abadia de Thelema

após passar por uma fase de ambientação de três dias, durante os quais o visitante era tratado como convidado e apresentado às práticas da Abadia, como as quatro adorações diárias ao sol como descritas em *Liber Resh*, as missas gnósticas e outros rituais. A partir do quarto dia, esperava-se que o convidado se transformasse em Probacionista ou que se retirasse.

O primeiro dia do Probacionista como tal devia transcorrer em silêncio total; não era permitido que ele ou ela dissesse coisa alguma. Depois vinham três dias de instruções e ensinamentos, e, no quinto dia, o Probacionista fazia um juramento solene de se dedicar aos estudos e práticas da A∴A∴. A partir daí começava o estudo e treinamento de ioga e magia, dos textos da Besta e o engajamento em funções mais prosaicas como os afazeres domésticos. Crowley também gostava de ministrar lições elementares de alpinismo a seus estudantes.

Apesar de ser oficialmente cobrada uma contribuição dos estudantes na Abadia, em alguns casos Crowley não ganhou nada e ainda pagou do próprio bolso. À parte sua dedicação ao trabalho de tornar real sua utopia thelêmica, ele continuava com o uso cavalar de drogas e prática intensa de sexo ritual. A presença de crianças não era empecilho, já que, de acordo com a moral thelêmica, o sexo pode ser praticado em qualquer lugar, à vista de qualquer um, da mesma maneira que atos como comer ou dormir.

O objetivo das imagens perturbadoras nas paredes e títulos assustadores dos quartos era, de acordo com Crowley, confrontar os medos de cada indivíduo – a começar por ele mesmo – para que esses medos pudessem ser enfim superados. Ou seja, Crowley optava por banalizar o que causava medo ou repulsa para, enfim, amortecer e anular esses sentimentos.

Leah o acompanhava e estimulava em todos os seus delírios e visões, ingeria drogas na mesma proporção que ele e se propunha a levar a cabo o papel de Mulher Escarlate em seu aspecto mais lascivo e desavergonhado. Além disso, sabia apontar as fraquezas da Besta, sua tendência à fanfarronice, suas mentiras, suas bravatas. Com ela, Crowley pôde expandir os limites como sempre desejou; quanto mais fundo ele ia, mais fundo ela se propunha a ir, como numa competição de ousadia e rompimento de barreiras.

No sexo, tentaram quase todas as modalidades que se pode imaginar, inclusive Crowley assumindo o papel de "amante lésbica" de Leah, que conhecia os traços sadomasoquistas da personalidade de Crowley e eventualmente o açoitava e apagava cigarros acesos em seu peito. E, como ele gostava de dizer que sua magia o tornava indiferente a quaisquer substâncias e sabores, esta Mulher Escarlate teria feito a Besta ingerir suas fezes como sacramento em um ritual.

Apesar de sua atitude libertária e anárquica, Leah estava sentindo cada vez mais ciúmes de Ninette. Não se importava com as escapadas que Crowley dava com homens e mulheres, mas fazia questão de manter sua primazia como Mulher Escarlate titular. Mas era um ciúme sob controle. Ao menos até as duas ficarem grávidas ao mesmo tempo.

Normalmente, a perspectiva de novos filhos soa auspiciosa e anuncia boas novas. Mas não nesse caso. Uma nuvem negra parecia rondar a Abadia de Thelema. A saúde de Poupée não andava bem. A menina era frágil de nascença, estava definhando e foi levada para um hospital em Palermo.

Poupée morreu no hospital em 14 de outubro de 1920, deixando Crowley devastado. Leah sofreu um aborto espontâneo seis dias depois. Paranoia ou não, Leah resolveu atribuir a culpa de tudo a magia negra, a qual concluiu que só poderia estar vindo de Ninette, cuja gravidez seguia saudável. Leah então exigiu que Crowley lesse os diários mágicos de Ninette e ele ficou consternado com o que leu, não se sabe o quê.

Ninette foi expulsa da Abadia. Ela acabou dando à luz em Cefalú, mas depois voltou para a Abadia com a filha, Astarte Lulu Panthea. Não se sabe muita coisa sobre Astarte, a não ser que Crowley a viu pela penúltima vez ao partir da Abadia de Thelema, onde ela ficou com a mãe até 1924. A última vez que pai e filha se encontraram foi em 1928, em Paris.

Enquanto isso tudo acontecia, Theodor Reuss continuava seu entusiasmado trabalho de introduzir a filosofia thelêmica nos ensinamentos da O.T.O. na Alemanha. Traduziu a Missa Gnóstica de Crowley para o alemão, e os rituais reformados começaram a partir de 1920. Reuss estava trabalhando na tradução de *Liber AL* quando sofreu um derrame, na primavera daquele mesmo ano, o que acabou impossibilitando a conclusão do trabalho.

Quando Reuss morreu, em 1923, Crowley escreveu a vários membros da ordem afirmando que o falecido O.H.O. (*Outer Head of Order* – Chefe Externo da Ordem) o havia designado como sucessor. Heinrich Tranker, que havia sido designado por Reuss como líder da O.T.O. na Alemanha, e Charles Jones, apontado por Crowley como líder da América do Norte, prontamente reconheceram a Besta como o novo O.H.O.

Esse assunto é fonte de grande polêmica. Para muitos, Crowley simplesmente "tomou" a liderança mundial da O.T.O. para si. O fato é que, quando Reuss sofreu o derrame, Crowley tentou se "adiantar" e assumir a liderança mundial da ordem. Na condição de líder dos países de língua inglesa, Crowley indicou Frank Bennett, com quem mantinha correspondência frequente, como líder da Austrália. Um dos assuntos que Crowley abordava nessa correspondência era a possibilidade de substituir Theodor Reuss na liderança absoluta da ordem.

Ao que se sabe, Reuss teria descoberto as intenções de Crowley e rompido com ele – e com a Lei de Thelema – em uma carta de 9 de novembro de 1921. Como resposta, Crowley participou a Reuss sua vontade de ser Chefe Externo da Ordem e candidato a ocupar a vaga após sua abdicação. Só que Reuss jamais abdicou. Essa questão só seria resolvida, ao menos oficialmente, dentro de alguns anos, na Conferência de Hohenleuben.

Capítulo 4

Tempos difíceis

Sexo, drogas e magia na Abadia

Considerando-se os parcos recursos e as dependências não tão amplas da Abadia de Thelema, o número de estudantes que por lá passaram não é desprezível. Menos ainda é o efeito – para o bem e para o mal – que o local causava nas pessoas.

Entre os visitantes, havia gente de origens diversas. O matemático e escritor estadunidense Cecil Frederick Russell – que viria a fundar nos Estados Unidos a obscura ordem iniciática *Gnostic Body of God* (Corpo Gnóstico de Deus) – começara a se interessar por Crowley após ler seu artigo *The Revival of Magick*,[146] publicado em *The International*. Isso ocorrera em 1917, e os dois se conheceram um ano depois, quando Russell o visitou em Nova York. De acordo com Russell, os dois passaram o dia juntos, fizeram viagens astrais e Russell foi iniciado no terceiro grau da O.T.O. Encontraram-se novamente pouco depois e continuaram mantendo contato

Jane Wolfe e Leah Hirsig na Abadia de Thelema, 1920

---

146. *O Renascimento da Magia*.

desde então, até que Russell chegou à Abadia de Thelema em 21 de novembro de 1920.

Cecil Russell era um homem inteligente e de personalidade forte, e não aceitava a liderança de Crowley, que, por sua vez, sentia por ele atração e repulsa simultâneas. Russell se recusava a qualquer tipo de envolvimento sexual com Crowley, o que só aumentava a tensão entre os dois. De qualquer forma, Russell, Crowley e Leah realizaram alguns rituais de magia sexual juntos – presume-se que sem contato sexual entre os dois homens.

Outro fator que alimentava a tensão entre Russell e Crowley era a capacidade que o estudante tinha de apontar os pontos fracos do mestre. Russell considerava Crowley, antes de tudo, um escritor, um literato, e atribuía a isso o fato de Crowley nunca se entregar completamente ao objetivo mágico, jamais se perder no estado não dualístico de *Samadhi*: por estar mais concentrado nas vaidades intelectuais e artísticas do que na magia em si. Esse é, sem dúvida, um ponto de vista a se considerar, e que pode indicar que, se existiam falhas, elas poderiam estar antes no modo como Crowley executava o sistema mágico que criou do que no sistema em si.

Por outro lado, os verdadeiros artistas vivem em uma esfera semelhante à dos iniciados – ou talvez até na mesma esfera em planos distintos –, o que também indica caminhos para a compreensão do às vezes confuso sistema thelêmico.

Russell ficou na Abadia de Thelema até o outono de 1921. Vale reproduzir aqui um trecho de um texto de sua autoria:

> "A magia pode ser bem definida como a ciência e a arte de realizar a própria Vontade – quando alcançamos nossos propósitos e cumprimos a Lei de THELEMA. Portanto, magia teórica vem a ser a arte de aperfeiçoar nossos processos mentais, e magia prática, a arte de aperfeiçoar à vontade. Essas definições são pouco conclusivas, mas são suficientemente eruditas para objetivos práticos. Creio que todos os membros devem ser treinados em magia cerimonial até que

seja assimilada subconscientemente uma atitude de fazer a coisa certa na hora certa, comandando com onipotência e dispondo da eternidade. Não há outra maneira de enraizar as ideias que destroem o complexo de pecado, ou seja, que nada realmente importa e que é impossível errar etc."[147]

Outra estudante que se destacou na Abadia de Thelema foi a atriz estadunidense Jane Wolfe, que participou de mais de cem filmes em Hollywood – cinema mudo em sua maioria. Wolfe começou a se corresponder com Crowley em 1918 e, dois anos depois, abandonou a carreira de atriz para encontrar a Besta na Abadia de Thelema.

A atriz se adaptou muito bem à Abadia, apesar de, no início, estranhar muito a falta de higiene e conforto no local. Jane Wolfe ficou lá por três anos e continuou amiga de Crowley por toda a vida.

No começo de 1921, entre os meses de fevereiro e abril, Crowley resolveu tirar umas férias da Abadia e foi para sua amada Paris. Durante esse período, o infatigável amante Crowley se envolveu em mais um triângulo amoroso. O casal da vez era John e Sylvia Sullivan. John Navin Sullivan, matemático e crítico musical, impressionou-se muito com Crowley, chegando até a assinar um juramento no qual se comprometia a dedicar a vida à descoberta de sua Verdadeira Vontade.

O envolvimento amoroso se deu entre Crowley e Sylvia, inicialmente sem despertar qualquer reação do marido. Mas, depois de algum tempo, Sullivan teve uma crise de ciúme e acabou rompendo com Crowley, que lamentou muito mais a perda do discípulo em potencial do que a perda da amante. O que estava combinado antes do cisma era que o casal Sullivan o acompanharia de volta à Abadia de Thelema, e Crowley estava entusiasmado com as qualidades intelectuais de Sullivan, nas quais ele apostava para ajudar a divulgar a filosofia do Novo Éon. Infelizmente para Crowley, foi mais uma promessa que deu em nada.

---

147. Disponível em: http://www.cfrussell.homestead.com/files/intro.htm. Acesso em: 26 jul. 2023.

Voltou à Abadia em abril de 1921. Não conseguiu trazer o casal Sullivan, mas conseguiu atrair o casal Mary Butts e Cecil Maitland, figuras de relativa expressão nos meios literários parisienses. O casal chegou no final de junho, mas, antes disso, durante a primavera, Crowley sentiu ter alcançado finalmente o grau de *Ipsíssimus*. Registrou o fato discretamente em seu diário, prometendo manter segredo. Apesar de seu desenvolvimento espiritual, o físico não estava acompanhando, já que as doses de heroína se tornavam cada vez maiores e mais frequentes.

No verão, após a chegada do casal Butts e Maitland, Crowley desenvolveu um ritual para fazer o que chamou de Bolos de Luz, de acordo com as instruções proferidas por Ra-Hoor-Khuit no capítulo III, versículos 23-26 de *Liber AL*:

> *"Para perfume misturai farinha & mel & restos grossos de vinho tinto: então óleo de Abramelin e óleo de oliva, e depois amolecei & amaciai com rico sangue fresco.*
>
> *O melhor sangue é da lua, mensal: então o sangue fresco de uma criança, ou pingando das hostes do paraíso: então de inimigos: então do sacerdote ou dos adoradores: o último de alguma besta, não importa qual.*
>
> *A isto queimai: disto fazei bolos & comei para mim. Isto também tem outro uso; seja deitado perante mim, e conservado espesso com perfumes de vossa prece: de besouros se encherá como se fosse e coisas rastejantes sagradas a mim.*
>
> *A estes matai."*[148]

A "criança" em questão não era, ao contrário do que os mais sensacionalistas possam imaginar, uma criança de verdade. Crowley chamava de "criança" o resultado do elixir de magia sexual, ou seja, os fluidos sexuais oriundos da cópula da Besta com Babalon (ou Mulher Escarlate). Mas foi usado o sangue de um galo sacrificado ritualisticamente em

---

148. Crowley, Aleister. *The Law is for All*. Phoenix, Arizona: New Falcon, 1993. Parte III.

nome de Ra-Hoor-Khuit – Mary Butts se recusou a presenciar isso, apesar de ter passado três meses com o marido na Abadia, durante os quais demonstrou não demonstrou estar mal adaptada.

Houve outro sacrifício de animal não humano, ainda mais bizarro que o anterior, e, desta vez, Butts presenciou tudo. Foi o sacrifício de um bode, o qual supostamente deveria ter copulado com a Mulher Escarlate (Leah). Contudo, não houve como forçar o animal a isso, de modo que ela foi penetrada pela Besta, que, depois, sacrificou o bode sobre as costas e o traseiro nus de Leah, que, de acordo com Butts, se virou para ela e perguntou "o que eu faço agora?", ao que Butts respondeu "se eu fosse você, tomava um banho".

Apesar dos três meses na Abadia, o casal voltou a Londres falando muito mal de Crowley, chamando-o de drogado e perturbado, ajudando a engrossar a péssima fama que ele já tinha.

Outro visitante que esteve na Abadia de Thelema no verão de 1921 foi Frank Bennett, um pedreiro australiano de cinquenta e três anos que havia começado a se interessar por Crowley por meio de suas leituras de *The Equinox*. Bennett já era membro da A∴A∴ e da O.T.O. antes mesmo de conhecer Crowley pessoalmente.

A experiência de Bennett foi bastante positiva. Ele sofria de dores de cabeça e ouvia vozes antes de passar quatro meses na Abadia, e saiu de lá curado após alcançar o grau 6°=5□ da A∴A∴ e o grau IX° da O.T.O. Bennett, ou *Frater Progradior* ("Eu Progrido"), voltou para a Austrália no fim de 1921 com suas convicções thelêmicas reforçadas.

Em fevereiro de 1922, Crowley e Leah Hirsig deixaram a Abadia e foram para Paris. Pouco depois, ela seguiu para Londres, e Crowley, entupido de cocaína e heroína, não conseguia mais ver graça na sua antes adorada Paris. Mas, por mais que não quisesse reconhecer, sua dependência das drogas já era gritante demais para ser ignorada.

Foi para Fontainebleu, onde tentou, sem sucesso, se livrar do vício. Duas semanas depois, voltou para Paris, onde reencontrou Leah, e de lá partiram – com pouquíssimo dinheiro no bolso – para Londres, aonde chegaram em maio de 1922.

Pouco depois de sua chegada, Crowley teve um encontro muito especial. Esteve com Gerald Kelly, seu ex-cunhado, que ajudou a criar Lola Zaza, sua filha com Rose Kelly. Lola, agora com quatorze anos de idade, reencontrava o pai depois de tanto tempo. Não que estivesse ansiosa por aquele momento, já que Crowley não gozava de muita consideração por parte da família Kelly. Além do que, não era um pai presente, mesmo para os padrões pouco afetuosos dos anglo-saxões da era vitoriana.

O único registro que existe sobre este encontro está no diário de Crowley da época, no qual ele descreve a filha, com indisfarçável orgulho, como temperamental, desobediente, arrogante, pretensiosa, malcriada – bem como ele esperava que a filha fosse. Não obstante, da última vez que se ouviu falar sobre Lola Zaza, as notícias eram que ela teria se casado e se tornado uma respeitável jovem senhora inglesa como tantas outras.

Ao menos a temporada em Londres rendeu a retomada da amizade com Austin Harrison, editor de *The English Review,* que contratou Crowley como colaborador da publicação. Crowley tinha liberdade para escrever o que quisesse, muitas vezes sob pseudônimo. Apesar de estar travando uma luta contra o vício, a Besta continuava propagando a moral thelêmica quanto ao uso de drogas – quem se deixa viciar nas drogas é fraco, e Thelema é para os *fortes.*

O problema era a Besta em pessoa, nada menos que o Profeta do Novo Éon, chegar à conclusão que era um fraco. Não podia ser, não fazia sentido. Mas, também, Crowley era um *Ipsíssimus,* a última coisa que poderia esperar seria ver sentido nas coisas. Portanto, continuou sua propaganda pró-drogas, mais ainda agora que havia sido aprovada na Inglaterra a Lei de Drogas Perigosas. Em uma de suas crônicas, assinou como se fosse um médico londrino; em outra, como se fosse um doutor de Nova York. O conteúdo era de propaganda explícita, parecida com os anúncios de cigarros comuns nas décadas de quarenta e cinquenta, nos quais médicos posavam com cigarros entre os dedos, exaltando suas supostas virtudes calmantes, entre outras.

Como as drogas eram o assunto do momento para Crowley, nada mais natural que escrever um livro sobre elas, uma novela. Sua novela anterior, *Moonchild*, ainda aguardava lançamento. Procurou o editor Grant Richards com a ideia inicial de propor a publicação de suas memórias, mas Richards não se animou muito, e então Crowley sugeriu uma novela escandalosa sobre o assunto do momento, a proibição do tráfico de drogas. A ideia veio à mente de Crowley ali mesmo, durante a reunião com Richards, assim como o nome do livro – *The Diary of a Drug Fiend*.[149] Ele também inventou uma sinopse na hora. Richards não quis publicar, mas a editora Collins resolveu comprar os direitos e pagou um mais que bem-vindo adiantamento de sessenta libras.

O ânimo de Crowley melhorou consideravelmente após esse pequeno sucesso que reacendeu nele a esperança de ver seus esforços coroados, sua liderança espiritual reconhecida e a Lei de Thelema implantada na Terra.

Crowley e Leah se mudaram para um apartamento no bairro de Chelsea e trabalharam juntos no livro por um mês. Ele ditava e ela escrevia. *The Diary of a Drug Fiend* é uma novela mais bem-acabada do que *Moonchild*. Dividida em três capítulos – Paraíso, Inferno e Purgatório –, a novela retrata as aventuras e desventuras do casal Peter Pendragon e Unlimited Lou ("Lou Ilimitada"), que viajam pela Europa experimentando todo tipo de drogas que encontram pelo caminho, sofrem a decadência do vício e da privação da droga, até recorrer ao malfalado Rei Lamus na Abadia de Thelema, onde aprendem a descobrir a Verdadeira Vontade e se livram do vício, apesar de continuar usando as drogas em trabalhos mágicos.

Trata-se de uma espécie de relato autobiográfico idealizado, no qual, mais uma vez, Crowley não consegue disfarçar certo maniqueísmo que não combinava muito com a filosofia que ele pregava. Mas também é possível que sua opção por uma linha de raciocínio mais

---

149. *Diário de um Drogado.*

simples fosse uma tentativa de popularizar Thelema. O personagem Rei Lamus é uma alusão clara a si mesmo, um alterego idealizado e aperfeiçoado, mas é possível detectar traços do autor em Pendagron também. O estilo do texto tem um quê de *noir* e algumas divagações no mínimo curiosas.

A linha que separava a realidade da ficção em *The Diary of a Drug Fiend* era tênue, mas o autor avisa na introdução que aquela era uma história real, e que os interessados em conhecer a Abadia de Thelema deveriam entrar em contato com o endereço fornecido.

Quisera Crowley que aquela fosse uma história cem por cento real, e que a gloriosa cura do casal Pendragon e Unlimited Lou na Abadia tivesse acontecido com ele e Leah. Ou que ele próprio fosse o Rei Lamus, seu alterego no livro, e tivesse a chave para a cura da dependência.

Os editores adoraram o livro e logo se animaram a contratar mais um trabalho de Crowley, que, então, recebeu mais 120 libras de adiantamento por sua autobiografia, *The Confessions of Aleister Crowley* (As Confissões de Aleister Crowley).

Quando *The Diary of a Drug Fiend* foi publicado, alguns críticos literários exaltaram a imaginação fértil do autor, apesar de apontar falhas estilísticas e criticarem o fato de a história não ser crível, apesar de se pretender realista. Como se o mundo em que Crowley vivia fosse um mundo "realista".

Logo as vozes reacionárias começaram a se fazer notar, primeiro através das críticas devastadoras do jornal *Sunday Express*. A acusação, previsível, era de imoralidade, perversão, de que o livro era uma péssima influência para o público em geral. O jornal outras vozes conservadoras da sociedade pressionaram a editora Collins para retirar *The Diary of a Drug Fiend* de circulação. Collins não retirou o livro das livrarias, mas não imprimiu mais cópias e cancelou o contrato de publicação das memórias de Crowley.

Quando a bomba do livro estourou, Crowley já não estava mais em Londres. Ele e Leah já haviam retornado a Cefalú.

A morte de Raoul Loveday

Frederick Charles Loveday era um jovem estudante de Oxford que gostava de usar o nome Raoul e tinha interesse por egiptologia, ocultismo e história. Era um recém-casado de apenas vinte e três anos de idade ao conhecer Crowley em Londres, no verão de 1922. A esposa, Betty May, já fora casada antes e era conhecida nos meios artísticos por trabalhar como modelo para vários pintores e escultores. Foi nesse ambiente que ela e Crowley foram apresentados.

Ao se reencontrarem, tempos depois, Betty May e Crowley travaram uma espécie de disputa pelo "controle" e atenção de Loveday. De acordo com Betty em suas memórias, Loveday desapareceu por dois dias no final do verão de 1922 e, ao voltar para casa, estava cheirando a éter e confuso. Passara os dois dias na companhia de Crowley.

A Besta via em Loveday um possível sucessor, um discípulo em potencial, alguém para ocupar a vaga de Victor Neuburg, mas sem querer roubar da Besta o posto de avatar do Novo Éon, como ousara Charles Stansfeld Jones ao sugerir ter alcançado um grau iniciático superior ao próprio Crowley. Loveday era suficientemente fascinado por Crowley e seus escritos para embarcar de cabeça na aventura thelêmica. E não havia envolvimento sexual entre os dois, o que neste caso facilitava as coisas, considerando-se que boa parte dos problemas de relacionamento entre Crowley e Neuburg eram mais problemas de amantes do que de mestre e discípulo.

Antes de retornar a Cefalú, Crowley enviou uma carta a Loveday, convocando-o a seguir para a Abadia de Thelema, naturalmente com Betty a tiracolo. Betty não quis ir e ameaçou ficar em Londres, mas Loveday ignorou a mulher e se prontificou a partir sozinho. Betty acabou acompanhando o marido, muito a

Raoul Loveday

contragosto. Mas furiosa mesmo ela ficou ao descobrir que Loveday vendera a aliança de casamento que havia lhe dado para pagar as passagens de trem.

O casal chegou à Abadia no final de novembro de 1922, e os conflitos entre Crowley e Betty May começaram a irromper logo no início. Ela se recusava a seguir os rituais e regras thelêmicos adotados na Abadia. Quando Crowley a cumprimentava dizendo *"Faze o que tu queres há de ser tudo da Lei"*, esperando que ela respondesse *"Amor é a lei, amor sob vontade"*, Betty respondia com prosaicos *"bom dia"*, *"boa tarde"* ou *"boa noite"*, para profunda irritação de Crowley.

Além disso, Crowley deu canivetes a cada um para que fizessem um corte na pele toda vez que pronunciassem a palavra "eu". Betty zombava daquilo tudo e continuava falando do jeito que sempre falou, sem censurar palavra alguma. Mas estava preocupada com o marido, que acatava a orientação e fazia cortes de verdade na pele a cada vez que relaxava a guarda e dizia a palavra proibida.

Não houve, até onde se sabe, nenhuma prática de magia sexual envolvendo o casal Loveday, mas quanto às drogas, Raoul tomou quantidades cavalares de algumas, como haxixe e éter. Quando ele caiu doente, Betty May achou que ele estava intoxicado por alguma dessas drogas, mas logo concluiu que a coisa era um pouco mais séria.

Em seu livro, May conta do sacrifício ritual de um gato, do qual Crowley, Leah, Jane Wolfe e Loveday teriam bebido o sangue. É uma versão pouco confiável, pois Crowley não teria razão para não registrar a experiência em um de seus diários, como nos casos já mencionados de um sapo e de um bode. Além do que, se fosse o caso de Loveday ficar doente por causa do sangue do animal, porque Crowley, Leah e Wolfe não teriam ficado doentes também?

Loveday foi definhando, se desfazendo em diarreia e suores, e, apesar de Betty querer sair da Abadia com o marido, não tinham um centavo e dependiam de Crowley para tudo, até para comer. Betty teve um ataque de fúria determinada noite e, de acordo com sua versão, pegou um dos vários revólveres carregados que havia na casa e atirou contra Crowley, sem acertar. Em suas memórias, Crowley diz que ela lhe tacou um copo e não faz menção a revólver nenhum.

Betty deixou a Abadia antes do marido. Primeiro, Crowley tentou expulsá-la, mas ela teria se recusado a partir sem Raoul. Depois, acabou saindo por si mesma, ficando em um hotel à custa de amigos. Crowley enviou Jane Wolfe para conversar com Betty, que acabou convencida a voltar à Abadia por causa de Loveday, cuja saúde ia de mal a pior. Era 12 de fevereiro de 1923.

No dia 14, um médico foi à Abadia e diagnosticou uma inflamação aguda no intestino. De fato, cerca de duas semanas antes, Crowley sugeriu que Raoul e Betty fossem passear e fazer escaladas leves nas montanhas de Cefalú. Mas avisou para que não bebessem da água de nenhuma das fontes locais, já que eram todas contaminadas. Betty seguiu a orientação, mas Raoul, sedento após esforços físicos aos quais não estava acostumado, acabou não resistindo e bebendo da água de uma fonte. Assim adoeceu, não por beber o sangue de gato algum. Até a própria Betty May, que tanto fizera de tudo para sujar a imagem de Crowley, reconhecia isso. Em 16 de fevereiro, às quatro da manhã, morria Raoul Loveday.

Betty ficou mais três dias na Abadia, esperando a passagem solicitada por carta ao consulado britânico. Crowley adoeceu, passou semanas acamado, com febre alta. Leah e Jane Wolfe cuidaram dele por algum tempo, até que Jane foi para Londres para levantar fundos para a Abadia.

Assim que chegou a Londres, Betty deu entrevista ao *Sunday Express*. O artigo publicado na edição de 25 de fevereiro, intitulado "Novas revelações sinistras sobre Aleister Crowley", afirmava que Loveday fora mais uma vítima da Besta, apesar de informar que a causa de sua morte fora inflamação no intestino.

Em 4 de março, veio mais uma bomba do *Sunday Express*. Era um artigo que tachava Crowley de drogado e divulgador de práticas obscenas, acusações pueris que provavelmente lhe causavam gargalhadas a um homem como ele. Contudo, o artigo foi a deixa para que voltasse à carga o velho John Bull, tabloide que já havia causado muita dor de cabeça a Crowley e, principalmente, a seus amigos. John Bull chegava a acusar Crowley até de canibalismo, referindo-se ao episódio da expedição ao Himalaia, no qual Crowley teria assassinado e comido a carne de dois homens.

Até antigos amigos da imprensa estadunidense, como William Seabrook, agora escreviam artigos difamatórios sobre o "adorador do diabo". Se a reputação de Crowley nunca foi incólume, agora estava irremediavelmente enlameada.

Mas a vida continuava. Em 22 de abril, mais um visitante chegou à Abadia. Norman Mudd, contemporâneo de Victor Neuburg em Cambridge, havia estudado recentemente com Stansfeld Jones no Canadá. Há tempos Mudd queria reencontrar Crowley, a quem considerava seu mestre espiritual, mas hesitava. Havia um lado seu que queria esquecer de Thelema, mas era uma atração mais forte que ele.

No dia seguinte à chegada de Mudd, Crowley recebeu uma ordem de expulsão da Itália. O governo de Mussolini queria que todos os habitantes da Abadia partissem, mas Crowley alegou que a ordem era apenas contra ele e pediu uma semana para ir embora.

Após consultar o I-Ching, que sugeriu "Cruze a água – um país não civilizado; um país onde a família é mais importante que o Estado",[150] a Besta decidiu partir com sua Mulher Escarlate para a Tunísia, então colônia francesa. Norman Mudd e Ninette Shumway ficaram na Abadia de Thelema por mais dois anos, e houve visitantes durante esse período, mas, como era de se esperar, a essência da Abadia não existia sem Crowley presente.

---

150. Skinner, Stephen, ed. *The Magical Diaries of Aleister Crowley*. York Beach, Maine: Red Wheel Weiser, 1996, p. 2.

Ordálias na Tunísia e em Paris

Crowley e Leah chegaram ao porto de Túnis em 2 de março de 1923. Ficaram inicialmente no Hotel Eymon, na parte árabe da cidade. A presença de Leah, apesar de seu visivelmente inquebrantável companheirismo, era cada vez mais desgastante para Crowley. Agora ele a via como sua pior droga, seu maior vício, do qual precisava se livrar. Não era um conceito lisonjeiro para com sua companheira, especialmente considerando-se que ele vinha usando três gramas de heroína por dia. Em decorrência, tinha crises de diarreia e insônia.

Não obstante, tinha como tarefa diária a conclusão de suas memórias, ditadas a Leah. O texto de sua "auto-hagiografia", como a chamou, é extenso e sua versão editada para um só volume ultrapassa as mil páginas de letras miúdas. Alternava o trabalho com as memórias a períodos de depressão e prostração induzida por drogas. Chegou a considerar o suicídio como forma de se livrar de um corpo arrasado pelas drogas e conseguir logo uma reencarnação mais adequada.

Enquanto isso, Norman Mudd mandava cartas a todas as pessoas influentes que conhecia na Itália e na Inglaterra para tentar limpar a imagem de Crowley. Chegou a escrever um panfleto que foi enviado a políticos e figuras importantes da sociedade inglesa, no qual rebatia as mentiras publicadas sobre Crowley no *Sunday Express*. Mas ninguém deu a mínima.

Crowley deixou Leah em La Marsa, cidade da Tunísia, e se hospedou em um hotel caro, acompanhado de um jovem chamado Mohammed Ben Brahim, seu novo parceiro de magia sexual. Norman Mudd foi ao encontro de Leah e acabaram se envolvendo. Ele estava apaixonado pela Mulher Escarlate, propôs até mesmo casamento. Tamanha insolência enfureceu Crowley, que disse, com todas as letras, que Leah era tão parte dele quanto seu fígado e não estaria à disposição. Nada a ver com aquelas ideias contrárias a sentimentos de posse que Crowley tanto gostava de propagar. Ele nutria por Leah um apego que contradizia sua expressa necessidade de se livrar do seu "pior vício".

Afinal, Crowley convenceu Mudd a fazer um retiro espiritual para aprender a não abandonar a Grande Obra por causa de mulher nenhuma. Mudd obedeceu e, depois, reconheceu que sua paixão por Leah não passava de uma "falsa Vontade". Leah voltou a coabitar com Crowley, mais Mohammed Ben Brahim, e os três partiram para Nefta, no que seria um retiro mágico.

Tendo acabado de ditar suas memórias, Crowley começou a trabalhar nos novos comentários sobre *Liber AL*, já que os antigos comentários publicados em *The Equinox* não o satisfizeram. Mas esse trabalho foi atrapalhado por constantes mal-estares e doenças que afligiram o casal, que voltou para a Tunis. Crowley partiu de lá para a França no final de dezembro, sem Leah, a quem abandonou sem dinheiro.

Quem pagou a passagem para Leah volta para a França foi um velho amigo, Frank Harris. O hotel em que Crowley ficou em Montparnasse era o mesmo ao qual devia dinheiro de estadas anteriores, mas o dono era uma das poucas pessoas que ainda simpatizava com a Besta e deixou que ele ficasse sem contar com pagamento.

Leah partiu para mais um período na Abadia de Thelema, mas não demorou a ir atrás de Crowley, cuja saúde não estava nada boa. Ele chegou a ser operado duas vezes no primeiro semestre de 1924, que transcorreu entre fortes crises de asma.

Literalmente sem dinheiro para comer, ele e Leah acabaram desalojados pelo dono do hotel em Montparnasse, que chegou ao seu limite de tolerância. O médico queria que ele fosse para uma clínica, o que para Crowley seria uma humilhação inaceitável. Conseguiram, enfim, ficar em uma hospedaria em Chelles-sur-Marne. Mas, à medida que Crowley se recuperava, mais evidente ficava o fosso que se abrira entre os dois.

Quando Dorothy Olsen entrou em cena, glamurosa, bela e fascinada por Crowley, Leah, combalida, não teve chance. Crowley partiu com Dorothy e a deixou no quarto da hospedaria. Poucos dias depois, Leah soube que seu filho, Hansi, fora levado da Abadia de

Thelema pela irmã, Alma, que viajou dos Estados Unidos a Cefalú para pegar o menino, alegando que a Abadia não era lugar para crianças. Como a moral da Abadia de Thelema era nenhuma, Alma Hirsig levou Hansi com anuência das autoridades.

Leah acabou sendo expulsa da hospedaria por falta de pagamento, mas seguia apaixonada. Escreveu em seu diário, em 28 de setembro de 1924, "(Crowley) era e é meu amante, meu par, meu pai, meu filho e tudo mais que uma Mulher precisa em um Homem".

Dois dias depois dessa anotação, ela reencontrava Norman Mudd, que fora novamente em seu socorro. Mas Mudd também não estava fazendo dinheiro, tinha problemas de sobra e não podia fazer muita coisa. Escreveram pedindo ajuda a Crowley, que ignorou. Mudd voltou para Londres, mas Leah ainda viria a receber um convite de Crowley em janeiro de 1925.

Sua carreira como Mulher Escarlate terminara. O convite era para que atuasse como secretária, função que sempre desempenhou com competência. Leah continuaria a propagar a Lei de Thelema, mas cada vez com menos entusiasmo. Apesar de sua presença fundamental na vida de Crowley e de sua atuação marcante na Abadia de Thelema, Leah tentaria, mas não conseguiria levar a Grande Obra para frente sem Crowley.

Leah ainda viria a engravidar de um dos novos discípulos de Crowley, William George Barron, que jamais assumiu a criança. Morreu em sua Suíça natal, em 1951.

Parte V
O pior homem do mundo

Capítulo 1

Líder mundial da O.T.O.

Instrutor Mundial ou avô de George W. Bush?

Dorothy Olsen era a Mulher Escarlate da vez. Estadunidense de classe média, trinta e três anos, temperamento afável, Dorothy em nada lembrava Leah.

O verão de 1924 ajudou na recuperação da Besta – ou Perdurabo, já que estava determinado a fazer jus ao moto adotado na época da Golden Dawn. Depois de um tempo hospedado com o amigo Frank Harris, resolveu partir para o Norte da África novamente, desta vez acompanhado de Dorothy.

Cabe mencionar uma tese bastante curiosa e polêmica. Frank Harris – cuja vida sexual não devia nada à de Crowley em variedade e intensidade – estava vivendo com a estadunidense Nellie O'Hara. Uma das amigas mais próximas de Nellie na época era a também estadunidense Pauline Robinson, ou Pauline Pierce, casada com o poderoso Marvin Pierce, presidente da McCall Corporation. Diziam os tabloides maldosos da época que Pauline tinha uma vida meio "louca", e corriam fofocas de casos amorosos entre ela e diferentes políticos e artistas de cinema.

Fato é que, nessa mesma época, Pauline escandalizou a tradicional sociedade da qual fazia parte ao viajar à França para ficar com a amiga Nellie – ou seja, no apartamento de Harris. E, na mesma época em que estariam os quatro ficando no mesmo apartamento,

Crowley registrou em seu diário práticas de *lucidez erotocomatosa*, que incluem uso de drogas e estímulos sexuais exaustivos por parte de um grupo para com um escolhido, com objetivo de fazer a pessoa ultrapassar a própria consciência, numa espécie de "transorgasmo". Não foram registrados os nomes dos participantes, nem o local.

Mas, se Pauline e Nellie foram assistentes de Crowley nesta prática, seria possível que Pauline tivesse engravidado da Besta, pois retornou aos Estados Unidos em outubro de 1924 e deu à luz a filha Barbara Pierce em 8 de junho de 1925. Seria plausível a hipótese de Barbara – que seria conhecida futuramente como Barbara Bush, após adotar o sobrenome do marido George Herbert Bush – ser filha bastarda de Aleister Crowley? Há quem veja semelhança física entre os dois. Não deixa de ser divertida a possibilidade de Aleister Crowley, a Grande Besta, ser avô de George Walker Bush, uma das personalidades públicas mais detestadas do começo do século XX – mas que viria a ser considerado até simpático em comparação com o próximo republicano a assumir a presidência dos Estados Unidos.

Especulações à parte, Crowley partiu novamente para o Norte da África com Dorothy, agora Sóror Astrid. Quanto a ele, sua nova *persona* era Khaled Khan, pseudônimo com o qual assinou seu novo livro, *The Heart of the Master*,[151] baseado em uma visão alcançada durante um transe mágico na primavera de 1925.

A relação com Dorothy não parecia destinada a durar muito. Ela carecia do talento e da vocação para a magia da Mulher Escarlate anterior, Leah. A competição era até desleal nesse sentido. Mas não era só isso. Volta e meia Dorothy aparecia machucada, com sinais óbvios de violência e abuso doméstico. Escreveu em uma carta a Norman Mudd: "Ainda estou viva em Túnis, com muitos ossos deslocados na cabeça. O que é bom, assim meu cérebro acaba tendo mais espaço para se expandir".[152]

---

151. *O Coração do Mestre.*

152. Sutin, Lawrence. *Do What Thou Wilt: A Life of Aleister Crowley.* New York: St. Martin Press, 2000, p. 323.

Crowley, que jamais fora acusado de bater em nenhuma de suas mulheres antes, registrou em seus diários os ataques de Dorothy, como quando ele teria acordado com ela berrando e lhe arranhando o rosto.

No ápice da crise entre os dois, Crowley resolveu se dedicar a uma chance concreta de tomar de vez o controle da O.T.O. Afinal, era óbvio para onde o vento estava soprando, já que Heinrich Tranker, líder da ordem na Alemanha, entrara em contato com ele um ano antes com uma conversa muito agradável.

Através de uma visão, Tranker chegou à revelação de que Crowley era o novo Instrutor Mundial. E, no começo de 1925, convidou a ele e Dorothy para passar o solstício de verão em sua casa em Hohenleuben. Naquela ocasião conheceria Karl Germer, que viria a herdar de Crowley a liderança da O.T.O.

O alemão Karl Germer, dez anos mais novo que Crowley, era cheio de problemas e limitações sexuais. Gostava de se imaginar hermafrodita e tinha dificuldade em encontrar prazer em qualquer forma de sexo. Não consta que tenha havido nenhum tipo contato dessa natureza entre Crowley e Germer, que era membro do *Collegium Pansophicum*, ordem esotérica fundada por Tranker, que preteria cada vez mais a O.T.O. em favor da própria ordem iniciática. O encontro entre Germer – que já conhecia a filosofia thelêmica – e Crowley selou a aliança entre os dois. Germer se mostraria um aliado fiel.

O solstício era uma data propícia, mas o objetivo da Conferência de Hohenleuben era definir oficialmente quem era o líder da O.T.O. e quem era o Instrutor Mundial. Mas Crowley alegava não tinha mais a carta que dizia ter recebido de Reuss, na qual ele o designaria líder mundial da O.T.O. É importante observar que Crowley não apenas não tinha a tal carta, como não havia nenhuma referência em seus diários quanto ao dia em que Reuss o designara seu sucessor. Por que um homem que anotava os mínimos detalhes de sua vida em seus diários teria deixado de registrar algo tão importante? Ou mesmo que tivesse esquecido ou deixado de anotar por alguma razão na ocasião, por que jamais sequer mencionara tal correspondência antes?

Na conferência, Tranker apresentou Crowley como líder mundial da O.T.O. e do Colégio Pansófico. Além de Heinrich e sua esposa, Helene Tranker, e Crowley mais Dorothy Olsen, compareceram também Karl Germer, Albin Grau – produtor do filme *Nosferatu* –, Martha Küntzel – ou Sóror Ich Will Es, ex-teosofista e futura colaboradora nazista que divulgou Thelema no Terceiro Reich –, Leah Hirsig, Norman Mudd, entre outros.

Nem todos aceitaram Crowley e a Lei de Thelema, e um grupo que incluía Albin Grau resolveu manter uma vertente independente. Esta vertente que não aceitava Crowley como profeta da Nova Era, apesar de aceitar Thelema, se reagruparia em 1926 sob a liderança de Eugen Grosche com o nome *Fraternitas Saturni*.

As relações entre Crowley e Charles Jones também iam de mal a pior, em boa parte devido à paranoia e aos ciúmes que o mestre tinha do discípulo. Crowley acusou Jones de roubar alguns livros, mas depois da morte de ambos, a inocência de Jones foi comprovada quando os livros foram encontrados. Era fácil deduzir que o real motivo da irritação de Crowley era, como já visto, a competição que ele começara a desenvolver em relação a Jones.

O resultado da Conferência de Hohenleuben foi um documento chamado *Ein Zeugnis der Suchenden*[153] atestando que Crowley era o Profeta do Novo Éon. O texto do documento assinado por pelo casal Tranker, por Germer, Küntzel, Hirsig, Mudd, entre outros, dizia "Nós, abaixo assinado, vimos com nossos olhos e escutamos com nossos ouvidos, e sabemos com certeza, além de qualquer mentira, que Ele é de fato o Condutor da Palavra pela qual a humanidade anseia". Apesar de, na ocasião, representar uma conquista, o documento em pouco tempo se mostrou sem valor, já que as assinaturas foram sendo retiradas, uma a uma, até sobrarem apenas três, as de Germer, Küntzel e Gebhardi.

---

153. *Um Testamento de Buscadores.*

O relacionamento com Tranker se deteriorara. Crowley descobriu que ele não tinha conhecimento mágico e concluiu que suas aspirações eram ridículas. Tranker prometera apresentar evidências da legitimidade de sua ordem iniciática; Crowley prometera apresentar provas de sua indicação por parte de Reuss como líder da O.T.O. Nenhum dos dois apresentou prova nenhuma. Um mês depois de assinar o documento *Ein Zeugnis der Suchenden*, o casal Tranker retirou suas assinaturas.

Crowley e Dorothy foram se hospedar com Karl Germer, na cidade vizinha de Weida, quando não havia mais clima para continuarem hospedados com os Tranker. Um ano depois da Conferência de Hohenleuben, Norman Mudd retirou sua assinatura, e Leah Hirsig fez o mesmo dois anos depois.

Quando chegou novembro de 1925, Crowley e Dorothy Olsen voltaram para Tunísia, onde ele trabalhou naquilo que ele chamou de "comento" definitivo de *Liber AL*, que vem a ser o pequeno "aviso" acrescentado nas edições posteriores a 1925 do livro. No comento, ele diz:

> *"Faze o que tu queres há de ser tudo da Lei.*
>
> *O estudo deste Livro é proibido. É sábio destruir esta cópia após a primeira leitura.*
>
> *Quem quer que desconsidere isto, o faz pelo seu próprio risco e perigo.*
>
> *Estes são muito terríveis.*
>
> *Aqueles que discutirem o conteúdo deste Livro há de serem evitados por todos, como centros de pestilência.*
>
> *Todas as questões da Lei haverão de ser decididas apenas em apelo aos meus escritos, cada um por si mesmo.*
>
> *Não existe lei além de Faze o que tu queres.*
>
> *Amor é a lei, amor sob vontade.*
>
> *O sacerdote dos príncipes, Anhk-f-n-Khonsu"*

Era o começo de 1926 e Crowley ainda estava na Tunísia quando se deu o rompimento com Norman Mudd, que apontou por carta os vários equívocos de Crowley desde o recebimento de *Liber AL*, entre eles explorar o livro como se fosse um Papa. Mudd também disse que o julgamento implacável que Crowley fazia dos outros era uma projeção de suas próprias imperfeições mal-resolvidas.

Crowley não deu bola, pois já estava de olho em outro discípulo em potencial. Thomas Driberg, um jovem de classe média, vinte anos de idade, homossexual, formado em Oxford, que escrevera em novembro de 1925 para o endereço divulgado no livro *The Diary of a Drug Fiend*. Crowley, mais uma vez, nutriu esperanças de vantagens financeiras e apoio logístico para sua causa, mas Driberg não estava disposto a dar dinheiro nem demonstrou interesse mais profundo por magia. Outra decepção para a Besta, que, já de volta a Paris, vivia sua instável rotina de amantes de ambos os sexos – e um romance mais significativo com um homem, Louis Eugène de Cayenne –, sendo sustentado pelas (parcas) contribuições de seus discípulos espalhados pelo mundo, principalmente Karl Germer, que agora morava em Nova York.

Perante a crescente instabilidade econômica, a Besta resolveu lançar mão de um recurso diferente para solucionar o problema: casar-se. Foi no verão de 1927 que ele tentou o velho golpe do baú com Kasimira Bass, uma ricaça polonesa que morava nos Estados Unidos e foi a Paris encontrar o que ela pensava ser um próspero ocultista. Crowley e Kasimira mantiveram um caso que durou até o fim de 1928, quando ela sumiu depois de várias idas e vindas entre Polônia, Estados Unidos e França.

No fim do ano de 1927, Crowley conhece Gerald Yorke, mais um jovem discípulo que não se engajou de verdade nos princípios de Thelema, mas continuou seu amigo até o fim.

Israel Regardie e Maria de Miramar

Em outubro de 1928, Crowley recebeu em Paris um novo discípulo. Israel Regardie era um jovem de vinte e um anos de idade, judeu inglês que emigrara com a família para os Estados Unidos durante a Primeira Guerra. Leitor dos livros de Crowley e profundamente interessado em esoterismo e ocultismo, Regardie estava realizando um sonho ao viajar para estudar com Aleister Crowley em pessoa após dois anos trocando cartas.

Antes de partir de navio para Paris, Regardie e sua irmã jantaram em um restaurante em Nova York com Karl Germer – de quem Regardie se tornara amigo nos últimos meses – e sua futura esposa Cora Eaton, mais Dorothy Olsen – que estava separada de Crowley, mas continuava sua amiga. A irmã de Regardie, de temperamento puritano e enxerido, se sentiu pouquíssimo à vontade entre aquelas pessoas. Esse desconforto ainda causaria reviravoltas mais cedo do que esperava Regardie, que disse à família que ia estudar artes plásticas em Londres. Os Regardie não sabiam do envolvimento de Israel com ocultismo, e foi com profunda consternação que essa irmã abelhuda acabou descobrindo nos pertences de Regardie, poucos dias antes da viagem para a França, uma cópia de *The Equinox*. Judia praticante e extremamente conservadora, ela ficou previsivelmente

Maria de Miramar e Crowley

Israel Regardie

chocada com o que leu. Não conseguiu evitar que o irmão embarcasse, mas entrou em contato com o cônsul francês e tanto fez que conseguiu que fosse solicitada uma investigação em Paris sobre as atividades de Crowley e seu irmão Israel.

Quatro meses depois, apareceriam os resultados do gesto da irmã de Regardie.

Crowley foi ao encontro do novo aluno na estação ferroviária de Gare St. Lazare e o cumprimentou com a saudação thelêmica, "Faze o que tu queres há de ser tudo da Lei", à qual Regardie respondeu "Amor é a lei, amor sob vontade". Ao chegar ao apartamento, Crowley preparou café preto bem forte com uma cafeteira exótica que dentro de alguns meses seria confiscada pela polícia, acreditando tratar-se de uma máquina para destilar algum tipo de droga.

Israel Regardie ainda era virgem, o que potencializou seu choque quando, ainda na primeira noite, após jantar com Crowley e Kasimira Bass – com quem Crowley ainda mantinha um romance – presenciou o casal fazendo sexo logo após a refeição, bem na sala de estar. Regardie saiu correndo da sala, constrangidíssimo. Quanto à sua virgindade, não duraria muito. Seu mestre o encorajou a visitar um bordel e resolver esse "problema" o quanto antes. O discípulo obedeceu.

Também foi no primeiro dia de convivência que Crowley perguntou se o jovem discípulo tinha algum dinheiro. Regardie, inocentemente, lhe deu quase todo dinheiro que tinha, e Crowley comprou vinho e champanha da melhor qualidade. Mas Regardie reconhece em seu livro *The Eye in the Triangle*[154] que o dinheiro lhe foi retornado posteriormente, quando teve de ficar em Bruxelas e Crowley pagou sua estadia.

The Eye in the Triangle é um dos melhores relatos sobre a personalidade de Aleister Crowley. Regardie conviveu com o sujeito, conhecia suas qualidades e defeitos, e não se absteve de revelar ambos os lados de seu primeiro instrutor em ocultismo.

---

154. *O Olho no Triângulo*, publicado no Brasil pela Editora Penumbra.

Gerald Yorke, apesar de não ser um dos que ajudavam a pagar o aluguel e as contas do apartamento de Crowley em Paris, dispôs-se a contribuir financeiramente para a publicação do novo trabalho da besta, *Magick in Theory and Practice*, uma verdadeira obra-prima do ocultismo ocidental, fundamental para qualquer estudante sério do tema – apesar de perigoso para principiantes, devido a seu estilo ambíguo e sua exposição crua de temas controversos. *Magick in Theory and Practice* teve três mil cópias impressas em edição independente. A escolha de uma editora francesa foi feita por precaução, pois Crowley já contava com os processos, e uma editora estrangeira não estaria sujeita à legislação britânica.

Apesar das dificuldades em publicar seu trabalho, Crowley estava animado com o novo livro e com a perspectiva de publicar outros dois trabalhos inéditos: *Moonchild* e a autobiografia *The Confessions of Aleister Crowley*. Conseguiu arrumar um agente literário que acreditava em seu talento, o jornalista britânico C. de Vidal Hunt, que morava e trabalhava em Paris. No começo, Hunt ficou muito entusiasmado. Considerava Crowley um gênio incompreendido. Mas ficava difícil promover a carreira de Crowley enquanto ele se afundava na heroína, que o deixava extremamente introspectivo e antissocial, comportamento nada recomendável para quem precisava frequentar jantares e reuniões para angariar dinheiro para a própria causa.

Kasimira Bass já não era mais sua amante e, no vácuo, apareceu a exótica nicaraguense Maria Teresa de Miramar, a quem foi apresentado em uma dessas ocasiões sociais no final de 1928. Miramar tinha trinta e quatro anos de idade, temperamento dramático e teatral, era desinibida e bebia muito. Tudo nela indicava confusão. Ou seja, perfeita para a Besta.

Mas o ano de 1927 não começou bem, apesar dos planos literários e da nova namorada. Em janeiro, ele recebeu uma visita da polícia, motivada pelas reclamações da irmã de Regardie. Era fácil arrumar problemas para um infame *"satanista"* como Crowley.

Foi emitida uma *refus de séjour*, ou seja, um documento revogando a permanência de Crowley na França. Os jornais da época noticiaram o fato, enfatizando não só as atividades de "*magia negra*" como o fato de Crowley ser um "espião da Alemanha", tomando por base suas atividades jornalísticas durante a Primeira Guerra e sua condição de líder mundial de uma ordem de origem germânica, a O.T.O.

A prensagem de *Magick* não estava pronta e Crowley não iria embora largando tudo para trás. Assim, fez com que Miramar e Regardie pegassem um navio para a Inglaterra no dia 9 de março e garantiu às autoridades que iria ao encontro deles tão logo possível.

Miramar e Regardie não tiveram a entrada permitida na Inglaterra – e Regardie era inglês de nascimento! Obviamente, isso se devia à associação com a Besta infame. Ficaram em Bruxelas enquanto aguardavam uma solução, e o aluno e a namorada de Crowley começaram a manter um caso. O namorado e mestre não pareceu se importar a mínima, talvez porque isso lhe desse um descanso de Miramar, com quem já tinha suas brigas. O pivô dos desentendimentos costumava ser o gosto de Crowley por sexo anal, que revoltava Miramar. Contudo, o casal acabava se entendendo na cama; ao que parece, havia forte magnetismo sexual entre os dois. Maria de Miramar era considerada uma mulher muito sensual, magnética e "louca" – termo que aqui pode ser interpretado com variadas conotações.

Crowley conseguiu com um médico amigo um atestado para adiar a viagem. Em 12 de abril, chegou, finalmente, a primeira cópia de *Magick* – o restante das cópias ficou na editora, aguardando pagamento. Exultante, Crowley aproveitou a publicidade de sua expulsão da França e deu várias entrevistas para divulgar seu novo livro, que ainda não tinha editora nem distribuidora e, no dia 17, pegou um trem para Bruxelas, onde encontrou Miramar e Regardie. O casal teve um reencontro ardente e apaixonado, reforçando a intenção que Crowley tinha de se casar com ela.

A recusa de admissão na Inglaterra foi resolvida por meio do contato que Crowley tinha com o Coronel Carter, investigador da Scotland Yard que assegurou a Gerald Yorke que Crowley era um inglês leal, a despeito de sua fama de traidor da pátria. Crowley entrou sem problema nenhum na Inglaterra, e Regardie acabou sendo admitido também. Mas Maria de Miramar continuava em Bruxelas, impedida de entrar no país.

Ele entrou em contato com várias editoras para publicar seus novos trabalhos na Inglaterra, mas todas tinham horror da figura da Besta. Entretanto, em junho daquele ano de 1929, Crowley finalmente achou um canal receptivo para seu trabalho na Mandrake Press, uma nova editora que estava se especializando em publicações polêmicas. Nada mais adequado.

Crowley conseguiu um muito bem-vindo adiantamento de cinquenta libras e, em setembro, era lançado *The Stratagem and Other Stories*,[155] um livro de três contos que não fez muito sucesso – na verdade, Crowley só passou a ser bom vendedor de livros depois de sua morte. Os contos de Crowley são curiosos e peculiares, como tudo que ele escreveu, mas a mentalidade da época não ansiava por seu tipo de estética.

Também em setembro saiu, enfim, *Moonchild*, novela esotérica escrita em 1917. O livro conta uma história de luta entre as forças do Bem e do Mal que tentam se apossar da alma de um embrião no ventre de Lisa Giuffria, que se envolve com um mago "branco", Cyril Grey, e acaba tomando parte em uma batalha ocultista. A trama parece, e é, simplória e maniqueísta – o que contradiz os ensinamentos esotéricos do próprio Crowley. Mas as entrelinhas e o estilo do autor garantem o interesse da obra, que apresenta o personagem Simon Iff, que viria a protagonizar uma série de contos policiais. Talvez o lado pueril da obra represente uma tentativa de Crowley alcançar as massas.

---

155. *O Estratagema e Outras Histórias.*

Confiante no trabalho da Besta, a Mandrake Press publicou, ainda naquele ano, os primeiros dois volumes de sua autobiografia. Mas a publicidade controversa de Crowley não garantiu o interesse dos jovens rebeldes que talvez se identificassem com o iconoclasmo de seus escritos. Nenhum dos livros registrou vendas expressivas, e os volumes seguintes das confissões de Crowley não foram publicados pela Mandrake, só chegando ao público bem depois da morte do autor.

E havia Miramar, que ainda estava na Bélgica, sem poder entrar no Reino Unido. O jeito era casar-se, o que fizeram em Leipzig, Alemanha, em 16 de agosto de 1929. Longe de terminarem, os problemas com Miramar começaram após o casório. Miramar tinha crises histéricas e cismou que Crowley queria envená-la. Yorke, que testemunhou a situação, confirmou o estado de insanidade da mulher. Algumas vozes maledicentes gostam de dizer que Miramar teria enlouquecido por causa de Crowley, mas nada indica que seja o caso. A semelhança com a história de Rose Kelly provocava arrepios na Besta.

Em fevereiro de 1930, foi convidado pelo comitê de alunos da Sociedade de Poesia da Universidade de Oxford a dar uma palestra. Crowley escolheu como tema Gilles de Rais, o infame nobre francês do século XV que lutou como soldado junto a Joana D'Arc e foi acusado de heresia e do estupro e assassinato de centenas de crianças, meninos em sua maioria. Há quem diga que Rais, que foi julgado e executado, foi vítima de sua má fama e de intrigas políticas e pessoais, o que pareceu bastante familiar a Crowley, que se identificou com esse personagem de triste memória.

É claro que Gilles de Rais não era poeta e não tinha nada a ver com o assunto, assim como também é fato que Crowley estava usando Rais como um personagem para canalizar sua mensagem thelêmica. A Besta era incansável, não se pode negar. Incansáveis também eram seus detratores, que conseguiram cancelar a palestra. Mas Crowley e P. R. Stephensen, seu editor na Mandrake, aproveitaram a deixa lançada pela ampla cobertura que os tabloides londrinos dedicaram ao banimento de Aleister Crowley de Oxford – o que era uma simples repetição de seu banimento de Cambridge anos antes – e publicaram o livreto *The Banned Lecture,*[156] que teve algum sucesso de vendas, apesar de seu texto ser mais do mesmo para conhecedores do trabalho de Crowley. Não há nada no livro que ele já não tenha dito antes e melhor.

Na sequência, *Magick in Theory and Practice* foi, enfim, publicado – mais uma vez trazendo menções a Gilles de Rais no capítulo sobre sacrifício ritual e uso de fluidos corporais em magia.

É certo que Crowley jamais sacrificou ser humano nenhum, muito menos crianças. O "sacrifício de crianças" que se lê em seus textos se refere ao sacrifício de esperma, ou de espermatozoides. Qualquer história de Crowley como assassino de crianças é ridícula, e ele teria sido facilmente descoberto e preso se fosse o caso. Vontade por parte das autoridades de arrumar um motivo para prender um homem tão "abjeto" não faltava.

Magick atraiu muitas resenhas desfavoráveis, como era de se esperar. Mas duas delas foram bastante satisfatórias para Crowley. Uma delas foi a resenha de Victor Neuburg para o *Sunday Referee*, no qual tece loas à genialidade do autor. Depois da separação nada amigável entre os dois, aquela resenha foi uma prova de objetividade e imparcialidade por parte de Neuburg.

A outra resenha em questão foi a de Dion Fortune, renomada ocultista de grande e perene influência. Fortune reconhece em seu ensaio *The Occult Field Today*[157] a enorme e subestimada contribuição de Crowley para ocultismo moderno – apesar de Fortune não aceitar por inteiro a ética thelêmica, ao menos publicamente. Dion Fortune, cujo nome verdadeiro era Violet Firth, é autora de vasta obra, incluindo uma pequena obra-prima sobre cabala, *The Mystical*

---

156. *A Palestra Banida.*
157. *O Campo Oculto de Hoje.*

Cabalah,[158] em cujo texto mais uma vez reconhece sua dívida para com o trabalho pioneiro de Crowley. Muitos detratores da Besta se pautam por esse trabalho de Fortune, mas ignoram o quanto ela apreendeu de livros como *777 & Other Qabalistic Writings*, além dos vários números de *The Equinox*.

Revigorado por esse breve "sucesso", Crowley partiu com Miramar para Berlim em abril de 1930.

Suicídio em Portugal

O objetivo da temporada em Berlim era promover as pinturas de Crowley. A Alemanha era, então, um país bastante liberal para os padrões europeus, e Crowley teve uma recepção, se não exatamente calorosa, simpática. Foi entrevistado por um jornal local que publicou um artigo ressaltando sua personalidade original: para muitos um filósofo revolucionário, para outros um artista sem tanta relevância. Mas era uma mudança e tanto para quem estava acostumado a ver seu nome difamado em tabloides baratos.

Tentou se ambientar em meio aos artistas e boêmios da cidade e acabou conhecendo sua próxima paixão, uma jovem de dezenove anos chamada Hanni Jaeger. Não se relacionou com ela de imediato, embora tenha sido paixão à primeira vista. Ainda voltou para a Inglaterra com a esposa Maria de Miramar em maio, mais uma vez em situação financeira vexatória.

Marido e mulher passaram juntos o verão de 1930, até que Crowley se cansou da rotina de gritos, bebedeiras e brigas. No dia primeiro de agosto, Crowley voltou para a Alemanha, abandonando Miramar. Nunca mais se viram.

Gerald Yorke se compadeceu da situação de Maria de Miramar. Como ainda trabalhava como agente literário de Crowley, tinha um pouco de dinheiro a repassar, o qual foi direto para as mãos da esposa

---

158. Fortune, Dion. *A Cabala Mística*. São Paulo: Pensamento, 1984.

abandonada. Revoltado com a atitude da Besta, Yorke encerrou ali suas atividades de agenciamento literário. A Mandrake Press, por sua vez, pediu falência.

É claro que Crowley procurou por Hanni Jaeger ao chegar a Berlim e começou um apaixonado romance. Apelidou-a Monstro, devido à ferocidade da jovem ao fazer sexo. Com ela, Crowley viajou a Portugal no final de agosto, a convite do poeta português Fernando Pessoa, com quem tinha muitos interesses em comum.

Fernando Pessoa é um dos maiores poetas da língua portuguesa. Deixou muitos livros de poemas espalhados por diferentes heterônimos. Era homossexual e estudante de ocultismo. Após ler os dois primeiros volumes da autobiografia de Crowley, Pessoa resolveu escrevê-lo e os dois começaram a trocar ideias por carta. Pessoa queria promover Crowley e a filosofia thelêmica na língua portuguesa, e chegou a fazer uma magistral tradução do *Hino a Pã*:

"Vibra do cio subtil da luz,
Meu homem e afã
Vem turbulento da noite a flux
De Pã! Iô Pã!
Iô Pã! Iô Pã!
Do mar de além
Vem da Sicília e da Arcádia vem!
Vem como Baco, com fauno e fera
E ninfa e sátiro à tua beira,
Num asno lácteo, do mar sem fim,
A mim, a mim!
Vem com Apolo, nupcial na brisa
(Pegureira e pitonisa),
Vem com Ártemis, leve e estranha,
E a coxa branca, Deus lindo, banha
Ao luar do bosque, em marmóreo monte,
Manhã malhada da âmbrea fonte!
Mergulha o roxo da prece ardente
No ádito rubro, no laço quente,

A alma que aterra em olhos de azul
O ver errar teu capricho exul
No bosque enredo, nos nás que espalma
A árvore viva que é espírito e alma
E corpo e mente – do mar sem fim
(Iô Pã! Iô Pã!),
Diabo ou deus, vem a mim, a mim!
Meu homem e afã!
Vem com trombeta estridente e fina
Pela colina!
Vem com tambor a rufar à beira
Da primavera!
Com frautas e avenas vem sem conto!
Não estou eu pronto?
Eu, que espero e me estorço e luto
Com ar sem ramos onde não nutro
Meu corpo, lasso do abraço em vão,
Áspide aguda, forte leão -
Vem, está fazia
Minha carne, fria
Do cio sozinho da demônia.
À espada corta o que ata e dói,
Ó Tudo-Cria, Tudo-Destrói!
Dá-me o sinal do Olho Aberto,
E da coxa áspera o toque erecto,
Ó Pã! Iô Pã!
Iô Pã! Iô Pã Pã! Pã Pã! Pã.,
Sou homem e afã:
Faze o teu querer sem vontade vã,
Deus grande! Meu Pã!
Iô Pã! Iô Pã! Despertei na dobra
Do aperto da cobra.
A águia rasga com garra e fauce;
Os deuses vão-se;
As feras vêm. Iô Pã! A matado,

Vou no corno levado
Do Unicornado.
Sou Pã! Iô Pã! Iô Pã Pã! Pã!
Sou teu, teu homem e teu afã,
Cabra das tuas, ouro, deus, clara
Carne em teu osso, flor na tua vara.
Com patas de aço os rochedos roço
De solstício severo a equinócio.
E raivo, e rasgo, e roussando fremo,
Sempiterno, mundo sem termo,
Homem, homúnculo, ménade, afã,
Na força de Pã.
Iô Pã! Iô Pã Pã! Pã!"

Aleister Crowley,
tradução de Fernando Pessoa

Os planos de promover Thelema em português não foram muito além.[159] Mas o encontro dessas duas mentes brilhantes rendeu ao menos mais um episódio para corroborar o mito Aleister Crowley. Seria simulado o suicídio da Besta.

Era o começo de setembro. Fernando Pessoa, Crowley e Jaeger viajaram por locais pitorescos de Portugal e acabaram se decidindo pela Boca do Inferno, em Cascais, um penhasco que dá para um abismo cujo fundo é o Oceano Atlântico.

Como de costume, as relações sexuais de Crowley com Jaeger não eram apenas sexo e sim magia sexual. Por uma razão ou por outra, Jaeger estava começando a ter reações esquisitas a esses rituais eróticos e, por mais de uma vez, caíra em prantos no meio do ato. Durante uma dessas crises, ela e Crowley brigaram ruidosamente e o gerente do hotel em que estavam exigiu que partissem no dia seguinte.

---

159. Crowley só começaria a ser divulgado em nosso idioma nos anos 1960 por meio do trabalho de Marcelo Ramos Motta.

Jaeger foi para Lisboa e Crowley foi atrás com ideias de reconciliação. Mas não deu certo e Jaeger acabou voltando para a Alemanha. Crowley permaneceu em Portugal e resolveu encenar o suicídio para perturbar Hanni Jaeger. Voltou para a Boca do Inferno com Pessoa, onde deixou, no dia 21 de setembro, um bilhete suicida sob uma cigarreira personalizada com seu nome. No bilhete, assinado como *Tu Li Yu*, ele dizia não saber viver mais sem "ela".

Os jornais da Inglaterra, França e Portugal noticiaram o suposto suicídio e a polícia portuguesa investigou, mas logo descobriu que Crowley saíra do país dois dias depois do suposto suicídio.

Além de perturbar Jaeger, Crowley queria publicidade para conseguir publicar seus livros. Publicidade ele teve, mas contrato com editora, não.

CAPÍTULO 2

A Besta falida

O pintor na Alemanha

De Portugal, Crowley voltou a Berlim, ainda disposto a se enturmar com os artistas e intelectuais locais. Conheceu o escritor Aldous Huxley, com quem se entusiasmou e tentou estreitar laços, sem reciprocidade. Há quem diga que Crowley teria apresentado a mescalina ao famoso autor de *The Doors of Perception*[160], mas Huxley só viria a experimentar a droga cinco anos mais tarde, sem qualquer conexão com a Besta.

O clima liberal de Berlim era perfeito para Crowley, que lá permaneceu por mais dois anos. E a meia-idade que se aproximava não parecia deter o furor erótico da Besta, que seguia colecionando amantes de ambos os sexos.

Karl Germer e sua esposa voltaram para a Alemanha. Estavam passando por dificuldades financeiras, o que colocava Crowley em péssima situação, já que seu sustento vinha basicamente de Germer – em nome de Thelema. Mas Cora Germer, a esposa, não aprovava a situação e

---

160. *As Portas da Percepção.*

começou a fazer frente a Crowley, que, previsivelmente, voltou seu arsenal contra ela.

Germer, entre a esposa e o mestre, ainda teria se envolvido em um capcioso jogo sexual com Hanni Jaeger, a quem teria forçado olhar enquanto ele se masturbava, sob ameaça de cortar a "mesada" de Crowley – com quem ela vivia – caso ela se recusasse a presenciar as cenas.

Crowley se revoltou com a situação, mas só xingava o discípulo em seus diários, abstendo-se de confrontar Germer. Enquanto isso, tentava se divorciar de Maria de Miramar, mas ela não lhe concedeu o divórcio. Crowley temia que ela viesse a lhe tirar um dinheiro que nem mesmo tinha.

Mas Miramar foi por fim internada em um sanatório em New Southgate. Em agosto 1931, um relatório médico dizia que ela entrara em processo irreversível de insanidade: jurava ser filha dos reis da Inglaterra e casada com o Príncipe de Wales. Nunca mais saiu do sanatório, onde morreu três décadas depois.

Foi também em agosto que Crowley conheceu Bertha Busch, ou simplesmente Billie, uma alemã de trinta e seis anos que, como já parecia regra, tinha temperamento melancólico e gostava muito de beber. Crowley teve medo de se aproximar, pois sentia novamente uma paixão explosiva se armando dentro de si. Mas o medo não foi maior que a atração e, em setembro, ele escreveu em seu diário, após ir para a cama com Billie, que aquela tinha sido uma de suas "melhores fodas em muitos anos".[161]

Instalou-se com Billie em um apartamento pago por Germer, a despeito das pressões em contrário de Cora. Em outubro, foi inaugurada uma exposição de setenta e três pinturas de Crowley na Galerie Neumann-Nierendorf, onde ficou até o fim de novembro. Hoje em dia, seus quadros valem muito dinheiro, mas na época nem

---

161. Sutin, Lawrence. *Do What Thou Wilt: A Life of Aleister Crowley*. New York: St. Martin Press, 2000, p. 360.

uma só tela foi vendida. Entretanto, a exposição causou *frisson* no meio intelectual, e vários ingleses que moravam em Berlim passaram a frequentar o apartamento de Crowley, entre eles os escritores Christopher Isherwood[162] – que diria, depois, que tudo em Crowley era falso, menos seu vício em cocaína e heroína –, Stephen Spender[163] e Gerald Hamilton.[164]

Hamilton era comunista declarado e tinha uma relação muito peculiar com Crowley, que teria recebido dinheiro da Scotland Yard – através do Coronel Carter – para passar informações sobre Hamilton. Por sua vez, Hamilton também teria sido pago pelo serviço de inteligência britânico para passar relatórios sobre as atividades subversivas de Crowley. Toma lá, dá cá.

Hamilton chegou a se mudar para o apartamento de Crowley no começo de 1932, para rachar o aluguel. Ambos estavam contando os tostões, o que também deve ter pesado muito na hora de aceitarem dinheiro das autoridades britânicas para espionarem um ao outro.

Hamilton presenciou cenas exóticas durante aquele convívio, possíveis fontes de inspiração para seus livros. Parece que Berta "Billie" Busch era dada a arremessar na Besta coisas pontiagudas e quebradiças que estivessem à mão. Stephen Spender salvou Hamilton de ser nocauteado por Billie em um de seus ataques histéricos. Pouco antes de Hamilton se mudar para o apartamento no número 2 de Karlsruhestrasse, Billie esfaqueou Crowley, que estava dormindo, logo abaixo da omoplata. Todavia, pouco depois, o casal já estava cheirando óxido nitroso e se entregando ao sexo sadomasoquista que gostavam, bem na sala de estar, para profundo constrangimento de Hamilton. Crowley não se importou com o ferimento, apesar de ter perdido muito sangue. Acabou indo, a contragosto, ao médico.

---

162. Autor de, entre outros títulos, *Goodbye to Berlim* (Adeus a Berlim, Ed. Brasiliense).
163. Autor de, entre outros títulos, *The Temple* (O Templo, Ed. Rocco).
164. Autor de livros de memórias como *Way it Was with Me* (Frewin, 1969).

A Besta já estava se preparando para entrar na próxima encarnação, como dizia em seu diário e em cartas para amigos como Gerald Yorke. Morrer ou viver já não estava fazendo muita diferença, até porque a iminência da miséria total era um fantasma que rondava cada vez mais de perto. Impossibilitado de viajar, publicar seus escritos e viver a boa vida de sempre, e sem esperança de melhora, Frater Perdurabo estava começando a encarar a perspectiva do fim.

Tanta era a fixação crescente na ideia da morte que Crowley preparou seu testamento, no qual determinava que Yorke seria o executor de seu patrimônio (ou seja, livros não vendidos e seus direitos autorais), das quais as beneficiárias seriam Bertha Busch e Astarte Lulu Panthea Crowley, sua filha com Ninnette Shumway. Além disso, deixou instruções para que seu corpo fosse embalsamado à moda egípcia antiga, mas, se por alguma razão seu corpo estivesse mutilado ou desfigurado, que fosse cremado e as cinzas guardadas em uma urna no topo de uma pedra em Cefalú, tudo de acordo com rituais já publicados em edições de *The Equinox*.

Mas ainda não estava na hora da Besta partir para outra, apesar dos intensos ataques de asma que o forçaram a aceitar uma intervenção cirúrgica no nariz. Enquanto isso, Busch foi à Inglaterra na tentativa de levantar fundos para a Besta falida, mas não conseguiu nada. Crowley, após ser expulso de várias hospedarias por falta de pagamento, não teve opção senão voltar para a Inglaterra.

De volta a Londres

Voltar para Londres, e por baixo, não era nada fácil para Crowley, que procurava, contudo, aceitar toda e qualquer experiência com fleuma de *Ipsíssimus*, para quem não existe bem nem mal.

Exausto, mas incansável, Crowley conseguiu alugar um apartamento na cidade em julho de 1932, sempre por meio das doações de discípulos. De volta à rotina de procurar por editores para seus trabalhos, voltou a entrar em contato com Israel Regardie, que estava se saindo muito bem no mercado editorial – melhor que seu mestre. Regardie havia publicado dois (bons) livros naquele mesmo ano; *A Garden of Pomegranates*[165] e *The Tree of Life.*[166]

Em seu período com Crowley, Israel Regardie conheceu o lado cruel e o lado generoso da Besta. A mesma pessoa que tinha apreço em zombar maliciosamente de pessoas despreparadas e/ou ingênuas era aquela que, para não ferir os brios de Regardie, o aconselhara indiretamente, por meio de uma carta sem destinatário, a cuidar das unhas – que Regardie costumava roer –, o que era altamente relevante em termos de aceitação geral na Inglaterra. Também o mesmo Crowley que relutava em renunciar a Leah para Norman Mudd era o homem de quem Regardie escutou, após ser abandonado por uma namorada: "Deus dá, Deus toma. Abençoado seja o nome do Senhor".

Ambos os livros de Regardie eram dedicados a Crowley, o primeiro, nominalmente, e o segundo de modo velado. Mas os dois acabaram se afastando.

Apesar de sua dificuldade em publicar, Crowley foi convidado a palestrar em setembro no respeitado almoço literário da famosa livraria Foyles. O tema da palestra foi "A filosofia da magia", e centenas de pessoas compareceram, inclusive muitas mulheres com livros de Crowley e pedindo seu autógrafo.

No mês seguinte fez outra palestra, "O elixir da vida: nosso remédio mágico", no *National Laboratory of Psychical Research*. O elixir em questão é a mistura dos fluidos produzidos durante a magia sexual, mas Crowley não dizia isso abertamente.

A breve ameaça de sucesso não foi muito além, e as dívidas continuavam se acumulando. Crowley, então, resolveu processar o discípulo, amigo e ex-agente literário Gerald Yorke, alegando lucros cessantes. Isso reforçou a decisão de Yorke de partir para a China,

---

165. *Um Jardim de Romãs.*
166. *A Árvore da Vida.*

cortando laços com Crowley, mas depois a ação foi cancelada. Crowley não tinha dinheiro para dar andamento ao processo e pensou duas vezes antes de cortar laços em definitivo com mais um amigo.

Chegou o ano de 1933, amantes chegavam e partiam, crises de asma iam e vinham, Crowley continuava buscando discípulos e patrocinadores, e nada. Estava chegando aos cinquenta anos, e continuava mais contraditório do que nunca. Apesar de seu conhecido racismo, participou de um movimento de artistas e intelectuais contra o julgamento de nove rapazes negros – que ficaram conhecidos como os *"Scottsboro Boys"* –, falsamente acusados pela morte e estupro de duas moças brancas no Alabama e submetidos a um júri só de brancos. Crowley declarou aos jornais que o caso era "típico do sadismo histérico do povo dos Estados Unidos – resultado do puritanismo e do clima". Já em seu diário escreveu, após voltar de uma manifestação pública em Londres a favor dos rapazes: *"Grande encontro para protestar contra a acusação aos Scottsboro Boys (...) A festa teria sido perfeita se os homens tivessem trazido suas navalhas! Dancei com muitas putas – de todas as cores".*

Apenas no segundo semestre, em agosto, a Besta encontrou outra mulher digna do título de Mulher Escarlate. Pearl Brooksmith, trinta e poucos anos, inglesa. Mais uma musa que inspirou poemas e parceira de magia sexual.

De volta aos tribunais

Outra péssima ideia foi processar Nina Hammett, amiga superficial de décadas, modelo de um de seus quadros e ex-membro da A ∴A∴ Hammett era pintora e havia publicado um livro de memórias, *Laughing Torso,*[167] no qual citava Crowley, a quem escrevera uma carta avisando do lançamento do livro, e afirmando que só havia escrito a verdade e coisas favoráveis a ele.

---

167. *Busto Sorridente.*

Mas Crowley não gostou do que leu. No trecho que o levou a processá-la por difamação, Hammett apenas afirmava que as pessoas em Cefalú diziam que ele era um mago negro. E, como aparentemente a Besta estava achando que sua fonte de renda imediata viria de processos legais, aproveitou que viu um exemplar de *The Diary of a Drug Fiend* em uma vitrine junto a um anúncio que afirmava que o livro tinha sido retirado de circulação por causa dos ataques da imprensa. Na ação, Crowley alegava difamação, pois o livro jamais foi tirado de circulação – o que era verdade, o livro apenas fracassou nas vendas e não teve uma segunda edição impressa.

O juiz deu ganho de causa a Crowley, que ganhou cinquenta libras, mais custos processuais. Ele, então, resolveu levar em frente o processo contra Hammett e abrir mais um processo contra outra memorialista, Ethel Mannin, que também fez alguma referência vaga à sua mais do que notória fama de mago negro.

Mas Crowley não tinha testemunhas a seu favor, ao menos não testemunhas relevantes. Karl Germer depôs a seu favor, mas, para o júri inglês, era só um "gringo", um alemão desconhecido e cheio de sotaque. O julgamento ocorreu em abril de 1934 e durou quatro dias. Crowley exercitou seu sarcasmo e sua autoconfiança, além de aproveitar a oportunidade para pregar a filosofia de Thelema no tribunal, o que não ajudou em nada a criar empatia com o júri.

Ao ser questionado se praticava magia negra, respondeu que jamais faria isso por ser algo equivalente ao suicídio. Quando perguntaram se era verdade que ele assinava "A Grande Besta 666", confirmou. Então, um dos advogados de defesa, Malcolm Hilbery, perguntou se aquele título refletia seu estilo e filosofia de vida. Crowley, então, deu sua resposta clássica: "Besta 666 quer dizer apenas 'luz do sol'. Você pode me chamar de 'Pequeno Amanhecer'".

A defesa resolveu então ressaltar o fato de Crowley jamais ter processado os jornais sensacionalistas como John Bull, que afirmaram com todas as letras fatos muito mais pesados do que aqueles apenas insinuados nas memórias de Hammett. Hilbery, conseguindo expor

Crowley ao ridículo, desafiou o mago a ficar invisível para provar seus alegados poderes. O golpe de misericórdia foi a entrada no tribunal de Betty May, que contou e aumentou histórias da Abadia de Cefalú e sobre a morte de Raoul Loveday.

Mas o que desandou tudo não foi o depoimento "mais do mesmo" de Betty May, que agora assinava Betty Sedgwick. O problema foi ter vazado no julgamento o fato de Crowley ter recebido (ou encomendado) cartas roubadas de Betty que estavam sendo usadas pelo advogado de acusação, J. P. Eddy, para desqualificá-la como testemunha.

O feitiço virou contra o feiticeiro, com trocadilho e tudo. Ao tentar acusar Betty de estar sendo paga por Hammett para depor a seu favor, Crowley acabou acusado de receber as cartas ilegalmente, o que originou outro julgamento. Crowley foi considerado culpado e acabou condenado a dois anos de prisão, mas com direito a cumpri-los em liberdade, além de multa de cinquenta libras. Também perdeu o processo contra Hammett por difamação – que terminou na sexta-feira dia 13 de abril de 1934, sendo obrigado ainda a pagar os custos do processo. Apelou a uma corte superior, mas perdeu outra vez. Não pagou, pois pediu falência no ano seguinte.

Aquela sexta-feira 13 trouxe algo além de uma grande derrota. Ao sair do tribunal, Crowley conheceu uma jovem de dezenove anos chamada Patricia, que atendia pelo apelido Deidre e, apesar da pouca idade, já era mãe de dois filhos sem pai identificado. Deidre abordou Crowley para expressar sua indignação com o resultado do julgamento e se oferecer para dar à luz um filho dele.

Crowley mal pôde acreditar. Uma jovem disposta a engravidar dele, que já tinha quarenta e nove anos, e sem pedir absolutamente nada em troca. Também, o que poderia esperar de um homem que estava em prestes a ter decretada sua falência?

Nove meses depois, ela daria à luz Aleister Ataturk, seu único filho homem. Mãe e filho visitaram Crowley ocasionalmente até sua morte.

Quarenta e oito credores requereram sua falência em fevereiro de 1935. Gente que o hospedou ou de quem ele comprou produtos ou serviços desde sua volta para a Inglaterra três anos antes. Por sua vez, a (ainda) Mulher Escarlate, Pearl Brooksmith, estava com problemas de saúde física e psíquica: teve de se submeter a uma cirurgia para remoção do útero em janeiro de 1936 e foi internada em maio em uma clínica psiquiátrica, sofrendo de alucinações.

Crowley agora vivia de pequenas e ocasionais doações de poucos discípulos e amigos, entre eles Gerald Yorke, não obstante todos os desentendimentos do passado. Outra fonte de renda era a Loja Ágape da O.T.O. de Los Angeles. Crowley exercia sua liderança a esse grupo de estudante por correspondência, e foi esse grupo que originou a O.T.O. legalmente oficial, também conhecida como "o Califado".

Em setembro de 1936, publica o terceiro número do terceiro volume de *The Equinox*, o livro *The Equinox of the Gods* (*O Equinócio dos Deuses*).[168] O livro traz *Liber AL*, mais uma pequena biografia de Crowley e a história resumida do recebimento do *Livro da Lei*, além de reproduções do manuscrito original do livro, uma exigência do próprio texto iniciático que era enfim cumprida.

Também em 1936, Crowley tentou um contato direto com Hitler, que tinha cada vez mais poder na Alemanha. Apesar disso, Crowley criticava os métodos e o racismo de Hitler – mais uma aparente contradição da Besta: achava besteira criar uma guerra de raças por considerar que o verdadeiro mestre está acima de qualquer concepção de raça. Por outro lado, aceitava autoritarismo e ditadura sem maiores problemas como método de estabelecimento da Lei do Forte – a Lei de Thelema – no mundo. E, nisso, ele e Hitler tinham pensamentos bem parecidos.

---

168. Este livro chegou a ser lançado no Brasil no começo da década de 1960 em tradução e impressão independentes de Marcelo Ramos Motta, introdutor do sistema thelêmico no país.

Crowley gostava de criar a impressão de ter influenciado o movimento nazista por debaixo dos panos. Chegou a escrever sobre isso em *Magick Without Tears,*[169] mas não há provas de que tenha sido este o caso, apesar de sua amiga e discípula Martha Küntzel, ligada ao regime nazista, ter levado ao *Führer* uma cópia da tradução alemã de *Liber AL.*

Parece que Crowley tinha a intenção de conseguir um regime poderoso que apoiasse a filosofia de Thelema, e enxergou no nazismo essa oportunidade. Mas foi um desejo unilateral, não correspondido, até porque o Terceiro Reich declarou ilegais todas as ordens esotéricas e iniciáticas. Karl Germer sentiu o peso da mão nazista ao ser preso em fevereiro de 1935 devido a supostas conexões com a Maçonaria – os nazistas, na verdade, entendiam tão pouco de ordens iniciáticas que mal sabiam distinguir a O.T.O. da Maçonaria. Germer passou meses em campos de concentração, e foi nesse período que alcançou a visão do seu Sagrado Anjo Guardião. O trabalho iniciático de tantos anos, sob orientação da Besta, teve, enfim, uma função prática e fundamental na vida de Germer, que acabou sendo solto. Germer foi para a Bélgica e, depois, deportado para a França, onde ficou detido por mais vários meses até conseguir embarcar para os Estados Unidos, onde ficou até o fim de seus dias.

Crowley também apresentou uma proposta à Coroa Britânica. A ideia era usar a Lei de Thelema como força política. Ele também tentou entrar em contato com Stálin poucos anos antes. Não houve resposta de nenhuma parte.

Em 1937, Crowley recebeu de Israel Regardie uma cópia de seu novo livro, *My Rosicrucian Adventure,*[170] e uma carta tentando retomar contato. A Besta voltou a atacar e respondeu com outra carta, na qual fazia piadas antissemitas. Regardie, que era judeu, ficou ofendido e

---

169. *Magick sem Lágrimas.*
170. *Minha Aventura Rosacruciana.*

respondeu à altura. Em sua carta, o ex-secretário e discípulo da Besta dizia "Querida Alice, você é mesmo uma vaca desprezível".

Crowley ficou mordido. Odiava que fizessem piada com sua bissexualidade. A relação de Crowley e Regardie era tão intensa que um sabia como atingir o calcanhar-de-aquiles do outro. Mas como a Besta era dada a vinganças, não tardou a circular uma carta anônima entre várias personalidades do mundo ocultista e intelectual de Londres acusando Regardie de "trair, roubar e insultar seu benfeitor". Regardie, um homem de natureza retraída e sensível, ficou arrasado com aquilo. Os dois nunca mais fizeram as pazes, mas Regardie acabaria perdoando o ex-mestre e ex-ídolo.

Israel Regardie publicou vários livros e fez seu nome por mérito próprio com suas pesquisas em ocultismo e psicologia. Afirmou por várias vezes que devia a Crowley tudo o que era.

Capítulo 3

A Besta aposentada

Os últimos trabalhos

Na verdade, a Besta jamais se aposentou. Continuou trabalhando até o fim. Em 1938, lançou *Little Essays in Truth*,[171] no qual aborda os princípios da cabala, da magia e de Thelema em relação aos diferentes estados mentais humanos. Em 1939, lançou *Eight Lectures on Yoga*,[172] no qual resume sua vasta experiência no tema, sempre com toque sarcásticos e bem-humorados que faziam o deleite de uns, mas soavam fúteis a outros.

Continuava com Brooksmith, que continuava tendo eventuais espasmos de insanidade. Também continuava pulando de um endereço a outro, sendo despejado com frequência por falta de pagamento. Entre 1936 e 1937, alugou um dos andares da casa de Alan Burnett-Rae, que teve assim a chance de conviver com a Besta. Burnett-Rae conta em suas memórias das brigas que Crowley tinha com a Mulher Escarlate, da quantidade industrial de

---

171. *Pequenos ensaios sobre a verdade.*
172. *Oito palestras sobre Ioga.*

incenso que queimava e da quantidade igualmente descomunal de pimenta que ele comia com as refeições.

Também continuava produzindo o seu *elixir da vida*, que, contudo, não o impediu de sentir o peso de mais de meio século. Em mais uma tentativa de promover uma reviravolta em sua vida, Aleister Crowley, o mago, poeta, romancista, cronista, jornalista, alpinista, pintor e aspirante a lobista político, agora apresentava sua faceta de curandeiro. Transformou uma das salas de sua moradia – agora na rua Hasker – em consultório, onde vendia pílulas de seu *elixir da vida*, tratamento osteopático com luzes infravermelhas e vibradores. Ficou neste endereço por oito meses, de onde saiu pelo motivo de sempre: falta de pagamento.

Curiosamente, não deixava de viver com certos regalos, a despeito da falta de fundos. Chegou a oferecer uma festa no aniversário de quatro anos de Aleister Ataturk em maio de 1939. Recebia convidados ocasionalmente.

Então veio a Segunda Guerra Mundial. Um mês depois da invasão da Polônia pela Alemanha nazista, Crowley escreveu ao *Naval Intelligence Department* (N.I.D.) britânico se oferecendo para colaborar. Ele ainda não havia desistido de desempenhar um papel-chave na política de seu tempo, sempre na esperança de, no final, encontrar um canal poderoso para Thelema e o Novo Éon.

Apesar de não haver resposta oficial por parte do serviço de inteligência, Crowley mantinha contato com pessoas que nele trabalhavam. Uma dessas pessoas era Maxwell Knight, chefe do departamento B5 do serviço de contraespionagem britânico durante a Segunda Guerra. Knight tinha interesse em ocultismo e muita consideração por Crowley, o que reforça a ideia de que ele não era tido como traidor da pátria por causa de seus textos supostamente pró-germânicos publicados em *The International* durante a Primeira Guerra. Por exótico que pareça – e ser exótico não é nada em se tratando de Crowley –, aquela era realmente sua estratégia para se infiltrar no meio germânico e espionar para o Reino Unido. A farsa funcionou tão bem que a fama de traidor da pátria persiste, mas se houvesse o mínimo fundamento nisso, Crowley não manteria amizades com funcionários do serviço secreto. Inclusive, Knight chegou a considerar a ideia de empregar Crowley como espião, mas desistiu por considerar a personalidade da Besta escandalosa demais para o plano dar certo.

Pouco depois de estourar a guerra, Crowley se mudou para Richmond. Era o ano de 1940. Um de seus amigos mais constantes nos últimos anos era Charles Cammel, que viria a escrever uma das várias biografias sobre a Besta. Richmond foi alvo de ataques germânicos, e a asma de Crowley, muitas vezes, piorava devido ao estresse da situação. Mas Cammel descreve em seu livro que, quando as forças armadas britânicas abateram um avião bombardeiro alemão, Crowley desceu as escadas correndo, subitamente bem-disposto e saudável, gritando "*hooray*" e dando socos no ar. A asma havia desaparecido subitamente, e a excitação da pequena vitória sobre o inimigo bastou para a Besta rejuvenescer.

Ainda mantinha relacionamentos tempestuosos com mulheres complicadas, mas nada muito duradouro ou relevante. Outra companheira cada vez mais frequente era a heroína, que aliviava suas crises de asma e uma depressão que parecia cada vez maior, apesar de Crowley nunca se entregar totalmente. Contudo, reconheceu em carta a Gerald Yorke que estava muito solitário, sentindo-se "como uma criança amedrontada. Tenho tanto por fazer, mas não posso mais contar com meu instrumento físico".

Mudou-se em setembro daquele ano para Torquay, fugindo dos bombardeios que assolavam Richmond. Mas, em março de 1941, teve de se mudar de novo, pelo mesmo motivo de sempre. Foi para Barton Brow, em uma casa que chegou a chamar em seu diário de "Abadia de Thelema de Barton Brow", onde recebeu suas últimas amantes, chamadas Mildred Churt, Grace Pennel e Alice Upham – para quem, certa vez, mandou uma rosa sobre a qual havia ejaculado.

Para sua desolação, estava ficando difícil praticar magia sexual. Às vezes, nem conseguia manter a ereção necessária para o ato.

Em outubro de 1941, voltou a morar em Londres, em um hotel-residência no West End. Ao contrário do que a maioria – inclusive ele mesmo – pensava, a Besta podia não ter a pujança erótica de antes, mas ainda era capaz de produzir obras-primas. E obra-prima foi o que ele e a artista plástica inglesa Frieda Harris produziram juntos: o tarô de Thoth.

Já estava se tornando tradição entre os ocultistas e escolas iniciáticas desenvolver seu próprio baralho de tarô. Com profunda influência da Golden Dawn, o Tarô de Thoth vai além ao apresentar a força da filosofia thelêmica através de sua imagética ao mesmo tempo realista e delirante, cada vez mais confortável à medida que os novos tempos – a Nova Era, Novo Éon – avançam.

Frieda Harris pintou as cartas de acordo com as orientações de Crowley, que escreveu o livro *The Book of Thoth*,[173] um brilhante tratado sobre tarô que precisa de mais de uma leitura para ser devidamente aproveitado.

Harris, que recebeu de Crowley o nome Sóror Tzaba, jamais se envolveu sexualmente com ele, além de ter por hábito questioná-lo, o que surpreendentemente não causou a fúria da Besta, servindo até para aprofundar os conceitos apresentados para o desenvolvimento das cartas. Harris não era feliz no matrimônio e dizia-se que tinha amantes, mas permaneceu casada. Vinha do marido, Percy Harris, o dinheiro com que ela ajudou a sustentar Crowley nessa época. Mas Crowley antipatizava com o sujeito simplesmente por ele ser judeu.

Em maio de 1942, mais uma mudança de endereço, desta vez para Piccadilly Circus, um dos pontos centrais de Londres. Crowley e Harris conseguiram agendar duas exposições das telas com as cartas do tarô de Thoth, uma em julho e outra em agosto, com objetivo de vender as telas para financiar a publicação de *The Book of Thoth*.

Ânimo renovado, Crowley escreveu um poema em francês de apoio à Resistência Francesa e mandou imprimir mil cópias, uma das

---

173. *O Livro de Thoth.*

quais foi enviada ao general Charles de Gaulle, então no exílio. De Gaulle respondeu com um breve cartão de agradecimento. Crowley tentou arrumar um compositor para musicar o poema, o que não chegou a acontecer. Era o nascimento do mercado fonográfico, e Crowley não resistiu a gravar em um estúdio sua leitura do *Hino a Pã*, além de mantras e cânticos mágicos. Na década de 1990, foi lançado o CD *The Great Beast Speaks*, que reúne esse material fonográfico.

No inverno de 1943, seu endereço já era outro. Estava morando em um apartamento na rua Jeremy e, ao contrário dos demais proprietários de imóveis alugados por Crowley, desta vez a senhoria era sua fã. Nesse novo endereço, Crowley chegaria a concluir que medo e sentimentos humanitários eram resultado de "fraqueza sexual", pois ele mesmo, agora cada vez com a libido mais baixa, estava começando a sentir desconforto com ideias eróticas, com cenas de violência. Começava a ansiar por paz, o que para ele era uma morte em vida.

Em março de 1944, *The Book of Thoth* foi publicado graças às contribuições de alguns membros dedicados da O.T.O. - entre eles, Grady Louis McMurtry, que viria a liderar a ordem iniciática depois de Karl Germer. Apenas duzentas cópias foram impressas, mas a publicação em tempos de guerra não deixou de ser uma façanha - ele conseguiu até ganhar uma quantia moderada com as vendas do livro.

Magia sem lágrimas

A saúde de Crowley estava piorando tanto que os amigos mais próximos acabaram convencendo-o a contratar os serviços de uma enfermeira. De acordo com o amigo Louis Wilkinson, Crowley guardava quinhentas libras da O.T.O. em uma caixa debaixo da cama e se mostrava consciencioso quanto ao dinheiro. Foi preciso que Wilkinson e Frieda Harris usassem de muita persuasão para convencê-lo de que a saúde do líder espiritual da O.T.O. justificava o uso de dinheiro da ordem.

E, quanto mais declinava sua saúde, mais aumentava o uso de heroína. Possivelmente, a velhice estava sendo punitiva demais para que Crowley ainda tivesse de se privar daquele prazer – talvez o único que lhe restara, já que sexo na terceira idade não era para Frater Perdurabo. Ele estava sim, durando até o fim, privado da essência de sua magia: o sexo.

Entre 1943 e 1944, estava usando em média quatro gramas de heroína por dia. Em 1945, a média subiu para dez gramas diárias. Usava também barbitúricos, éter e cocaína. A resistência do homem era impressionante, ainda mais naquela idade. Muitos morreram por muito menos. Mas essas drogas, conseguidas através de pressão – ou suborno – a farmacêuticos e médicos, eram o preço que Crowley pagava para suportar uma realidade que jamais fez parte de sua vida. Não podia simplesmente se aposentar, até porque nunca tivera um emprego nem um trabalho no sentido oficial – a fase como colaborador e editor de *The International* em Nova York sendo a exceção. Mas ele era um mago, um artista, um *bon-vivant*, tudo menos um ancião decadente. Por mais que seu corpo dissesse o contrário.

Não era exatamente solitário, pois tinha os poucos e fiéis amigos e discípulos que o visitavam ou com quem trocava cartas. Uma dessas discípulas, Anne Macky, inspirou o último trabalho de Aleister Crowley, *Magick Without Tears,*[174] no qual ele se dirige a ela por seu nome iniciático, Sóror Fiat Yod.

Magick Without Tears consiste em uma série de cartas com conselhos e orientações para diferentes discípulos sobre variados assuntos. O livro cumpre uma importante função na obra de Crowley: apresentar a filosofia de Thelema e seu sistema mágico para principiantes. O livro não traz nada de novo em relação à sua vasta obra anterior, mas é uma compilação bastante eficiente. Além disso, inclui divagações sobre assuntos prosaicos, com seu humor cáustico e seu estilo simultaneamente seco e florido. Se o corpo

---

174. *Magia sem Lágrimas.*

da Besta não era mais o mesmo, sua mente continuava em forma, apesar das drogas.

Em abril de 1944, resolveu deixar Londres de vez. Os constantes bombardeios estavam afetando seus agora frágeis nervos. Foi morar em um lugar reservado, mais para o interior, no hotel Bell Inn de Aston Clinton, Bucks.

Vivia em um quarto escuro e malcheiroso, sempre com as janelas fechadas. As enfermeiras e empregadas que o serviam tinham medo dele, que fazia questão de alimentar sua aura de homem perverso. Mas a proprietária do hotel o tratava como um velho maluco, uma piada sem graça. Em tempos de racionamento por causa da guerra, Crowley roubava descaradamente da cozinha produtos como açúcar. Para quem trabalhava no hotel, era só mais um velho chato e mimado, apesar de seu senso de humor negro e sua capacidade de zombar de si mesmo.

Deprimido pela atmosfera pesada da vida entre gente "normal" que não fazia ideia de quem ele era e do que representava na verdade, Crowley se mudou ainda outra vez em janeiro de 1945. Seria sua última mudança.

Uma pensão maçante em Netherwood foi a derradeira pousada da Besta. Sua rotina diária começava com o desjejum no quarto às nove da manhã, trazido pela zeladora que ele chamava de "bruxa que entrou pela janela montada em uma vassoura". Depois, passeava no jardim. No mais, passava a maior parte do tempo sozinho em seu quarto. Às vezes, recebia os amigos de sempre: Wilkinson, Frieda Harris e poucos mais.

À medida que os vizinhos foram se familiarizando com Crowley, passaram a considerá-lo um perfeito cavalheiro. Foi até convidado a uma festa de crianças, que ficaram bem à vontade com a Besta.

Quase uma criança – surpreendentes quatorze anos de idade – era o inglês Kenneth Grant ao começar a ler os livros de Crowley, a quem viria a conhecer pessoalmente em 1944. Grant, que agora tinha vinte anos e viria a se tornar escritor de livros sobre ocultismo, recebeu treinamento em magia durante os primeiros meses de 1945. Crowley estava muito entusiasmado com o novo discípulo e teve esperanças de, ali, depositar uma semente para o futuro. Para quando ele não estivesse mais neste mundo.

Kenneth foi mais um dos biógrafos de Crowley e, após se desentender com seu sucessor na liderança da O.T.O., fundou sua própria linhagem, conhecida como "O.T.O. Tifoniana".

Outra visita ocasional em Netherwood foi Dion Fortune, com quem manteve contato também por carta até a morte da ocultista e escritora por leucemia em 1946. Fortune, apesar de sua admiração por Crowley, evitava associar-se publicamente a ele. Em uma das cartas, Fortune chega a pedir a Crowley para não mencionar a amizade entre os dois, pois, quando ela citara seu nome com respeito em *The Mystical Cabalah*, sofrera várias críticas de fanáticos que a consideravam associada ao "demônio" – que, àquela altura, já era quase um sobrenome oficial para Aleister Crowley.

Também recebeu uma visita de Gerald Gardner, ocultista inglês que deu início ao movimento neopagão Wicca. Há rumores de que seria Crowley e não Gardner o verdadeiro autor de *The Book of Shadows*,[175] livro de rituais neopagãos que é a base das práticas de feitiçaria moderna adotadas pelos wiccanos (membros do movimento Wicca). O próprio Gardner jogou lenha na fogueira ao dizer que "O único homem que eu conheço que poderia inventar estes rituais é Aleister Crowley". Mas, se por um lado é inegável a influência de Crowley sobre Gardner e o movimento Wicca, por outro lado é pouco provável que isso seja verdade, levando em consideração que houve apenas uma única visita a um alquebrado Crowley, seis meses antes de partir desta para outra.

O lema dos wiccanos é "Se não fizer mal a ninguém, faze o que tu queres". Alguns diriam que esta é uma pequena concessão cristã ao credo thelêmico.

---

175. *O Livro de Sombras.*

Além de Kenneth Grant no Reino Unido, havia, nos Estados Unidos, mais um jovem discípulo em quem Crowley depositava esperanças de passar a tocha de Thelema: Jack Parsons – nascido Marvel Whiteside Parsons –, cientista estadunidense que trabalhava no Instituto de Tecnologia da Califórnia. Especialista na técnica de propulsão a jato utilizada em foguetes, uma cratera da lua recebeu seu nome como homenagem póstuma.

Jack Parsons fora nomeado por Crowley líder da Loja Ágape da O.T.O. na Califórnia, em 1942, e já tinha dado certa dor de cabeça ao líder mundial da O.T.O. antes, ameaçando até se rebelar certa vez. Crowley controlou e contornou os arroubos do discípulo por carta, do outro lado do oceano, com uma diplomacia e sabedoria inéditas para quem conhecia as explosões de temperamento da Besta.

Em 1945, Parsons conheceu e ficou amigo de L. Ron Hubbard, que viria a se tornar o polêmico fundador da Igreja de Cientologia dentro de poucos anos. Ficaram tão próximos que Parsons o convidou para morar em sua mansão em Pasadena, na qual dois quartos eram reservados para rituais da O.T.O. Parsons acabou revelando a Hubbard segredos da ordem, pois achava que o amigo tinha grande potencial mágico e merecia saber.

Hubbard começou a ter um caso com a esposa de Parsons, Betty. Era um casamento aberto, pois Parsons achava que, na qualidade de thelemita, não podia se deixar abater por este tipo de coisa. No final das contas, Hubbard tomou o lugar de Parsons na vida de Betty e, no futuro, se declararia abertamente contrário aos ritos e ensinamentos da O.T.O. e de Aleister Crowley, que considerava "bestiais e loucos".

Parsons era um homem muito ousado em suas práticas ocultistas e decidiu criar uma *moonchild* – em outras palavras, um elemental. Seus trabalhos ritualísticos eram inspirados e originais, como é possível conferir por seus livros *The Book of Babalon*,[176] *The Book*

---

176. *O Livro de Babalon.*

of Antichrist.[177] Mas Crowley não achou graça nenhuma naquela história de criar um elemental e nova crise se conflagrou entre mestre e discípulo, cada um em seu continente. Parsons acabou expulso da ordem e, pouco depois, morreu em um acidente no laboratório que mantinha em casa, no qual derramou mercúrio fulminante, causando uma explosão.

O último trabalho publicado em vida por Crowley foi *Olla, An Anthology of Sixty Years of Song,*[178] uma compilação de seus poemas. Não foi sucesso de público nem de crítica.

A morte da Besta

Em maio de 1947, escreveu uma carta, a única até onde se sabe, para seu filho Aleister Ataturk – que, como os demais filhos de Crowley, mudaram de nome para escapar à perseguição que sofreriam se determinados loucos soubessem do parentesco. Ataturk tinha doze anos na ocasião.

Na carta, Crowley dava conselhos de pai para filho, ressaltando a importância de uma boa escrita, enfatizando a linhagem supostamente nobre da família que exigia que Ataturk se comportasse como um duque, a necessidade de aprender latim e grego e a jogar xadrez. O pai também alerta o filho quanto à importância do domínio da língua inglesa e de um conhecimento profundo de literatura, aconselhando a leitura de Shakespeare e do Velho Testamento.

Uma das companhias mais frequentes nos últimos meses de vida foi Louis Wilkinson, que presenciou a decadência física e emocional da Besta. Crowley estava cada vez mais emotivo e sensível. Disse a Wilkinson, certa vez, que ele havia salvado sua "inútil" vida.

Aleister Crowley morreu no dia primeiro de dezembro de 1947 de degeneração do miocárdio. Há diferentes versões para as circunstâncias de sua morte, algumas delas claramente inventadas,

---

177. *O livro do Anticristo.*
178. *Uma antologia de sessenta anos de canção.*

como a de que ele teria dito a Frieda Harris, entre lágrimas, que estava perplexo. Harris jamais confirmou esta versão, propagada por John Symonds, executor literário que viria a escrever um livro repleto de calúnias e exageros sobre Crowley.

Já um senhor chamado Rowe, que teria estado presente junto com uma enfermeira, disse que as últimas palavras de Crowley foram "às vezes eu me odeio". Há versões, ainda mais obscuras e de fontes indefinidas, segundo as quais ele teria entrado em *Samadhi* ou ainda que teria simplesmente caído no chão de repente.

Também há quem diga que Deidre MacAlpine, mãe de Aleister Ataturk, teria se instalado com todos os filhos junto a Crowley, passando ao lado dele seus últimos meses. Deidre dizia ter por testemunha Frieda Harris, que visitou Crowley poucos dias antes de sua morte – uma visita tranquila, sem perplexidade nem lágrimas.

Deidre garante que, quando Crowley morreu, deitado em sua cama, um vento forte soprou as cortinas e trovões soaram no horizonte, o que ela interpretou como uma saudação dos deuses à alma da Besta 666.

* * *

Apêndice

I. Palavras sobre a Besta

Se o objetivo do mago é absorver todas as coisas para transcendê-las, como um ator que vive vários personagens e, assim, acaba compreendendo pontos de vista opostos, Crowley, ou Perdurabo, ou Besta 666 podia ser qualquer coisa, para o bem e para o mal, possivelmente por ter experimentado de tudo, sem censura ou restrição.

Aleister Crowley é como um cartão em branco, no qual você pode escrever sua própria definição, a qual será, ao menos em parte, verdadeira. Partindo da perspectiva do processo iniciático, é possível perceber o fio de coerência que permeia os disparates deste personagem hoje lendário, à parte qualquer aprovação ou desaprovação.

Ao chegar perto do fim deste livro surgiu a ideia de selecionar diferentes pontos de vista sobre Aleister Crowley. Reuni, então, depoimentos de personagens ligados à sua época e de nomes ligados ao cenário esotérico ou ocultista brasileiro, incluindo também uma breve abordagem de seu mapa astrológico pelo astrólogo e tarólogo Nei Naiff.[179]

---

179. Aqueles que se interessarem pelo mapa numerológico de Crowley podem consultar *O Livro dos Números* (ver bibliografia), de minha autoria.

"O maior obstáculo (de Crowley) era a vaidade. Ele era convencido demais da própria genialidade para criticar ou analisar adequadamente o próprio trabalho. Seus poemas podiam ser muito ruins ou muito bons. Era capaz de escrever meras imitações, mas também sabia escrever de modo admirável, com um vigor exultante tão próprio, mas parecia nunca saber quando estava escrevendo bem ou mal."

Louis Wilkinson, escritor e crítico inglês, amigo

"Pensei que já havia conhecido todo tipo de perversidade. (...), Mas, neste caso, pude aprender que sempre se pode conhecer mais quando se tem vida longa. Nunca vi coisas mais terríveis, horrorosas, blasfemas e abomináveis do que as produções deste homem que se autointitula o maior poeta vivo."

Rigby Swift, juiz, durante julgamento no qual Crowley passou de acusador a réu

"Foi por teimosia e por vaidade que Crowley transformou a O.T.O. em médium das doutrinas thelêmicas. Esse foi o maior erro cometido pelo 'mago', e ponto crucial para que a Ordem se fragmentasse irremediavelmente. Daí surgiram as trinta 'únicas e verdadeiras' O.T.O.s em atuação."

Euclydes L. de Almeida, pioneiro do movimento thelêmico no Brasil

"Enquanto ele falava, percebi que parecia estar com a língua gorda e inchada, além de roxa, contrastando com os lábios, que tinham um tom vermelho embotado. Do alto da cabeça quase totalmente careca, saíam três fios negros e grossos que pareciam samambaias. (...) Seu rosto, apesar de muito bronzeado, estava mais para verde do que moreno. Debaixo dos olhos, dois grandes pires pretos. Sua pele – que era meio mole – movia-se feito pele de elefante enquanto ele falava."

Lance Sieveking, militar e escritor inglês, sobre encontro com Crowley em 1928

"Devo a ele tudo o que sou."

Israel Regardie, escritor, ocultista e psicólogo inglês

"Crowley foi uma figura polêmica, vaidosa e dramática que confundiu e desnorteou até o sisudo e erudito Fernando Pessoa, mas ninguém poderá negar o profundo conhecimento que possuía de ocultismo e espiritualidade, nem a marca indelével que deixou em todos os interessados nos caminhos do esoterismo. Só o baralho de tarô que idealizou e produziu bastaria para credenciá-lo de forma definitiva."

Waldemar Falcão, astrólogo, escritor e músico

"O número 666 chama-se Aleister Crowley! (...) Faz o que tu queres, pois é tudo da Lei, da Lei (...) Viva a Sociedade Alternativa!"

Raul Seixas, roqueiro, e **Paulo Coelho**, escritor e letrista, na música "Sociedade Alternativa"

"Eu antipatizei com ele de imediato. Contudo, ele me interessava e divertia. Falava muito bem, conversava com eloquência. Ouvi falar que era muito bonito quando jovem, mas quando o conheci estava gordo e ficando calvo. Ele era uma fraude, mas não uma fraude completa."

Somerset Maugham, escritor inglês que se inspirou em Crowley para o personagem principal de seu livro *The Magician*

"Conheci muito Aleister Crowley (...) e apesar de em certos sentidos ele talvez não ser das melhores pessoas a se conhecer, por outro lado penso que não é justo acusá-lo de assassinato, canibalismo, magia negra, aberrações morais, traição e vício em drogas (...)."

Victor Neuburg, poeta inglês, ex-discípulo e amante de Crowley em artigo no jornal *Freethinker* de 24 de agosto de 1930

"Aleister Crowley representa um ponto de transição histórica da inteligência humana."

Timothy Leary, escritor e psicólogo estadunidense, defensor do uso do LSD como expansor de consciência, ícone da geração hippie

"A descoberta de Aleister Crowley foi uma grande alegria, pois comecei a me interessar por esoterismo a partir de 1976 e só encontrava autores e textos com revisões requentadas do ensopado que tem Jesus Cristo como referência principal. Crowley me fascinou porque esculhambava com tudo e aterrorizava esse rebanho carola das religiões monoteístas ao se intitular A Besta 666."

Toninho Buda, escritor

"Aleister Crowley talvez seja o personagem que mais polariza os ocultistas de nossa época. Por um lado, uns o têm como Profeta da religião da Nova Era, denominada de Lei de Thelema, Logos do Éon e maior mago do século XX; por outro, muitos o citam como um nefasto pervertido, sinistro mago negro e pior homem do mundo. Afinal, ele era iluminado ou charlatão? Seja lá qual for a resposta, ao se conhecer a vida dele, somos levados a crer que a história e a prática da magia e do ocultismo ocidental jamais serão as mesmas, marcadas que estão pelo calvo semblante daquele que se proclamava a própria Besta do Apocalipse."

Carlos Raposo, historiador

"Crowley desenvolveu uma visão sui-generis do tarô, adotada por vários tarólogos da atualidade e pouco compreendida ou recusada por outros. Com todas as suas contradições, é praticamente impossível traçar um perfil definido desse personagem ao mesmo tempo intrigante e atraente. Sobre ele, penso que não se opina. Discute-se ou pesquisa-se, como fez o Johann neste livro."

Pedro Camargo, cineasta e tarólogo

"Aleister Crowley é um impostor que não tem relação nenhuma com a A.M.O.R.C. e não é nenhum líder secreto do rosacrucianismo, como gosta de fazer as pessoas acreditarem."

H. Spencer Lewis, Imperator da Ordem Rosacruz-A.M.O.R.C.,
em artigo na edição de outubro de 1916
do periódico *American Rosae Crucis*

"Se qualquer astrólogo ou estudante dessa arte olhasse para o mapa natal de Aleister Crowley sem saber de quem se trata, sem dúvida o consideraria o mapa de uma pessoa impressionante e invejável, líder e magnânimo, carismático e humanitário – Sol em Libra na casa 4, Lua crescente em Peixes na casa 9 e, claro, Ascendente em Leão,

Mapa natal de Aleister Crowley

entre inúmeros aspectos planetários fabulosos. Sim, o que mais poderíamos acrescentar se o astrólogo *não* soubesse do verdadeiro nome? Sociável, diplomata, charmoso, gracioso, encantador, inteligente, sensível, intuitivo, mediúnico, estudioso da natureza humana e espiritual – quase um São Tomás de Aquino em vida. Além disso, o mapa revela que o indivíduo sentiria com agudeza as dores do mundo e, utopicamente, a exemplo da revolução francesa, proclamaria: "Liberdade, Igualdade e Fraternidade". Bem, mas bastou dizer o nome do distinto, antes de se analisar o referido mapa, e pronto! Já se inicia uma avalanche de (pré)conceitos, maquiando o magista com aspectos abjetos, sucúbicos e diabólicos (tudo amalgamado). Revelado o nome, tentam esquadrinhar aspectos planetários negativos, deturpando a análise a partir do que ouviram dizer a respeito dele: louco, traidor, subversivo, promíscuo, bruxômano... Enfim, como espiritualista, tarólogo e astrólogo, confio muito mais no que as estrelas me dizem. E, ainda, cogitando que não fora santo em vida, absolutamente, também, não seria um demônio – ele era *humano*, e muito, com erros e acertos como qualquer um de nós."

Nei Naiff, tarólogo, astrólogo e escritor

2. Palavras da Besta

"Todo ato intencional é um Ato Mágico."[180]

"Todo homem tem o direito inalienável de ser o que é."[181]

"Todo homem e toda mulher é uma estrela."[182]

"O Único Ritual Supremo é alcançar o Conhecimento e a Conversação do Sagrado Anjo da Guarda. Ele representa a ascensão vertical direta do homem. Qualquer desvio desta linha tende a se transformar em magia negra. Qualquer outra operação é magia negra."[183]

"Não dou a mínima para a humanidade – vocês não passam de um maço de cartas."[184]

"Toda essa conversa de "humanidade sofredora" é uma baboseira baseada no erro de transferir a psicologia de uma pessoa para o próximo. A Regra Dourada é uma tolice. Se Lorde Alfred Douglas (por exemplo) fizesse aos outros aquilo que ele gostaria que fizessem a ele, muitos se ressentiriam de seu ato."[185]

"Cada estrela é única, e cada órbita separada; em verdade, esta é a pedra angular do meu ensinamento, não ter metas padrão ou caminhos padrão, nem ortodoxias ou códigos. Estrelas não são como tantos eleitores que se deixam arrebanhar ou encarcerar ou podar ou transformar em filé de carneiro! Recuso-me a conduzir rebanhos, eu que nasci um leão! Eu jamais seria um *collie*, logo eu que sou mais rápido em morder do que em latir. Recuso o ofício de pastor, eu que carrego não um cajado, mas um taco."[186]

---

180. Crowley, Aleister. *The Law is for All*. Phoenix, Arizona: New Falcon, 1993. Parte III.

181. *Ibid.*

182. *Ibid.*

183. *Ibid.* Capítulo 21.

184. *Ibid.* Introdução.

185. Crowley, Aleister. *The Law is for All*. Phoenix, Arizona: New Falcon, 1993. Parte I.

186. *Ibid.*

"O Mal não existe. É um nome falso inventado pelos Irmãos Negros para implicar Unidade em sua bagunça dispersa e ignorante. Um mal que tivesse unidade seria um deus."[187]

"Magia é o manejo de tudo o que dizemos e fazemos, seu efeito, portanto é mudar determinada parte de nosso meio ambiente que não nos satisfaz, até que não incomode mais."[188]

"O instinto sexual é uma das expressões mais profundamente estabelecidas da vontade; e não deve ser restringida, nem negativamente ao evitar sua livre função, tampouco positivamente, ao insistir em sua falsa função. O que pode ser mais brutal do que impedir ou deformar o crescimento natural? O que pode ser mais absurdo do que tentar. interpretar seu mais sagrado instinto como sendo um grosseiro ato animalesco, para separá-lo do entusiasmo espiritual sem o qual este ato é tão estúpido que não satisfaz nem mesmo as pessoas envolvidas? O ato sexual é o sacramento da vontade. Profaná-lo é a maior das ofensas. Toda verdadeira expressão do ato é lícita, toda supressão ou distorção do mesmo é contrária à lei da liberdade."[189]

"O fascismo nunca vai dar certo, pois acaba criando o descontentamento que deveria estar eliminando."[190]

"Leis contra o adultério tomam por base a ideia de que a mulher é uma escrava, daí que fazer amor com uma mulher casada seria privar o marido de seus serviços. É a forma mais franca e crassa de escravidão. Para nós, toda mulher é uma estrela. Tem, portanto, o direito absoluto de viajar em sua própria órbita."[191]

---

187. *Ibid.*

188. *Ibid.*

189. *Ibid.*

190. Sutin, Lawrence. *Do What Thou Wilt: A Life of Aleister Crowley*. New York: St. Martin Press, 2000, p. 386.

191. *Ibid.*

"Nós, de Thelema, não somos escravos do amor. 'Amor sob vontade' é a Lei. Recusamo-nos a considerar o amor algo vergonhoso e degradante, um perigo para o corpo e a alma. Recusamo-nos a aceitá-lo como sendo a submissão do divino ao animalesco, para nós o amor é a forma pela qual o animal pode ser transformado na esfinge alada que leva o homem à casa dos Deuses."[192]

"A verdadeira inferioridade das mulheres em relação aos homens se revela no ódio que elas têm da pederastia, que consideram competição desleal. Já os homens aprovam o safismo, que lhes poupa de problemas & despesas."[193]

"O êxtase religioso é necessário para a alma do homem. Quando ele é alcançado por práticas místicas, diretamente, como deve ser, as pessoas não precisam de substitutos. Assim, os hindus continuam alegremente sóbrios, e não se importam com a série de invasores que ocupou sua pátria de tempos a tempos e os governou. Mas quando a única maneira possível de obter este êxtase, ou um simulacro deste, for o álcool, que tenham álcool. Prive-os de vinho, ou cerveja, ou qualquer que seja sua bebida natural, e eles substituirão por morfina, cocaína ou algo mais fácil de esconder e usar sem deixar rastros."[194]

"Aos olhos de um deus, a humanidade deve parecer uma espécie de bactéria que se multiplica e se torna cada vez mais virulenta."

"Pessoas sofredoras não são pessoas de verdade, não são 'estrelas' – por enquanto. O fato de serem 'pobres e tristes' prova que são 'sombras', passam & estão acabados. Os 'senhores da terra' são aqueles que estão realizando sua vontade. Não quer dizer necessariamente que sejam indivíduos com diademas e automóveis; muitos deles são os mais pesarosos escravos do mundo. O único teste de realeza é saber qual é a própria Verdadeira Vontade, e cumpri-la."[195]

---

192. *Ibid.*

193. Sutin, Lawrence. *Do What Thou Wilt: A Life of Aleister Crowley.* New York: St. Martin Press, 2000, p. 342.

194. *Ibid.*

195. *Ibid*, Parte II.

"Os homens adoram apenas às suas fraquezas personificadas".

"Quando um Artista – seja em astronomia como Copérnico, em antropologia como Ibsen, ou em anatomia como Darwin – reúne um conjunto de fatos grande demais, recôndito demais ou "lamentável" demais para receber aquiescência imediata de todos; quando ele apresenta conclusões que vão de encontro à crença ou ao preconceito do povo; quando ele emprega uma linguagem que não é de conhecimento geral – nesses casos ele deve se dar por satisfeito em falar para poucos. Ele deve aguardar o momento em que o mundo venha a despertar para o valor de seu trabalho. Quanto maior ele for, mais individual e menos compreensível parecerá ser, ainda que na realidade seja mais universal e mais simples do que qualquer um. Ele deve ser indiferente a qualquer coisa que não seja sua própria integridade na realização e na imaginação de si mesmo."[196]

3. Bibliografia de Aleister Crowley

Aceldama (1898)
The Tale of Archais (1898)
White Stains (1898)
Jezebel (1898)
Songs of the Spirit (1898)
Jephthah (1898)
An Appeal to the American Republic (1899)
The Mother's Tragedy (1901)
The Soul of Osiris (1901)
Carmen Sæculare (1901)
Tannhäuser (1902)
Berashith (1903)
Alice, An Adultery (1903)
The God Eater (1903)
Summa Spes (1903)
Ahab (1903)

---

196. *Ibid.*

The Star and the Garter (1903)

In Residence (1904)

The Argonauts (1904)

Why Jesus Wept (1904)

The Sword of Song (1904)

The Book of the Goetia of Solomon the King (1904, editor)

Snowdrops from a Curate's Garden (1904)

Oracles (1905)

Orpheus (1905)

Rosa Mundi (1905)

Gargoyles (1905)

Rodin in Rime (1905)

The Collected Works of Aleister Crowley (3 vol., 1905-7)

Konx Om Pax (1907)

Amphora (1908, relançado em 1912 como *Hail Mary*)

The Equinox Vol. I (editor e principal colaborador, 1909-1914)

    Vol. I, #1: Primavera de 1909

    Vol. I, #2: Outono de 1909

    Vol. I, #3: Primavera de 1910

    Vol. I, #4: Outono de 1910

    Vol. I, #5: Primavera de 1911

    Vol. I, #6: Outono de 1911

    Vol. I, #7: Primavera de 1912

    Vol. I, #8: Outono de 1912

    Vol. I, #9: Primavera de 1913

    Vol. I, #10: Outono de 1913

Clouds without Water (1909)

Liber 777 (1909)

The World's Tragedy (1910)

The Scented Garden of Abdullah the Satirist of Shiraz (Bagh-i-muattar) (1910)

Rosa Decidua (1910)

The Winged Beetle (1910)

Ambergris (1910)

Household Gods (1912)

APÊNDICE | **285**

Book 4, Parts I-II (1912-1913, com Mary Desti)
Liber CCCXXXIII, The Book of Lies (1913)
Chicago May (1914)
The Equinox Vol. III: (editor e principal colaborador, 1919)
 Vol. III, #1 (também conhecido como *The Blue Equinox*): Primavera
 de 1919
 Vol. III, #2: *Jesus, Liber 888, and Other Papers* (não foi lançado)
Diary of a Drug Fiend (1922)
Songs for Italy (1923)
Moonchild (1929)
The Confessions of Aleister Crowley (1929, apenas os volumes 1 e 2)
Magick in Theory and Practice (Parte III de *Book 4*) (com Leila Waddell,
1930)
The Equinox Vol. III: #3: The Equinox of the Gods (1936)
Liber AL vel Legis subfigura CCXX (1938)
The Heart of the Master (1938)
Little Essays Toward Truth (1938)
Khing Kang King (1939)
The Equinox Vol. III: #4: Eight Lectures on Yoga, (1939)
Temperance (1939)
Thumbs Up (1941)
The Fun of the Fair (1942)
The City of God (1943)
The Equinox Vol. III, #5: The Book of Thoth (1944)
Olla: An Anthology of Sixty Years of Song (1946)

Lançamentos póstumos:
*Liber XXX Ærum vel Sæculi Subfigura CCCCXVIII: the Vision and the
Voice, with Commentary* (1952)
The Gospel According to St. Bernard Shaw (1953)
Magick without Tears (1954)
777 Revised (1955)
*The Equinox Vol. III, #6: Liber Aleph vel CXI, The Book of Wisdom or
Folly,* 1961)
The Book of Lies with an additional commentary (1962)

The Confessions of Aleister Crowley (1969, seis volumes)
Atlantis (1970)
The Equinox Vol. III, #7: Shih Yi (1971)
The Equinox Vol. III, #8: Liber CLVII, The Tao Teh King (1971)
The Equinox Vol. III, #9: ΘΕΛΗΜΑ: The Holy Books of Thelema (1983)
The Equinox Vol. III, #10: The Review of Scientific Illuminism: The Official Organ of the O.T.O. (1986)
Golden Twigs (1988)
The Heart of the Master and Other Papers (1992)
The Equinox Vol. IV, #1: Vol. IV, #1: Commentaries on the Holy Books and Other Papers (1996)
The Law is for All: Commentaries on Liber AL (1996)
The Magical Diaries of Aleister Crowley: Tunisia 1923 (1996)
Vol. IV, #2: *The Vision and the Voice with Commentary and Other Papers* (1998)
The General Principles of Astrology (com Evangeline Adams, 2002)

Lançamentos em português
O Livro da Lei comentado por Aleister Crowley (Via Sestra, 2023)
Liber ABA (Penumbra, 2020)
A arte mágica e O testamento de Madame Blair (Madras, 1996)
Os Livros de Thelema (Madras, 1997; Daemon, 2019)
O Livro de Thoth (Madras, 2000)

Bibliografia consultada

BEYOND WEIRD. Disponível em: http://www.beyondweird.com. Acesso em: 27 jul. 2023.

CROWLEY, ALEISTER. *O Livro da Lei comentado por Aleister Crowley*. Indaiatuba: Via Sestra, 2023.

CROWLEY, Aleister. *777 and Other Qabalistic Writings*. Editado por Israel Regardie. York Beach: Samuel Weiser, 1977.

CROWLEY, Aleister. *The Book of Lies*. York Beach: Samuel Weiser, 1981.

CROWLEY, Aleister. *The Book of Thoth*. York Beach: Samuel Weiser, 1974.

CROWLEY, Aleister. *The Confessions of Aleister Crowley*. Editado por John Symonds e Kenneth Grant. Londres: Penguin Books, 1989.

CROWLEY, Aleister. *The Diary of a Drug Fiend*. York Beach: Samuel Weiser, 1970.

CROWLEY, Aleister. *The Law is for All*. Edição e introdução por Israel Regardie. Phoenix: New Falcon Publications, 1989.

CROWLEY, Aleister. *The Magical Diaries of Aleister Crowley*. Editado por Stephen Skinner. York Beach: Samuel Weiser, 1996.

CROWLEY, Aleister. *Magick in Theory and Practice*. Secaucus, NJ: Castle Books, 1991.

CROWLEY, Aleister. *Moonchild*. York Beach: Samuel Weiser, 1970.

GEORGE FRIEDERICK RUSSELL. Disponível em: http://www.cfrussell. homestead.com/files/intro.htm. Acesso em: 27 jul. 2023.

LASHTAL. Disponível em: http://www.lashtal.com/nuke/. Acesso em: 27 jul. 2023.

LEILA WADDELL. Disponível em: http://www.leilawaddell.com. Acesso em: 27 jul. 2023.

OTO US GRAND LODGE. Disponível em: http://oto-usa.org/crowley. html. Acesso em: 27 jul. 2023.

PLYMOUTH BRETHREN. Disponível em: www.plymouthbrethren.com. Acesso em: 27 jul. 2023.

REGARDIE, Israel. *The Eye in the Triangle*. St. Paul, Minnesota: Llewellyn Publications, 1970.

SUSTER, Gerald. *The Legacy of the Beast*. York Beach: Samuel Weiser, 1989.

SUTIN, Lawrence. *Do What Thou Wilt: A Life of Aleister Crowley*. New York: St. Martin Press, 2000.

THE EQUINOX. Disponível em: http://www.the-equinox.org/. Acesso em: 27 jul. 2023.

THE LIBRI OF ALEISTER CROWLEY. Disponível em: http://www. hermetic.com/crowley/index.html/. Acesso em: 27 jul. 2023.

THE LUCKY MOJO ESOTERIC ARCHIVE. Disponível em: http://www. luckymojo.com/crowley/. Acesso em: 27 jul. 2023.

THE ORDO TEMPLI ORIENTIS PHENOMENON. Disponível em: http:// user.cyBerlimk.ch/~koenig/. Acesso em: 27 jul. 2023.

THELEMAPEDIA. Disponível em: http://www.thelemapedia.org/index. php/Main_Page. Acesso em: 27 jul. 2023.

WIKIPEDIA. Disponível em: http://en.wikipedia.org/wiki/Main_Page. Acesso em: 27 jul. 2023.